"慧"做班主任

樊晓薇

著

长江出版传媒 | 长江文艺出版社

图书在版编目（CIP）数据

"慧"做班主任 / 樊晓薇著. -- 武汉：长江文艺出版社，2021.10
（大教育书系）
ISBN 978-7-5702-2277-3

Ⅰ. ①慧… Ⅱ. ①樊… Ⅲ. ①班主任工作 Ⅳ. ①G451.6

中国版本图书馆 CIP 数据核字(2021)第 182579 号

"慧"做班主任
HUI ZUO BANZHUREN

| 责任编辑：马　蓓 | 责任校对：毛　娟 |
| 封面设计：天行健设计 | 责任印制：邱　莉　王光兴 |

出版：长江出版传媒　长江文艺出版社
地址：武汉市雄楚大街 268 号　　邮编：430070
发行：长江文艺出版社
http://www.cjlap.com
印刷：武汉中科兴业印务有限公司

开本：720 毫米×970 毫米　　1/16　　印张：17.5　　插页：1 页
版次：2021 年 10 月第 1 版　　2021 年 10 月第 1 次印刷
字数：218 千字

定价：42.00 元

版权所有，盗版必究（举报电话：027—87679308　　87679310）
（图书出现印装问题，本社负责调换）

专业为翼——让理想成为现实

多年来，我每天都会读到来自全国各地班主任们的来稿，有的经验分享，令人心惊；有的实践探索，令人心疼；有的热情与坚持令人感佩，但也让人担忧；有的快乐成功，让人欣喜，但其中的困顿疲惫、忙碌疾行让人怜惜。

班主任在陪伴学生成长的路上，有没有另一种姿态，教育，可不可以有另一种可能？

有的。有一群人，在教育的行道上，不疾不徐，面带笑意。其中，便有晓薇老师。她飞翔的姿态，从容、优雅、自信、坚定。

你问，晓薇身处"应试教育"最前沿，屡带毕业班，怎能如此从容、淡定？

她会飞降至地面，脚踏青草、泥土，给你讲述：如何练就扇动有力的翅膀，坚固骨骼肌肉；如何运用空气动力学原理，合理羽毛的结构，优化呼吸系统；如何练习翱翔、滑翔、飙升、悬停、扑翼的技巧；如何减少空气阻力，消振降噪，奋力高飞。

这之前，她会先问你，飞翔是什么，为什么要飞，其间会遇到哪些问题，然后，才会谈我们应该怎么做。在谈如何做时，她一定是亲身示范，一步步细细推演给你看。

是的，这就是晓薇，一个字，实。

今多请方家名人作序，晓薇让我一个普通编辑作序，实在是太晓薇了。

书中文章有很多篇曾发表于《班主任之友》，作为曾经的第一读者，看到这些熟悉的文字，重整、分类，以新的面目呈现出来，我又忍不住细读了几月。文中的她坚定中有过迷茫，热情中有过困顿，再读，更深觉这坚定、热情、坚持之可贵。

我想，能够支持她坚定、热情地走下去，且越走越开阔的，不仅是她至纯的教育情怀，更是她对待班主任工作的专业思维。

班主任，要远离琐碎，是不可能的。如何让琐碎变成有意义的一体，是可能的。晓薇找到了一条路径——专业思维。

班主任当有怎样的专业思维？晓薇文章中有答案——运用专业知识，迅速准确地归类问题，明确目标，做实过程，清楚能力边界，持续研究，深入思考，放眼学生的终身发展。

面对人际冷淡，成绩落后，学习没热情，但"不会惹事"——大多数班主任认为忽略无碍的学生，她"总觉得一定可以有一些改变，关键是用怎么样的方法真正接近到他的内心。"这份浓烈的纯粹的教育情怀，让人动容。

困难重重时，她问自己，焦虑"源于何处？社会的期望？领导的要求？指标的压力？"她问自己，"初心呢？"这份敏锐地自我觉察、勇敢地自我剖析，令人感佩。

学生跟风，言行偏激，她给学生介绍"去个性化"，让学生去"做一些具体的事""自己去思考解决问题的方法"。她坚持做"真正的教育"，对理想教育的坚持，专业的实践精神，让人叹服。

她深知，"做一个专业的班主任要比做一个负责的班主任困难得多""再优秀的班主任也不能解决一切问题"，谨慎地判断自己工作的性质和价值的同时，她告诉自己，"学生是有明天的""我们能做的，只是珍惜学生的今天，用心陪伴学生走过一生中最闪亮的一段旅程"。她愿意接受挑战。

班级生活常见的议题，在她的世界，不再是琐碎的、零乱的、杂乱的，常规管理、突发事件，教室、宿舍、校内、校外，全然成了一体，井然有序。因为，她的主题始终是——教育。

如何做到这样的清醒而坚定？她会告诉你："若要幸福，做好自己。""翻越过去，才能成长。""要改变世界，先改变自己。"她是向内思考的，"反求诸己"，提灯照暗，便拥有了解决问题的能力，智慧而通透，不畏不惧。

记得做"班主任与心理学"专题研讨时，我邀她撰文，她花了很长的时间，阅读皮亚杰的书，再于实践中观察运用，在我们多次研讨后，才动笔行文。实践、阅读、实践、写作……她始终在写作中观照自我、观照工作，自觉地体悟、觉察，成长自己。

读完此书，相信你一定会觉得晓薇是懂你的，懂你的困扰，懂你的快乐，懂你的需要，既能雪中送炭，又锦上添花。相信，你也可以由此在教育的天空，感受到更多飞翔的快乐。

希望有更多的老师，甚至家长，可以看到这本书，从而能探视自己，看到孩子，看到教育的另一种可能。

晓薇的第一读者

王　皓

2021 年 9 月 4 日

目　录

第一辑　德育，不只是讲道理　/ 001

德育，不只是讲道理　/ 003
班主任，亮出你的态度　/ 014
让"午间演讲"成为德育的良好载体　/ 021
关于"临界生"工作的思考　/ 026
高中阶段的劳动实践教育　/ 033
"极端事件"背景下的班主任工作策略　/ 042

第二辑　问题，从来就是契机　/ 051

班级管理中的问题应对　/ 053
自习课课堂纪律管理　/ 060
关于校园失窃事件处理策略的反思　/ 064

宿舍生活管理，从学会"好好说话"开始 / 069

开学季，上好两堂课 / 075

中途接班的破冰之旅 / 086

如何激发学生的学习热情 / 094

高中班级图书角设计 / 100

高三年级班级常规管理策略 / 104

高三学生的自我管理训练 / 111

有效缓解高三学生考前焦虑的策略 / 116

高三阶段学生人际关系指导 / 125

第三辑 换个角度看孩子，学会放手 / 131

爱发飙的女孩和她的同学们 / 133

学生"崩溃了"以后 / 142

换个角度看孩子，学会放手 / 149

那些男孩成长中的事

——高中阶段的男生教育 / 155

那些女孩成长中的事

——高中阶段的女生教育 / 165

"青春期两性交往"辅导 / 174

高中生青春期性教育 / 183

高中生自主发展活动设计 / 190

第四辑　班主任成长，一直在路上　/ 211

走上讲台，你准备好了吗？
　　——给新教师的几点建议　/ 213
曾经有你，因此有我　/ 225
亲爱的，请先照顾好自己　/ 230
班主任的情绪管理　/ 237
高中班主任的"工作"与"作为"　/ 243
高中班主任如何应对职业倦怠　/ 252
翻越过去，才能成长
　　——谈班主任的成长路径　/ 260

附　录　/ 267

第一辑

德育，
不只是讲道理

只有当我们的心情放松了,我们才有可能跳脱出现实的种种怪圈;只有当我们的心态摆正了,我们才有机会站得更高,看得更远;只有当我们的心境真正平和了,我们的教育理念才能实现真正的改变。

德育，不只是讲道理

有人总结过班主任的主要工作，其中最主要的一项就是——"讲道理"。跟学生讲道理，跟家长讲道理。翻来覆去地讲，不厌其烦地讲。从这个概念出发，我们有理由认为，一个优秀的班主任，就是一个善于讲道理的人。他会不停地变换方式把道理讲得生动细致、深入浅出，使学生会听、家长爱听。

那么，班主任的作为真的仅仅靠"讲道理"吗？显然不是。

案例1：教育不是说教，而是体验。

新接手的班级里有一个男生小A，性格内向，成绩后进，同学都觉得他很冷淡，老师都觉得他对学习缺乏热情。我向他从前的老师和同学打听，都说他一向如此，很难接近，劝我不要费心了，"总之他不会惹事，随他去吧"。

可我总觉得他一定可以有一些改变，关键是用怎样的方式真正走进他的内心。经过一段时间的观察，我发现他对米兰·昆德拉的书喜欢到近乎痴迷的程度。于是，我找到了"钥匙"。

第一次找他谈话的时候，他明显很戒备，但当他发现我只是想向他借一本米兰·昆德拉的书时，明显轻松多了。我向他借的是《生活在别处》，事实上，我早就看过了。

第二次谈话，是我把书还给他。很自然的，我们交流了对作者和作品的看法，我说我也很喜欢米兰·昆德拉，但是我更喜欢海明威，并竭力向他推荐。他没有抗拒，于是我借给他一本《老人与海》。

第三次谈话，是他把书还给我。我们讨论了两位作家在作品风格上的不同，他忽然对我说："老师，其实我知道你为什么向我推荐海明威。""哦？那不是很好吗？你接受了我的推荐，是不是就意味着你愿意尝试改变？"他低下头，"让我再想一想吧。"

第二天，他递给我一个本子，转身走开了。我打开本子，里面洋洋洒洒写满了他进入高中以来的各种心理感受。文字并不连贯，看得出只是一些有感而发的片段。但是，从字里行间，还是可以清楚地看到一个寂寞的男孩是如何困在自己的世界里自问自答。在这个年龄段的孩子，怎么可能拒绝一切友谊、拒绝所有关爱呢？他只是害怕，害怕碰壁，害怕嘲笑。那么，我该怎样让他迈出第一步呢？

第四次谈话，我把本子还给了他，"谢谢你对我的信任，我这里也有一个任务，想请你完成，可以吗？""什么？""一年一度的运动会就要举行了，我希望你帮我们班设计一个运动会开幕式入场时的创意，给同学一个惊喜，可以吗？"男孩子的眼睛亮了起来，"好，我试试。"

当他把准备好的资料拿给我看的时候，我惊呆了——从创意到文稿到实施要领，他总共设计了三个方案，近十页纸。在我以往的班主任经历中，从未见过学生在运动会的入场式上花费过这么多的心思。"老师，你觉得可以吗？"男孩在我身边怯怯地问。

"当然可以！这样，今天中午的时政学习时间，由你亲自向全班同学介绍你的创意，让大家选择决定最后的方案。"

那天中午，我先走上讲台对全体同学说："今天中午，我们班的小A同学有话要对大家说。"所有的同学都很惊讶，平时不要说走上讲台，就是私底下都很难听见小A的声音。只见小A缓缓地站起来，走向讲台，面对全体同学，"马上就要开运动会了，我希望我们班能给全校留下一个深刻的印象，所以我设计了三个方案。一个是最酷的，但是实施起来会有些困难。

一个相对中庸，但实施起来的难度会小一些。还有一个最特别，但可能有一些安全隐患。大家愿意先听哪一个？"教室里顿时炸开了锅，"最酷的……""最特别的……"每位同学都无比期待地望着小A，而他的脸涨得通红。这时的我知道，那扇门，终于打开了。

果不其然，这个年龄的孩子们选了一个最特别的方案——要用近400个气球将两条关于班级的标语展板依次拉升。这绝对是一项大工程，从氢气球的安全分析到标语展板的材料设计；从出场队形的编排到展板升空的次序。小A理所当然成为总设计师，全班同学在热烈响应之后自然是全力配合。但是，我对结果却并不乐观——任何事情，设想永远比实践艰难。

第二天，小A和团支书就一起来找我了。团支书给了我一张纸，上面密密麻麻罗列了一长串问题，诸如展板的重量如何控制？气球里到底充什么气？怎么把400个吹好的气球带到学校里来？我注意到，团支书在说的时候，小A一言不发。

我让团支书先回去，转而问小A："你有什么打算？"

小A抿着嘴，有些失望地说："要真的不行，那就算了。"

"哦，真的就算了吗？"

"还能怎么样呢？许多事情，我也没办法呀。"

"你还记得那个叫桑迪亚哥的老人吗？"

小A抬起头，有些疑惑地望着我。我继续说："那个独自在海上奋斗了84天的老人？"

他显然想起来了，可还是不明白我想表达什么，我微笑着继续说："许多事情，我们要在坚持与妥协中做好平衡，但无论怎样都不该轻言放弃。你说呢？"

小A低头沉默了一会儿，再抬头的时候对我说："老师，我知道该怎么做了。"

之后的一个星期，小A很忙。班干部悄悄告诉我，我们班的入场式方案在小A的主持下几易其稿，在全班同学的配合下胜利在望。可就在这时，我接到了一个最不幸的通知——"由于运动会项目扩充，为节省时间，本届运动会的入场式取消！"更不幸的是，还没等我想好怎么跟小A说时，学校的广播里已经播送了这个通知。当我赶到教室的时候，班里炸开了锅，我居然没有发现小A。同学告诉我，他去找校长了……

我在赶去校长办公室的路上见到了小A，出乎意料的是，他没有想象中的愤怒或沮丧。甚至，面对我焦急担忧的表情，他还对我微笑了一下——"老师，我想回去对全班同学说一些话，可以吗？""当然可以。"

小A走进教室的时候，同学们都安静下来了。令人意外的是，小A先向大家鞠了一躬，"这个星期，谢谢大家！谢谢大家帮我一起实现我的梦想！虽然，这样的结果让我很失望。但是，我相信我们的努力不会白费。就像……"说到这里，他停顿了一下，深深地看了我一眼，"就像《老人与海》里的那位老人，在海上漂流了84天之后，虽然只带回了一副鱼骨，但他还是胜利者。我相信，所有的收获，在过程中都已得到。"

讲台下，响起一片掌声。讲台边的我，早已热泪盈眶，我知道，我的下一步计划已经可以展开了。

这是我第五次主动找他谈话，和前四次相比，他已经不那么拘谨了。我微笑着请他坐下，问他："知道今天我为什么找你吗？"他有些迷惑地看着我。我把这个学期各科老师的作业反馈本递给他，"我知道最近这个星期你是因为班级的事疏忽了作业。那么之前呢？你愿意跟我聊聊你的学习吗？"

他的目光一下子黯淡下来，"老师，对不起。"

"为什么说对不起呢？"

"我有许多问题，我不够努力，我……"

"那都是以前的事了，我们今天不提从前，只说今后。你愿意从今天开始尝试改变吗？"

"我愿意。"

"好，那么我们今天做一个约定——每周我只向你提一个学习方面新的要求，你必须全力以赴。一周后，如果你完成情况较好，我们就再增加一个要求；如果完成情况不好，我们就再试一个星期。第一个要求，就是在上课的时候专心听讲，不做其他的事。如果遇到听不懂的情况，也要坚持听，并把不懂的地方记下来。"

"嗯，我愿意。"他又一次重重地点头。

两个星期后，我向他提出了第二个要求，独立认真完成各科作业的至少一半量，但要把这一半作业中发现的问题及时解决。

一个月后，我向他提出了第三个要求，针对薄弱科目整理笔记，并请任课老师进行批阅评价……

这期间，我经常向他周围的同学和任课老师询问他的情况，所有的反馈都有一个共同点——他真的和以前不一样了。

期末考试成绩出来了，他的班级名次提高了8名。我很高兴，但他还是有些沮丧——"老师，我觉得我真的已经很努力了，但是问题还是很多，就算是这次考试进步了一些，可我觉得还是来不及的。别人也在努力呀，我之前落下了那么多功课，我怕无论怎样也赶不上大家了。"

我微笑着看着他，"你说得有道理，大家都在努力，我的确不能保证你最终一定能达到某一个名次，考上某一所大学。但是，这个结果真的那么重要吗？不是有人告诉过我们，所有的收获……"我故意停下来看着他。

"在过程中已经得到。"他露出了会心的笑容。

正如"皮格玛利翁效应"告诉我们的：赞美、信任和期待具有一种能量，它能改变人的行为，当一个人获得另一个人的信任和赞美时，他便感觉获得了社会支持，从而增强了自我价值，变得自信、自尊，获得一种积极向上的动力，并尽力达到对方的期待，以避免对方失望，从而维持这种社会支持的连续性。面对各种各样的问题学生，班主任要做的，首先不是教育，不是不问情由的讲道理，而是先找到问题学生根本问题的所在。

对案例中的这个学生而言，他最大的问题是不够自信。因为不够自信，他才不敢与同学交往，不敢与老师沟通。刻意维持的距离，其实只是他的一种自我保护。在整个教育过程中，我没有跟他讲过道理，我没有告诉他应该怎么做，我只是创造机会让他体验到与人交往、沟通的快乐。进而提供平台，让他体验到被关注、被肯定的幸福。只有这样，他才会相信改变是可能的，是值得付出努力的。当然，在改变的过程中，一定会遇到挫折。但是，只要他体验过了成功的快乐和幸福，就一定愿意去努力争取，而我之后的教育工作也一定会开展得更加顺利。案例中最后关于学习状态的调整，无论对学生还是老师都是一项不能回避的挑战。对这位学生而言，如果永远不去触及学习问题，那么他心底会永远留下一片阴影。老师要做的，是指导他学会如何一步一步、脚踏实地地努力着接近自己的梦想。在这个过程中，教师运用了心理学中的"登门槛"和"阳性强化"技术，帮助学生养成并巩固了良好的学习习惯。

事实上，对于一名正处于青春期的男孩来说，"学生"是他最重要的社会角色之一。他们渴望得到认可和尊重，更渴望能够胜任各种社会角色，只有这样，他们才能够顺利地完成青春期最重要的"角色同一"过程。作为班主任，只有充分认识到学生的这些特点，才能在工作中深刻理解孩子的心理需求，找到彼此沟通的共同语言，适度干预，合理引导，教育才能水到渠成。至于真正将学习成绩提升到哪一个档次，个人认为并不重要，原因还是那一句话——所有的收获，在过程中都已得到！

案例2：要改变世界，先改变自己。

办公室里，一位班主任正在和一个女孩讨论寝室的人际关系——"人和人之间，要相互体谅。别人如果做了让你不开心的事，也许有他的原因，你至少可以先听听他的解释，再决定是不是需要生气。换一句话说，我们要尽量从善的角度揣测别人，这就叫'与人为善'。"女孩听得频频点头。

正在这时，学习委员走进办公室，交给班主任一张纸，上面记载着今天的作业上交情况。班主任看了一眼，眉头皱了起来——"怎么回事？那么多人没交英语作业？太过分了，又是这几个'老油条'，去，把他们都叫到办公室里来，我要好好修理他们一顿！"

……

在一旁批作业的我，不知怎的忽然想起了圣雄甘地的故事——一位母亲带着小儿子拜见甘地，对他说："我儿子非常喜欢吃糖，医生说这样对他不好，但没人能阻止他。我儿子非常崇拜您，只有您能制止他这种行为，请帮帮忙。"甘地对这位母亲说："你们下个月再来。""可是，我们走了三天三夜才来到这里。"妈妈抗议道。甘地仍说："你们下个月再来。"

一个月后，母子俩再度出现。"甘地先生，请教育我儿子不要再吃糖了。"妈妈恳求道。甘地看着那个小男孩说："小朋友，你不要再吃糖了。"小男孩点点头。他妈妈就说："为什么这句话您上个月不能说呢？"

"因为上个月我也在吃糖。"甘地说，"要劝诫别人，自己先要戒掉坏习惯。"

是的，所谓的教育，包括了有声的教育和无声的教育，即"言传身教"。但习惯上，我们总是愿意给别人讲道理。也许，"讲"总是比"做"更容易一些吧。但是，心理学告诉我们，"人们更容易跟着你做，而不是听着你说"。所以，要改变世界，先改变自己。如果我们反复对学生说"要热爱阅读"，而自己却从不看书；如果我们反复对学生说"要热爱生活"，而自己却总是愁眉苦脸；如果我们反复对学生说"要诚实守信"，而自己却总是用各种谎话遮掩自己的疏漏，很难想象会取得怎样的教育效果。想起自己从前的一位语文老师，每次他要求我们背诵课文之前，总是自己先在全班同学面前背诵一遍。从此，我们再也不会觉得他提出的要求高不可攀。

于是，在要求学生早晨按时到校之前，我会自己每天提前10分钟出现在教室。在要求学生维护教室、寝室卫生之前，我会先把自己的办公室打扫干净。在要求学生认真完成作业之前，我会认真备课，让学生感受到我的态度。是的，教师健康，学生才可能强壮；教师明媚，学生才可能闪亮；教师幸福，学生才可能快乐。

记得有一年带高三，我感觉越带越累——每次走进教室，学生们总是一脸疲惫。任课老师反映，整个班级课堂气氛沉闷，听课效率不高，学生信心不足。考试成绩出来，情况自然不理想。于是，学生的情绪更加消沉了。我与学生逐个谈心，从学习态度说到学习方法，口干舌燥之际，旁边的一位老师路过，用一句玩笑点醒了我——"你们师生两个，都要放轻松，整天两副苦脸相对，怎么把事情做好？"

是呀，高三，拼到最后，除了拼实力，更要拼心态。没有一个积极的心态，日日在题海里挣扎，怎么可能有一个好的状态呢？这道理人人都懂，可是却未必人人都做得到。学生之所以紧张，是为自己的前途焦虑，在他们眼里，高考成绩的一分可能真的会决定自己的人生走向。而老师呢？老师的焦虑又源于何处？社会的期望？领导的要求？指标的压力？那么，我们的初心呢？罗兰说过："我们无论做什么事，都要以这件事本身的目的为目的，才有成功的可能性。如果不以这件事的目的为目的，而把其他附带的目的当作重点，那么这件事就会走入歧途。不但这件事的本身无法得到预期的成功，就连你那附带的目的也会因你当初所持态度的不纯正而遭到失败。"读书，是为了拓宽视野。学习，是为了提升自我。训练，是为了熟练技巧。高考，是为了公平竞争。奋斗，是为了日后不悔。既是竞争，就一定会有失败；既是拼搏，就一定会有汗水。如果我们能有这样的认识，为什么不换一种心态面对呢？

我决定从自己开始改变，而所有的改变，从微笑开始。

第二天，我在办公桌里放了一面镜子。每次走进教室之前，我拿出镜子，对着里面的自己认真地微笑一下，直到觉得那微笑自然饱满了这才出发。

我开始仔细删选高中三年班级活动的照片，将照片里有学生们笑容的照片冲洗出来，贴在教室后面的黑板报上。每隔一周，更新一批。

我短信通知学生的家长，请他们配合将自己孩子从小到大的照片做一个整理，将孩子们成长过程中的快乐瞬间收集起来，在家里做一个笑容展示，也欢迎带来学校给班级分享。

我利用午间休息时间把网上看到的那段话读给学生听——"多年以后，再想想高考。其实本质上没有考得好考得差这样的说法，而是所有的年轻人在一起，做一份试题，然后决定去哪座城市，今后和谁相知，和谁相爱，和谁能够走一辈子，和谁一起旅行。不管怎样，故事一定是美好的。所以备考的大家，不要担心，轻松一点。"

我告诉我的学生，"三年来，我们甘苦与共，共同进步。在最后共处的一百多天里，我希望班里多一些笑声，我希望大家看到更多的笑脸。"

之后的日子里，我每天抽出10分钟，请大家分享一张"笑容"照片，讲述一个关于照片的故事。渐渐地，任课老师都愿意来我们班上课了，"看着学生脸上洋溢着温暖的笑容，连自己都会开心一些呢。"学生也悄悄地告诉我，"我发现，我们班的老师爱笑了！"

佛家说，相由心生。可心理学上却说，不仅认知能够改变行为，行为反过来也会影响认知。当我们开始微笑时，我们的心态一定会随之发生变化。只有当我们的心情放松了，我们才有可能跳脱出现实的种种怪圈；只有当我们的心态摆正了，我们才有机会站得更高，看得更远；只有当我们的心境真正平和了，我们的教育理念才能实现真正的改变。许多时候，只要我们用一个行动改变一个习惯，一切都会向好的方向发展，这就是教育中的"蝴蝶效应"。

案例3：最好的教育，是学生的自我教育。

在班主任诸多的日常工作中，最头疼的问题应该是安排座位了。身高、视力、纪律、成绩、人际关系无不影响着座位的排定。每一位同学都有自己的想法，有的可以宣之于口，有的只能意会，不可言传。高中阶段的学生大都有了自己的想法和主见，家长和老师很难轻易地说服他们改变。又一次座位调整即将开始了，我换了一种方式——

首先,我请每位同学按照自己的意愿设计一张座位表,并且不记名的上交。

第二步,我将上交的座位表全部张贴出来,供大家观看比照。

第三步,我请所有同学综合所有的设计小结出共同的特点——比如,哪些位子是最抢手的?哪些同学是最受欢迎的同桌?哪些位子或哪些同学是大家避之不及的?

第四步,召开班会,重点讨论三个问题——1.为什么有些位子特别抢手,而另一些位子不受欢迎?2.那些最受欢迎的同学有哪些共同特点?3.我们应该怎么办?

学生们终于发现,原来每个人都希望同桌是一个能给自己带来正能量的人,他(她)性格温暖,成绩优良。学生们终于发现每个人都希望坐在教室里最舒适的位置,不是第一排,不是最后一排。学生们终于发现资源永远是有限的,你在选择别人的同时,别人也在选择你。当他们终于意识到这些问题的时候,他们会明白,老师在安排座位时的为难,他们会懂得,与其期待遇见一个性格温暖、成绩优良的同桌,不如自己努力成为这样一个人。

教育家苏霍姆林斯基曾经说过:"只有能激发学生去进行自我教育的教育,才是真正的教育。"许多时候,让学生自己去发现矛盾的根源,让学生自己去思考解决问题的方法,也许要比老师直接给出答案好得多。

正如雷振海在《改造我们的德育》一文中指出的——"我们的德育已经封闭得太久,远远落后于时代的发展。首先是德育观念的落后,很多人依然用传统的观念看待德育,一味强调德育的社会价值,忽视个体价值。然后是德育方法的落后,学校德育工作一直存在随意性、零散性、应景性的问题。更重要的是,我们经常忽视了作为德育对象的学生的需求,忽视了他们独特的心理特点,只是一味强调知识的学习、规范的训练、榜样的激励。如此,德育成了高高挂在空中的'道德说教',又怎么会进入孩子的心灵深处？"忽然想起最近网络上流传的一句名言——"我们听过了很多道理，却依然过不好这一生。"

是的，班主任的工作绝不只是讲讲道理——当我们创造更多的机会让学生体验到"改变的快乐"；当我们亲力亲为，不断践行着我们一直宣之于口的真理；我们的学生一定会在一路跌跌撞撞的反思中逐渐成长。真正的德育，也许大抵如此。

班主任，亮出你的态度

不久前，一位年轻班主任由于工作中遇到的一件事情向我求助——"班上的几个女生寝室关系总是不太和谐，最近发生的一件事尤其棘手。女生A性格大大咧咧，说话常常不经大脑。有一次A在寝室里说起同班的另一位女生B，'我不喜欢她，要是明年分班我们还在一个班的话真让人受不了，说不定我会杀了她。'说者无意，听者有心。同寝室的另一位女生C故意让女生A把刚说过的话重复一遍，并用手机进行了录音，还将录音传给了女生B。女生B在听录音的时候恰逢父母在身边，于是掀起了一场更大的风波。女生B的母亲既愤怒又不安，'居然有人想杀了我的女儿，太过分了。'女生A的家长也觉得不满，'我的女儿说话的确不妥，但是在寝室里随意的一句话，居然会被同学设计录音，真是太可怕了，这个寝室怎么待得下去。'女生C的家长的反应则和孩子如出一辙，'孩子只是出于好玩的心态录音并且转发了，并无恶意。A又不是名人，既然敢在别人面前说出来，为什么就不能被录音并转发呢？'"

那位年轻班主任在询问我如何处理这件事之后，还特别感慨了一句，"唉，为什么现在的孩子都变得这么复杂？"

我想了一想，在回答她的问题之前，先问了她一个问题，"对这件事，你怎么看？"她好像有些意外，"我怎么看？在这件事里，我的态度重要吗？"

在她的疑惑中，我好像忽然找到了问题的症结——是的，你的态度很重要。如何看待一件事？怎样在学生面前表达态度？在很大程度上，体现了班主任班级管理的风格，决定了班主任德育工作的高度。

什么是态度？心理学上的"态度"，是个体对特定对象（人、观念、情感或者事件等）所持有的稳定的心理倾向。这种心理倾向蕴含着个体的主观评价以及由此产生的行为倾向性。简单地说，态度，就是对一个人或一件事的评价或看法。在生活中，态度，是无处不在的。推崇"低碳"是一种态度，面对贪腐表示愤怒是一种态度，面对强权保持沉默也是一种态度。是的，从某种意义上来说，一个成年人的态度，直接反映了他的人生观、世界观、价值观。

也许有人会问，班主任，一定要在学生面前亮出态度吗？答案是肯定的。不可否认，许多职业的从业人员，在从事自己的工作时，是可以不表达自己的态度的。保洁人员在清扫马路时，不需要一边清扫，一边奋力疾呼。演员在塑造艺术形象时，不需要把自己的真实想法宣之于口。编程人员面对计算机工作时，也没必要表达自己的情绪……但是，班主任除了教书，更要育人。我们面对的是一个个活生生的学生，他们正处在"三观"形成的关键时期，很容易受到来自外界的影响。作为班主任，作为专业的教育者，作为在高中三年里，除了父母，陪伴学生最长时间的成年人，我们的道德品性、工作态度、言行举止，有可能会影响学生的品格修养、思想情趣、学业表现乃至生活态度和人生作为。

而在这种影响发生之前，每一位负责任的班主任都会问自己两个问题——我的"三观"正吗？我需要在学生面前主动地表达自己的态度吗？通常意义上，我们所说的"三观正"指的是一个人的"世界观、人生观、价值观"能够为大众所接受和认可。同时也被普遍引申为思想端正，思维认识体系完善。但我个人觉得，这个概括太过模糊，能被大众所接受的观点和态度就一定是正确的吗？就一定值得我们推崇吗？衡量是非善恶的最低尺度，是人类道德的共同底线。

不能否认，现实中会有一些班主任很抗拒在工作中主动亮出自己的态度。究其原因，大致有以下几点：1. 对自己所持观点的不自信。"我的观点对吗？""这样的态度传递给学生之后，会不会产生负面的影响？""我需要对自己的态度负责吗？"所有这些担心，其实都源于对自己所持观点的不自信。2. 不愿意自己言不由衷。有这样顾虑的班主任大都很有个性，对一些事物有着自己独特的想法。但他们又很清楚地感觉到自己的真实看法与主流教育思想的差异，不想言不由衷，所以选择沉默。3. 担心自己言行不一。这样的班主任觉得教育就是讲大道理，而他们又往往觉得自己都做不到自己讲出来的那些大道理。于是，反复斟酌之后，觉得还是少说为妙。

作为一名班主任，当我们站在学生面前时，以各种方式传达给学生的态度中，至少应该包括以下几个关键词——理性、积极、善意。所谓"理性"，就是对事物有客观、公正、科学、全面的看法。所谓"积极"，就是总能看到事物好的一面，学着以建设性的心态提出有价值的建议。所谓"善意"，就是对人、对事能够体谅、善良宽容。有了这些底线，我们就可以确保自己传递给学生的是绝对的"正能量"，而这些态度，对青春期的学生来说，也正是他们在成长过程中最需要的。

是的，亮出态度，并不是要将自己的"三观"强加给学生，甚至不是为了说服学生。亮出态度的真正目的，只是希望通过自己的态度影响学生。记得在一次关于"成功"的主题讨论中，有学生提到了某对明星的婚礼，提出"为什么要追求成功？因为你可以花2亿给自己心爱的人一个婚礼。"也有学生不以为然，"我认为只有像屠呦呦这样为全世界做出杰出贡献的人才称得上成功。相比之下，那些所谓艺人已经占有了太多的社会资源，获得了太多关注。"

面对这样的状况，在场的班主任就必须给出一个明确的态度。

在给出态度之前，我们必须明确以下几点：1. 亮出态度，并不是制定规范。你的态度，并不是学生必须遵守的规则，并不是你表明了立场之后，所有的孩子就必须立即站在你的这一边。如果你的表态给学生留下了"威逼利诱"的印象，往往只会适得其反。所以，在你的表达中，一定要留有余地，只有让学生感觉足够的安全，他才愿意去思考、去回味。2. 亮出态度，只为了产生影响。同样一段话，面对不同的受众，产生的影响一定是不同的。有些影响也许会在当下显现，但更有可能的情况是，你只是在学生的内心播下了一颗种子，它会在之后漫长的岁月里生根发芽，茁壮成长。

记得我当时是这样说的——"很高兴在今天的讨论中，有那么多同学畅所欲言。我觉得能勇敢、坦诚地表达自己的观点和立场，本身就是一件值得肯定的事，因为它至少能说明两点：一是你经过了认真的思考，二是你信任在场聆听的人。受大家的感染，我也很想在这里，把我的想法和大家分享。虽然不一定绝对正确，但应该有参考的价值。"这一段开场白，最大的作用是留出了空间，让学生相信，我没有在"教育"，我只是在分享。

"说起科学家和艺人，在我看来那是完全不同的两个群体。他们本身没有贵贱之分，每个人都在以自己的方式实现自我，创造价值。有人说明星凭什么赚得比屠呦呦多？在我看来，这既小看了艺人这个职业，也小看了科学家的胸襟。演艺行业，淘汰率极高。艺人们平日为了工作的付出，身体和心理承受的巨大压力是常人难以想象的。尤其是，他们的风光往往就那么几年，而在之前和之后的很长一段时间里，他们的艰辛却少有人知。而科学家，是一群需要静下心来做研究的人。他们天生不需要生活在镁光灯下。他们的成就感与快乐，也一定不会来源于金钱的累积与媒体的追逐。我猜想，屠呦呦一定不会羡慕明星的婚礼，而明星哪怕再有钱，也一定会对屠呦呦们心怀敬意。"在这一段话里，我以自己的态度示范了何为"理性"与"尊重"。网络上总有很多不负责任的声音，他们的表达很多时候只是一种情绪的宣泄，而这个年龄段的学生很容易受到一些激烈言论的影响和鼓动。这时，如果我们能有意识地培养学生遇事冷静、客观理性的思考习惯，引导他们学会理解、尊重不同的人群，一定会对他们今后走进社会产生积极地影响。

诚然，对班主任而言，能否有正确的态度很重要。如何在学生面前亮出自己的态度，则是每位班主任都要思考的问题。在我看来，时机和方式尤其重要。

把握好时机，大致有两种情况：对于离学生暂时较远的人与事，最好"情境表态"。比如，关于社会热点新闻的讨论，就属于"情境表态"。在这样的讨论中，学生不会有很强的角色代入感，所以不会对班主任的态度过于敏感。班主任的表态在很大程度上是一种"引领和示范"，重在告诉学生如何判断？怎样思考？

对于离学生近的人与事，最好"事前表态"。以本文开头的案例来说，这是一个典型的"寝室人际关系"问题，其中还牵涉"手机使用"和"隐私安全"等诸多问题，几乎与每个学生息息相关。若等问题出现之后再表态，无论班主任如何措辞，都一定会有人觉得老师在针对自己，教育效果难免会受到负面情绪的影响。如果班主任能在新集体组建之初，就将自己关于"寝室共处""手机使用"等问题的态度明确地表达出来，一定能起到"防患于未然"的教育效果。

除了时机，班主任表达态度的方式也很重要。这时，"分享的姿态""建议的语气""就事论事的分析"也许是最好的选择。比如，我在每次新班级组建时都会专门花时间和学生聊一聊"我理想中的班集体"——我会和现在的学生分享我带过的每一届班级的合影，讲述一些难忘的故事。在这些故事里，每一个温暖的瞬间都有同学之间彼此的善良与宽容，每一段闪亮的记忆都有同学之间彼此的付出和担当。既然是故事，就没有必要全是真实的。许多时候，班主任的态度就隐含在对真实故事的修正里。看得出，每一位学生都爱听这样的故事，因为在学长学姐的故事里，他们能看见自己理想中的集体，能预见自己即将面对的青春时光。他们也许没有意识到的是，在这样的聆听中，他们在不知不觉中受到了我的暗示和影响——"嗯，一个美好的集体里是不应该充满计较和猜忌的。""嗯，也许我可以尝试一下老师的建议，今后换一个方式跟这个人打交道。"

回到最前面的案例，事情既然已经发生了，班主任的工作应该如何开展呢？在我看来，首先还是要亮出自己的态度。表态的对象至少有三个方面——

首先，是三位女生。对事件中的三位当事人来说，班主任的态度非常重要，不置可否只会造成更多的伤害。这个时候，及时肯定女生B的宽容与大度（因为女生B本人并没有对这件事抓住不放、咄咄逼人），本身就是对女生B的一种支持。对女生A和C，可以先请她们试着从三个人不同的角度描述整件事，然后建议她们换位思考，学着体验这个事件中另两位同学的感受。这个时候，班主任再从旁观者的角度，点出在整件事中，以"成人社会中的行为准则"来看，女生A和C行为上的不妥之处，也许就更容易被接受。

其次，是三位女生的家长。应该看到，在整件事中，家长虽然不是直接的当事人，却已经被深度卷入，情绪上受到了很大的影响。如果不及时干预，家长的情绪和判断，很有可能反过来影响学生的情绪和判断。因为家长不是教师，他们常常只会站在自己的立场，以成人的眼光解读事件中的每个人。他们希望得到班主任明确的态度，简而言之就是"这件事里谁对了？谁错了？谁应该承担责任？谁应该付出代价？"所以，面对家长表态时，班主任可以按照以下步骤，缓缓推进——1. 运用同理心，表达理解。简单地说，就是让三方家长都相信，班主任理解他们对自己孩子的疼爱和关心。2. 告诉家长，对整件事，每个人都可以站在自己的立场上给出不同的判断，而班主任，只能站在教育者的立场上给出自己的判断。所谓"教育者的立场"，就是相信事件中的孩子们都没有恶意，她们并不成熟，她们需要引导，她们正在成长。所以，在整个事件中，女生B是无辜的，她的大气需要被肯定，她的委屈需要被安抚。女生A的想法、行为有不妥之处，需要得到"如何表达自我、如何接纳他人"方面的引导。女生C的想法、行为也有不妥之处，需要得到"如何在网络时代把握好信息传播尺度、如何与他人建立良性互动"方面的引导。3. 表达自己对整件事的态度——事件本身暴露了问题，但我们可以把它转化为孩子们成长的一次契机。所以，在孩子面前，我们不必过多强调"谁是对的，谁是错的？"我们强调的重点应该是"下一次，遇到同样的情况，怎样处理更好？"4. 告诉家长，成人的情绪和判断在很大程度上会影响孩子的情绪和判断。对他人的理性、善意和包容会让自己保持一个平和的心境，而平和的心境本身是对学习效果最好的保证。希望家长在事件的处理上为孩子树立一个榜样。

最后，是整个班级。无论事件本身是否已经对班级造成影响，发生了这件事本身就说明班主任需要在整个班级文化建设上再做文章。"如何认识自我？""如何欣赏他人？""如何使用手机？""如何有效沟通？"……所有这些，都可以是师生再次讨论的话题。

必须承认，班主任的态度究竟能在多大程度上影响学生，乃至影响整个班级的舆论导向，完全是因人而异的。这主要取决于两点：一是学生对你的亲近感；二是学生对你的信服度。所谓"亲其师，信其道"，这在低年级的学生中尤其普遍。当学生喜欢你，愿意亲近你的时候，你的态度和观点往往能够直接影响他们的选择；当学生进入青春期之后，他们对许多事都有了自己的想法。这时，光靠学生的"喜欢"已经不足以进行这种影响了，班主任的态度与观点必须要真正地让学生信服。这时，班主任个人的科学素养、人文素养、人格魅力就相当重要。

当然，表达态度的方式还有许多，"说"只是其中的一种方式。想起一个流传很久的小故事，某个班里有一个学生因为疾病掉光了头发，班上许多孩子总是会嘲笑他。班主任发现了，默默地把自己的头发剃光。从此，嘲笑的事情再也没有发生过。

是的，用认真批改告诉学生你对作业的态度；用兑现承诺告诉学生你对诚信的态度；用面带微笑告诉学生你对考试的态度……只要用心，都是表达。从这个意义上来说，"亮出态度"，也许就是对学生"实施影响"的最有效的途径。

让"午间演讲"成为德育的良好载体

缘起：

新接手的这一届高一新生曾经给我带来了很大的困扰——我从没有遇见过这么沉闷的班级，40个学生，从第一天报到军训开始就习惯保持沉默。你问什么，他也会回答，但是答案绝对言简意赅。你不问，他便什么也不说。同学之间私下的聊天是有的，但范围很小，三言两语便已结束。别的班级热闹的拉歌已经开始，我们班却还在静坐。我仔细地在旁观察，其实还是有几个学生蠢蠢欲动的，但当他们看到周围同学的沉默之后，又会把头重新低下。也许还需要时间足够熟悉吧，我在心里对自己说。

开学一个星期之后，不少任课教师向我反映，我们班的学生在各方面的表现都不错，唯有一点让他们很不舒服——课堂气氛太沉闷了！老师问的问题，得到的回应总是寥寥。"他们是听不懂吗？""应该不是。我课后个别找他们询问的时候，他们反馈基本上都能听懂，只是课堂上不习惯表达。但这样，课堂进度的推进一定会受到影响的。樊老师，一定要想想办法了。"

是的，一定要想办法了。

实践：

我回想起开学后第一次班会，我们的主题是"这个九月，重新起航"。班会上，每一位同学简单地介绍了自己，对自己的高中生活进行了展望。

班会貌似很顺利，几乎每位同学都制订了自己的新学期计划，也在班级范围内简单地进行了交流。由于时间限制，显然同学之间的熟悉度还是不够的，而一群不够熟悉、彼此又不够认同的人之间是不可能迅速凝聚成一个集体的。怎么办呢？

步骤一：开学后的第二个星期，我宣布了一项制度——每周一到周五的中午，除了学校固定的时政讲评之外，都将由一位同学进行 5 分钟的"午间演讲"。本学期第一轮的"午间演讲"不限主题，按学号顺序轮流进行。你可以介绍自己，也可以介绍他人。你可以向同学们推荐一本书、一部电影，也可以分享一首歌、一个故事。你可以聊聊身边的新闻，也可以关注国家大事。甚至，如果你什么都不愿意讲，也可以只是为大家表演一个节目。你可以制作 PPT 配合你的演讲，也可以拿着文字稿照本宣读。唯一的要求是，作为演讲者，请一定保证原创。作为听众，请一定用心聆听。

宣布之后，我停下来看学生们的表情——在他们看似平静的脸庞上，我还是发现了一丝丝的惊喜和跃跃欲试的神情。果然，这个年龄的孩子，无论怎样内向、沉默，也都愿意成为别人关注的中心和焦点。他们总相信，自己是与众不同的；他们总认为，别人和他们一样关注着自己，评价着自己——在发展心理学中，这种现象被称为"独特自我"和"假想观众"。正是利用了这一点，我要为他们提供一个舞台，让他们都有机会充分地展现自己，让他们能够直接得到他们非常看重的、来自同伴的反馈。我相信，通过第一轮"午间演讲"，他们会迅速地熟悉起来。

随后的一个月里，我们班上的"午间演讲"进行得格外顺利。每位轮到的同学都会认真准备，主动上台。没过多久，就有不少家长悄悄告诉我，他的孩子为了准备"午间演讲"异常认真——"她对着镜子一遍遍地练习，还邀请我帮忙一起找资料做 PPT，连复习考试都没有那么投入过。老师，你能在她演讲时帮我拍下视频或照片吗？"当然可以。于是，在学生演讲的时候，我要做的，除了认真聆听，偶尔点评之外，还多了一项工作——将他们演讲的过程拍下照片和视频，及时上传到家长群，与家长分享。

在这样的静静聆听中，我又慢慢发现了"午间演讲"的另一些用处——它是我了解学生的又一条捷径，同时，它也让我开始审视自己，"你真的像你以为的那样了解学生吗？"我发现在第一次不限主题的演讲中，很多学生其实都选择了介绍自己。而通过他们介绍的方式，可以发现许多有意思的事——相当多的学生喜欢日本动漫，在他们的介绍中，我发现打动他们的往往是漫画中主人公的性格，经历与自己内心的相似，他们在别人的故事中会渐渐看清自己。对于不同风格的漫画，学生会有不同的偏好，也会引起热烈的讨论，而这时的我，由于对日本动漫的不熟悉常常插不上话，我是多么不称职的陪伴者啊。

有一个男孩的演讲严重超时，他用几十页 PPT 向大家重点推荐了自己的最爱——足球运动员梅西。在介绍梅西足球生涯中的几次挫折时，他好几次眼眶湿润。演讲的最后，他动情地说，"很想告诉我的父母，我的老师——'请放手让你的孩子追求自己的梦想吧！请不要总是用我们的热爱做要挟！我们知道肩上的责任，我们只是热爱足球，仅此而已。'"

很快，我收到了任课老师的反馈，"你们班学生的胆子好像是大一些了。""你们班的课堂气氛活跃多了。"特别是语文老师，很兴奋地告诉我："樊老师，你们班同学回答问题积极多了。还有很多同学将他们的演讲稿件拿来请我帮着润色呢。"

至此，"午间演讲"第一阶段目标已经达成——增加了解，彼此熟悉，培养口才，提升能力。

步骤二：第二轮的"午间演讲"开始之前，我宣布了一项新的规定——规定话题。当然，40 位同学谈论同一个话题可能不切实际，将由班委和老师共同拟定一些话题，由同学自行选定。作为示范，我提供了一个话题作为参考——我市某所高中的一位老师在期中考试监考过程中抓出了几位作弊的学生，事后，老师在自己的 QQ 上收到了一则匿名消息"既然你不放过我们，我们也不会让你好过"。请谈一下你对此事的感受和看法。一个星期之后，由班委和老师共同拟定的 10 个话题张贴在教室后面的班级事务栏中，新一轮演讲再次拉开了序幕。

之所以要圈定演讲的话题，主要有两方面的考虑——首先，规定话题能够为学生创造更多机会进行思想的碰撞。对同一个话题的充分讨论，能够让每一个参与的人发现，原来世界不只有黑白、对错；原来对一个问题的分析可以有不同的立场、不同的角度；原来我们可以从这样的主题演讲中学会倾听、学会理解、学会尊重、学会表达。

其次，我们规定的话题较之第一轮学生自选话题来说，有更明确的指向性。我希望我的学生能逐渐将关注的目光从自己身上转移到身边的人和事，更进一步地逐渐关注到社会和国家。"积极心理学"中有一个基本前提——"只有致力于搭建起学校和社会之间的桥梁，才能使我们的学习更有效率也更有意义。"对处于青春期的孩子来说，只有当他们主动把目光从自己身上移开，更多地关注他人、关注社会的时候，他们才可能真正成长……

果然，我发现，在第二轮"午间演讲"的过程中，思辨的味道重了，讨论的氛围浓了，除了原有的那些作用之外，演讲，使学生的眉宇之间更多了许多沉稳的味道。

步骤三：两轮演讲下来，学期已接近尾声。放假前，我给学生布置了下学期的演讲主题——"在这个假期的实践活动中，不要只是单纯的服务或劳动，请把你看到的现象，想到的问题和做出的努力联系在一起。开学之后，请以主题演讲的形式与大家分享你的所见、所为、所想。"

之所以要"先做再讲"，是因为那句老话——"纸上得来终觉浅，绝知此事要躬行。"说了一个学期的大道理，唯有让他们真的做一做，试一试，才可能有更多的收获。

果然，新学期开始后，我收到了一份份让人惊喜的社会实践报告。新一轮的"午间演讲"，就在学生的提议下，以社会实践小组为单位，粉墨登场。有的小组主要的实践活动是义务帮助外来务工人员的子女补习功课。他们不仅出色完成了补习任务，还专门对外来务工人员子女的教育问题进行了调查研究，对"教育公平"有了深入的思考。有的小组定期探访养老院的老人。在力所能及的劳动之余，学生把更多的精力投入与老人的交流当中。在他们的演讲中，除了反思自己对家中老人的态度之外，还对未来老龄化社会的养老问题进行了匠心独具的展望……

事实告诉我们——永远不要低估学生的能力，他们会在纷繁复杂的环境中迅速成长。永远不要试图蒙住孩子们的眼睛，但要引导他们的目光。永远不要觉得孩子什么都不懂，只有学会思考，才能勇于担当。

反思：

墨子曾经按照知识的来源把人类的知识分为三类——闻、说、亲。所谓"闻"，就是直接来自前辈的知识。所谓"说"，就是来自学伴之间的辩论与反思。所谓"亲"，就是亲身经历获得的体验。回想我设计"午间演讲"的整个过程，正是沿着"闻、说、亲"三个过程步步深入。

正如上海市特级校长吴金瑜所说，在我们的德育中，要将"德育知识"真正内化成学生内在的"道德"，实在有很长的一段路要走。在这个过程中，我们既可以带领学生参加各种社会实践活动，让他们通过亲身的道德经历和体验获得直接的道德知识，形成道德品质；也可以通过"以文字、图画等表述的道德符号"告诉学生孰是孰非，再通过学生自身的"观察、体验、反思、内化"，从而形成道德。

而"午间演讲"之所以能够成为德育的良好载体，也许是因为走了第三条路——它给学生搭建了一个舞台，让学生从"闻、说、亲"三个方面，充实了自己，锻炼了自己，提升了自己。它让学生通过对"蕴含在人类自身的一系列社会现象"的"观察、体验、反思、内化"，最终形成了道德，达成了成长。

关于"临界生"工作的思考

不知从什么时候开始，在班主任的常规工作中，忽然多了一项——关注和转化临界生。尤其在许多学校的毕业班工作方案中，"临界生的转化"，已经赫然成为毕业班工作的重中之重。很多管理者认为，高考升学目标的完成，在很大程度上取决于临界生转化的落实程度。大家似乎都已达成一项共识——临界生转化工作抓实了，有效了，成功了，就可以实现一所学校升学率的大面积提升，继续为一所学校带来极好的社会声誉。事实果真如此吗？这里，让我们先来厘清以下一些问题——

什么是临界生？从通常意义上来说，"临界生"是指那些考试成绩在某一条分数界限上下徘徊的学生。在这里，所谓的"某一条分数界限"大有讲究——在之前，成绩好的学生可以被界定为重点大学的临界生；中等成绩的学生是普通本科的临界生；而成绩不理想的学生可以看作是专科学校的临界生。现在，我们的区分更加细致——所谓的"C9高校""985高校""211高校"……林林总总，不一而足。

也有人说，临界生指的是一个较为特殊的学生群体，在某些方面会存在一些特殊的困难，因此在考前复习的最后阶段往往容易出现"意外"状况。如果能让这一群体稳定下来，并帮助他们在最后的冲刺阶段达到一个最佳状态，在关键考试中发挥出他们的最佳水平，就能突破"界限"，考出最优成绩。

这里，我们一定会追问下面几个问题——

1. 为什么要划定临界生？这似乎是个很不合时宜的问题——"这还用问吗？当然是为了提高效率！在教师精力有限的情况下，关注个别的学生一定比关注全体的学生更容易出效果。"那为什么我们一定要将目标锁定在这一批学生身上呢？因为这一批学生的进步和提升能够带来实在的效益。在当下的教育环境中，普通高中的本科率，重点高中的一本率，名牌高中的"清北人数"，几乎成了评价一所学校的基本指标。无论是学校的社会声誉，还是教师的奖金收入，几乎已与这些具体的数字形成了明确的一一对应关系。在这样的背景与压力下，从学校领导到普通教师，会不约而同地将目光聚焦到那些所谓的"临界生"身上就可以理解了。

2. 划定临界生的具体依据是什么？理论上说来，应该有两种——学生的学习能力和学习结果。但在实际操作中，因为"能力"的评价缺乏统一的标准，最终我们往往是根据学习结果，也就是"考试成绩"来进行初步的划定。一般而言，学校往往会根据学生在一些全市统考中的排名，依据近三年的模拟考和高考中各批次的上线人数，找出稳定区间，确定临界生的上限分数和下线分数。当然，学校也会跟踪全体学生在每一次大型考试中的成绩表现，随时进行调整。

这里就会出现一个问题——如果真的按照高考中各批次的人数进行划线确定临界生，那么在一个班级里应该既有"985""211"临界生，又有"普通本科"临界生；既有"专科"临界生，又有"艺术体育类"临界生，这些学生的学习能力和学习结果（即"学习成绩"）分属不同档次，每个人又都有充分的提高空间，这样一来，几乎人人都是临界生了。那么，每一位学生都得到同样的关注吗？当然不会。事实上，由于生源的关系，每一所学校甚至同一所学校的不同班级都有各自不同的定位。普通高中关注"一本上线率"，重点高中关注"985"与"211"，超级名校关注"地区状元与清北人数"……真正会被划定为"临界生"的学生往往就是那所学校、那个班级最被关注和期待的那个"点"上的学生。

3. 确定临界生之后，班主任一般会做哪些工作？网络上可以搜索到大量的此类文章，归纳起来，大致包括两个方面——一是根据临界生的特点，查漏补缺，对症下药。有短板学科的，请相应的学科教师进行针对性的个别辅导；学习习惯差的，由班主任给予不断地纠正；心理素质差的，由专业教师进行专门的指导……应该承认，这一类方法，只要班主任"诊断得当、措施有力"，在学生的配合下多少都能取得一些明显的效果。二是采用"人盯人"战术，具体表现在"上课提问多一点，作业面批多一点，课后谈心多一点……"总之，就是多关注，尤其要让临界生本人感知到这种格外的关注，从而在学习上有更多的投入，以期取得更好的效果。这一类方法看似简单，其实教师的投入很大，具体的效果却因人而异。效果好的，是学生最终取得了显著的进步，并且由衷感激老师的付出。而在反面例子中，最极端的便是不久前湖南省沅江三中发生的"学生杀师案"。

2017年11月12日，湖南省益阳沅江市第三中学年仅16岁的高三学生罗某，在办公室将自己的班主任刺死。惨剧的直接原因，是因为小罗觉得"班主任太严厉了。自己既为出校时间被挤占而感到憋屈，更为班主任通知家长的做法感到愤怒，以至于激动地完全控制不住自己……"在事后的相关报道中，我注意到这样一个细节——小罗的成绩其实挺好，经常保持在班级第一、年级前十的水平。这样的成绩足以让他考上一所重点大学，但他对此并无太大兴趣。他曾不止一次地告诉同学，自己只想考取本市一所普通二本学校，过轻轻松松的生活。

但班主任鲍老师显然不这么想，他一直把小罗当成自己的儿子看待，对他既器重又严格，不仅常常找他谈心，还曾为他争取到一份名额有限的奖学金。

不幸的是，这份额外的关爱在小罗眼里却成了麻烦。有一次小罗和语文老师因为课堂问答起了一点冲突，事后得知此事的鲍老师要求小罗道歉，还严厉地批评了他。小罗说："我从来都不喜欢回答问题，所以觉得鲍老师的要求有点过分。那次之后，我开始反感他找我谈心。我不觉得班主任对我多好……"

是的，这起事件中最令人感叹的，便是班主任鲍老师的一厢情愿——在他眼中，小罗既有实力，又有潜力，是典型的"名校临界生"，所以才会对其寄予厚望，严格要求。然而，学生并不认可老师的想法与做法。就这样，期望变成压力，要求变成苛责，师生矛盾由此产生。

类似的事件多次发生后，刺目的鲜血让越来越多的人开始反思——我们的学生怎么了？老师的"好"心为什么会"坏"事呢？作为教师，让我们追问自己几个问题——

1. 我们关注"临界生"的初心究竟是什么？是为了学生好吗？也许是的。但"好"的标准就只是"升入名校"吗？答案显然是否定的。另一方面，在我们这样迫切的关注中，是否有自己的私心呢？扪心自问，我们骗不了自己——之所以选择"他们"，而不是另一批人，是因为我们以为"他们"是最有可能"出成绩"、给学校和老师带来"效益"的一群。而一旦教育目标沾染了"功利"，教育行为便会"变形"——我们开始越来越关注学生的成绩而不是品行；我们开始越来越关注学生的学习状态而不是心理状态；我们开始越来越关注学生的学习态度而不是生活态度……我们总是以自己的标准、统一的路径去要求有着不同追求的学生，并美其名曰"为他好"。这难道不是最大的讽刺吗？

2. 我们的"临界生工作"是否会给学生带来负面影响？如前所说，"临界生工作"并不是一无是处的。在某些情况下，它的确能够切实地帮助到一些学生，使他们迅速得到提升。但是，我们也应该看到，片面的、生硬的临界生工作会给我们的学生工作带来一些难以回避的负面影响。首先，当我们通过各种"指标"划定"临界生"人群并随之展开针对性工作时，是否会对其他学生造成"差别对待"的印象？不可否认，我们的教育资源是有限的，教师的精力也是有限的。当我们对临界生进行"上课提问多一点，作业面批多一点，课后谈心多一点……"的时候，对其他学生的关注是否就会相应的少一点？同是学生，在一个教室里学习，这样的差别待遇真的公平吗？而这样的"差别对待"一旦被正处于青春期的学生敏感地发觉，会造成怎样的影响？"老师为什么特别关注他？是我做错了什么？是因为对我失去信心了吗？"而如果有更"聪明"的学生意识到，这样的"差别对待"是源于对学校"一本率、优秀率"的迫切追求，是源于教师对"奖励、奖金"的迫切追求，学生对我们平日常说的"都是为了你好"又会有怎样的想法呢？

其次，被我们以"各种指标"划定为"临界生"的学生，是否真的愿意被我们这样特别"关照"，是否真的认可我们为他们设立的"奋斗目标"？从实际情况来看，未必如此。每一个家庭都是不同的；每一个学生都是不同的；甚至在同一个家庭里，"家长对孩子"和"孩子对自己"都往往有不同的期许。我们凭什么认为学校可以简单地凭借一条所谓的"分数线"划定一群特定的学生，并对他们进行自以为是的规划和安排呢？诚然，站在家长的角度，都希望自己的孩子在学校得到更多的关照。可是，在这更多的"关照"中，是对孩子的包容鼓励多一些，还是督促鞭策多一些，恐怕连家长自己都不确定。如果我们始终意识不到这一点，一厢情愿地往"错"的方向不断"使力"，师生矛盾就会逐渐激化，沅江三中鲍老师的悲剧就可能一再发生。

3. 在精力有限的前提下，班主任的工作重心应该放在哪里？在我看来，无论在哪个年级，无论在哪个时段，班主任工作的重心始终都应该放在整个班集体的建设上——以"整体的发展"带动"个体的进步"。水涨船高，大家好，才是真的好。也许有人会觉得"精力有限"，"平均使力"的效果不如"单点突破"。其实，他忽略了一个重要的问题——一个优秀的班集体，本身就像一个优质的生态系统——班级里的每一个成员，都能在其中找到自己合适的位置——彼此陪伴，互相欣赏；彼此竞争，互相成全。尤其对高中生而言，"同伴"对他们的影响力远远超过"师长"。唯有让他们在集体中有存在感，个体才会有幸福感；唯有让他们对未来抱有共同的"目标感"，才会在奋斗中取得个人的"成就感"。高中三年，班主任要做的，便是走心的陪伴，凭借自己的专业素养保证这个生态系统的健康运行，并有计划、有步骤地引领整个系统不断优化升级，不断向新的目标靠近。在这样的认知前提下，班主任的努力方向就一定不会是"片面的""功利的"，因为一个班级的班风正不正，学风浓不浓，人际关系是否和谐，显然不可能以单纯的分数来判断；然而，若是一个班级班风正、学风浓、人际关系温暖和谐，整体成绩的提升一定是水到渠成的事。

当然，在关注整个班集体建设的同时，班主任也需要根据实际情况给予个别同学特殊关照。但这里的"实际情况"不应该是某一次考试的成绩，而应该是学生表现出的实际需要。当然，学生的"需要"，未必都会宣之于口。真正专业的班主任会敏感地觉察到班里每一位学生状态上的微妙变化，而建立了信任关系的师生双方，也不会刻意彼此隐瞒。当学生家庭出现变故的时候，班主任应该多关心其生活；当学生人际关系紧张时，班主任可以及时给予指导；当学生遇到选择焦虑时，班主任可以主动提供建议；当学生遇到学业挫折时，班主任可以帮助其一起分析原因……总之，只有在学生真正需要的时候，班主任的"挺身而出"才有价值。

是的，在我的班主任生涯中，每带一届学生，第一件要做好的事情总是与学生"建立关系"。在这个过程中，让学生"了解我、认可我、信任我"永远是第一步。我会让学生相信，只要他们需要，我一定在。与此同时，在对个别学生提出"个性化的要求"之前，我也总是先"做足功课"——除了平日的用心观察，更要广泛的耐心倾听——听学生的自我定位与未来规划，听家长对孩子的描述与期望，听其他同学的评价，听任课老师的判断……是的，对一个学生来说，只要当他感觉到自己"被了解、被理解"，才会相信自己"被尊重、被欣赏"，才有可能"被鼓舞、被激励"。

是的，在我看来，在班主任的常规工作中，传统意义上的"临界生工作"是应该被淡化的——因为这份工作"源于分数，指向成绩"，与我们一直提倡的教育理念相悖。我认为，在班主任的工作内容中，"提高学生的分数"都是应该被淡化的——学习，首先是学生自己的事情，家长和任课教师可以创造条件、提供帮助，班主任至多只能在一边稍作提醒，鼓掌、加油。

正如中国教育科学研究院研究员储朝晖所说，"在当下的社会环境中，受教育者已日益多元化，我们不能再按照同样的标准和路径去要求有不同追求的人。只有尊重个人选择，在合理范围内尽可能让受教育者在自然状态下发展，才是最好的教育。"是的，在当下的社会环境中，我们还能做什么呢——关注班里的每一位学生，营造积极、温暖、和谐的班级生态，以专业理性的态度，用心陪伴，只为成长。

高中阶段的劳动实践教育

前不久,霍启刚在微博上晒出的一组照片上了热搜,原来他和妻子带着儿子深入田间一起插秧,干起了农活儿……一时间,我的朋友圈不断被刷屏,但相比于对事件本身的关注,下面的评论更加耐人寻味——

有人说:"这样的活动挺好的,让孩子亲近农村和自然,比一天到晚关在房间里好多了。"

也有人说:"霍启刚这一家分明就是春游、踏青、农家乐呀。读小学时,我们也经常带孩子去乡下玩的。现在孩子大了,学习紧张,周末都要补课的,没时间去了。"

有人说:"这些活动没什么坏处,就当是放松身心了。关键要看安排在什么时候进行。如果是学校组织,最好放在假期,不影响学习就好。"

也有人说:"其实'劳动'也不只是'体力劳动',孩子们每天读书也是一种'脑力劳动'呀。从前人说'劳心者治人,劳力者治于人',现在人们都在讲'分工合作',讲'个人价值最大化'。反正我们家孩子在家是从来不做家务的,以后也不打算让他做,可以请家政嘛……"

有人说:"现在的孩子读书已经很辛苦了,能帮他们搞定的事情家长就该多做些。现在,我都会定期去儿子的寝室,专门帮他们搞卫生,做好后勤工作。"

也有人说:"有些技能学得很快的,打扫卫生啊,洗衣做饭啊,什么时候学都一样。不像读书,耽误不得的。"

……

显然，这些评论集中体现了当今社会的家长们对"劳动实践"本身，以及"如何对孩子进行劳动实践教育"的真实心态。如果我们梳理一下，不难发现大致有以下几个特点——1.虽然不否认"劳动实践"的重要性，但还是认为对孩子来说，"学习"比"劳动"更重要，一切活动都要为"学习"让路。2.单纯认为"劳动实践教育"就是"劳动技能教育"，许多时候只是为了学一项本领甚至只是多一个体验而已。3.同样是"劳动"，"脑力劳动"要比"体力劳动"高贵体面得多。如果可以，最好孩子将来生活有人照顾，不用从事任何体力劳动。

当今社会，大多数学生和家长还不能正确理解劳动实践教育的价值和内涵，在很多时候很难真正认同和配合我们组织的各种劳动实践活动。作为高中班主任，我们面对的学生相较于小学和初中，学习压力更大，成长焦虑更多，在忙碌紧张的学习生活中对"劳动实践教育的抵触和抗拒"也更加明显。

可另一方面，我们也已经意识到——也正是因为很多孩子在成长过程中缺少系统、正确的"劳动实践教育"，当他们升入高中时，价值取向已经出现了明显的问题。这些问题不仅体现在他们对劳动者不尊重，对劳动成果不珍惜，崇尚"不劳而获"或"少劳多获"等这些外显的态度或行为之中，在他们的求学、治学乃至整个职业生涯的发展过程中，这些错误的观念也正发生着许多尚未被意识到的深远影响。

面对这样的挑战，作为高中班主任的我们，可以做些什么呢？在我看来，至少可以从以下几个方面着手——

一、改变认知，明确态度

一直以来，我们总是以为之所以会出现"忽视劳动实践教育，轻视体力劳动者，浪费他人劳动果实"等一系列现象，是由于我们的态度不够端正。事实上，错误的态度往往是由错误的认知引起的。所以，"改变认知"

是我们要做的第一件事。这里特别要注意的是，要做出改变的，并不只有学生和家长。许多时候，真正的改变恰恰是从教师自身开始的。在试图影响他人之前，让我们自己先想清楚几个问题——1."劳动实践教育"与"劳动实践活动"是一回事吗？如果不是，区别在哪里？2."劳动实践教育"与"劳动技能教育"是一回事吗？如果不是，区别在哪里？3.对高中生而言，"文化课"的学习任务已经相当繁重，在这种情况下，开展"劳动实践教育"究竟是给学生"增负"还是"减负"？4."脑力劳动"与"体力劳动"到底不同在哪里？所谓的高低贵贱如何划分？

在我看来，首先，"劳动实践教育"是教师有计划、有组织地通过一系列的"劳动实践活动"，让学生充分体验"劳动实践过程"，并在这个过程中引导学生不断自我觉知、自我调整、自我发展的教育活动。是的，它是一个教育活动。在整个实施过程中，教师并不是无意识地"跟随"，而应该是有意识地"引导"。既然是教育活动，自然应该有明确的教育目标和实现这些目标的教育手段，而这样的目标与手段，也当然应该符合学生的身心发展规律。

第二，"劳动实践教育"也并不等同于"劳动技能教育"。学习一种劳动技能，可以是"劳动实践教育"的内容或方式，但绝不是唯一的目的。很多时候，学生能不能学会这项"技能"并不重要，重要的是在尝试学习这项技能的过程中，学生获得了怎样的体验和感悟。

第三，对高中生而言，"劳动实践教育"当然是必须的，至于是"增负"还是"减负"，在很大程度上其实取决于活动开展的具体形式。例如，在每学期的班级专属活动中，我都会尽力安排一次"家庭亲子活动"。在这些活动中，一般都会有两个环节——一是请家长和孩子共同完成一个劳动任务。比如，一起包一次饺子（要求从"拌饺子馅"开始）；一起为学校的开心农场扎一圈篱笆；一起完成一次爱心募捐；一起进行一次会场布置……在这些活动中，我会请家长和孩子自由组合，在指定的若干劳动任务中任选一项，共同完成。二是请家长和孩子分别谈一下在活动中的感受。

可以是成功后的体验,也可以是挫折后的反思,甚至可以是在观摩他人劳动过程中的感触。在这样的实践与交流中,不少参与者都有可能进入一个自己不熟悉的劳动领域,不断对自我潜力进行摸索,对他人能力进行确认,相信每一个参与者都会得到专属于自己的收获。

当然,组织这样的活动是需要付出时间和心力的,一个学期至少要有一到两次这样的活动才有可能真正对学生产生触动。然而,成长本身,难道不正是需要付出时间和心力吗?只有真正认同了这一点,学校和上级主管部门才有可能主动提供时间、场地上的资源和保证,教师和家长才有可能真正投入心力去设计并运作整个过程。

第四,在很多家长和学生的观念中,之所以会认为脑力劳动者比体力劳动者更加体面,主要是从"劳动报酬"和"劳动环境"的角度出发得出的结论。但实际上,在当下的社会环境中,"专业性""稀缺性"以及"不可替代性"才是决定劳动者社会地位的主要因素。劳动的幸福感在很大程度上其实来自劳动者本身对自我价值的认同和实现。唯有引导学生和家长真正理解了这一点,我们的"生涯规划教育"才能真正落地。在实际工作中,我常常会引导学生利用假期对各种职业进行深度体验,这其中既包括"对各行各业的从业人员进行相关职业的深度访谈",也包括"向家委会和校友会征集各种职业工作状态的视频资料"。在与学生一起观看和交流这些视频内容和访谈资料时,我常常会有意识地引导他们关注两个方面的问题——一是每一种职业"劳动形式的不同""劳动价值的体现"以及"对劳动者素质的不同要求";二是每一种职业中,从业者在从业过程中主要积极体验与消极体验的来源。是的,我希望让学生明白——每一种劳动都有其价值,而劳动者在劳动过程中的自我体验很大程度上取决于他们对自我"劳动价值"本身的理解和态度。要在"谋生"的基础上"谋趣",还是利用自己的"志趣"谋生,这本身就是一项充满智慧的挑战。但有一点是肯定的——"滴自己的汗,吃自己的饭,自己的事情自己干"远比"靠人、靠天、靠祖上"更加体面。

当我们对"劳动实践教育"有了正确的认知之后,"明确态度"往往是影响他人的第一步。这时要注意,"明确态度"的方式绝不仅仅限于言语的表达。在具体工作中,每带一届学生,我都会近乎"刻意"地在学生面前表现出对学校里每一位勤杂工的尊重和热情。每当勤杂工来到走廊上清理垃圾,只要有时间我都会主动和阿姨拉家常,并由衷地对她们表示感谢。每次去学生寝室例行检查,我也当着学生的面对宿管阿姨说:"阿姨辛苦了,我们班的孩子们有时会调皮任性,但都很善良懂事。如果有做得不周到的地方,请你多担待哦。"渐渐地,我发现我们班的学生也会和勤杂工热情地打招呼,每次她们来收垃圾的时候,都会有学生主动上前帮忙。有一次,天快下雨了,我提醒班上的住校生有没有衣服晾在外面,没想到那些男孩很自豪地说:"放心,阿姨会帮我们收衣服的。现在我们相处得可好啦!"是的,与其反复地向学生强调"要尊重每一个劳动者",不如用实际行动向学生表达自己的态度,为学生做出示范。

二、抓住契机,增加体验

在解决了"认知和态度"的问题之后,对高中生而言,实施"劳动实践教育"最大的挑战便在于——"如何从'百忙'中抽出时间来实践这一块教育内容?"

在我看来,其实无须在原有的学生活动时间之外占用更多的时间和精力。我们要做的,只是在高中生原有的作息安排之中及时抓住教育契机,有意识地增加学生的劳动体验而已。例如,在我所在的高中,学生在平日的学习生活中已经拥有的劳动实践机会大致有以下一些——1. 学校的劳动值周工作。2. 班级的卫生值日及常规大扫除工作。3. 寝室的内务整理工作。4. 开心农场种菜活动。5. 寒暑假期间各种职业体验活动。6. 学校"五节"及各种活动的组织筹备活动。于我而言,可能还有两项班级专属活动——1. 期中考或期末考之后的家庭亲子活动。2. 寒暑假期间的陪伴老人活动。

具体说来，以上活动其实可以分为几类——第一类是"以打扫卫生、整理内务"为主要内容的劳动实践教育活动。例如，学校的劳动值周、班级的卫生值日、寝室的内务整理等都属于这一类。在这类活动中，我会要求学生自己制订具体的计划和规则——谁？在什么时间？以怎样的标准？具体完成哪些任务？如果不会，向谁请教？如果偷懒，怎样处罚？这些计划与规则的细节制订，对高中生而言，并无难度。班主任要做的，除了督促和提醒之外，是要让更多的学生意识到——把自己身处的环境打理好，是每个人必须承担的责任，没有任何理由和借口可以逃避和推诿。在劳动过程中，学生们也会渐渐意识到，这些劳动主要是靠态度认真完成的，但也并非全无技术含量——"只要你愿意，总能把地扫干净。但同样是整理寝室，有的寝室每天只花 20 分钟就能搞定，而有的寝室花了 40 分钟却还是没有达到理想的效果"。

第二类是以"劳动技能培养"为主要内容的劳动实践教育活动。例如，学校在校园里开辟一大块土地，分给每个班级一小块地种菜。又如，学生利用寒暑假深入各行各业开展各种职业体验活动。在这类活动中，我会要求每位学生着意寻求在过程中的存在感和获得感——"番薯，是否种出来并不重要。重要的是，你是否了解了番薯生长的整个过程？如果我们班的收成不如其他班级的，那么问题究竟出在哪里？""暑假里的社会实践挣多少钱并不重要。重要的是，你对这个职业、这份工作有了哪些新的理解和认识？"我希望学生意识到——所有的劳动都有价值，所有的付出都有意义。不同的劳作方式之间，其实是有道理相通的地方的。哪怕是看似很简单的一件事，不用心，同样做不好。"以前教室里的灯管坏了，我们总是找总务处报修。现在会在电工的指导下，自己尝试动一下手。都高中了，那么多年的物理总不能白学了……""整个暑假的社会实践我几乎都在帮忙整理文档，现在才发现哪怕是这么单纯的一件事，也有很多学问和讲究。而且我发现，平时的工作习惯真的很重要，好习惯能大大提高后期的工作效率……"

第三类是以"发掘创意和实现创意"为主要内容的劳动实践教育活动。

无论是"艺术节合唱比赛中唱什么歌、穿什么服装、排什么队形、表什么心意",还是"科技节上如何让鸡蛋撞地球而不碎?如何让火箭靠水就能起飞?"我都尽力让更多的学生参与其中。在这个过程中,我发现,有的学生热衷于提创意,有的学生更擅长于执行,而更具挑战性的,是在众多创意之中,去选择,去决策,去与各种意见的坚持者沟通,直至达成妥协与共识。而在整个活动中,班主任要做的,除了提供平台、提供机会、提供建议、提供支持之外,更重要的,是引导学生意识到在完成一项复杂任务时,每个工种都是如此重要,无法取代。而要成就任何一件事,都需要那么多人精诚合作,无私奉献。是的,我们总是看到自己的辛苦容易,理解他人的付出困难。教育者要做的,恰恰是抓住一个个能让学生在校园生活中有所触动的片段,引导学生去感受为一件事投入心力的全过程。在过程中,互相配合,彼此成全。

三、着意引导,凸显价值

行文至此,可能还是会有人心存疑虑——"高中阶段,作为学生学业冲刺的关键时期,我们的劳动实践教育真的是必要的吗?把这个教育节点往前挪或是往后延,不耽误孩子的学习时间不是更好吗?"

我相信,这个问题的答案是明确的——就好像我们不能为了节约时间,为了集中精力办大事,就把一日三餐放在每天早上一顿吃完。同样的道理,劳动实践教育也是如此。我们必须遵循孩子的身心发展特点,循序渐进,稳步进行。有人曾经提出设想——在学前教育阶段,"玩中劳"是重点,借助游戏、活动、阅读、运动等认识劳动教育;在小学教育阶段,"养中劳"是重点,借助养成教育、校内外活动等体验劳动教育;对于中学教育而言,"习中劳"是重点,借助学科内容、实践活动等习得劳动教育;在高中教育阶段,"技中劳"是重点,借助基本的技术掌握、生活实际问题解决等形成劳动教育成果;在大学教育阶段,"学中劳"是重点,借助社会实践活动、社团活动等储备未来工作生活的基本技能;在成人教育阶段以及成人的工作生活中,更多的是通过"创中劳"实现劳动的价值……在我看来,这样的区分很好,但也不必完全拘囿其中。成长,一定是多方面综合作用的结果。若我们的学生,在某一个阶段,只发展某一个方面的能力和素养,他的发展一定是不均衡的,在人格和心理方面的塑造也一定是不健全的。

所以,在平时的班级工作中,我会有意识地关注学生各方面的表现,尤其会对那些具有良好劳动意识、劳动态度和劳动技能的同学给予公开表扬。在表扬里,我更倾向于肯定的是"能力"——自理自立的能力、照顾他人的能力、创造美好的能力。我甚至会告诉学生,这种"能力"会慢慢转化为一种"魅力",成为决定你日后生活中幸福感的主要来源。

是的,只要把我们的视线稍微放远一点,我们就会发现学习成绩的高低也许能决定你今后就读的学校,但是却完全不能保证你今后生活的幸福。能否在独自求学时照顾好自己的起居?能否在独立生活时处理好一应琐事?能否在面对辛苦劳作时依然保持积极乐观的心态?太多真实的案例告诉我们,唯有在劳动中,我们对生活的理解加深了,对未来的准备充分了,幸福才成为可能。

是的,人是通过劳动进化的,社会是通过劳动进步的,没有劳动教育的基础不可能培养出全面发展的人。我们要做的,是在日常的教育生活中着意引导,让学生理解"辛勤劳动、诚实劳动、创造性劳动"的价值。经历了一场舞台剧的排练,学生就会理解,如果每个人都只想做聚光灯下的那一个,永远成就不了一出好戏。所谓的"辛勤劳动",不仅反映在学生日常生活中的劳动态度,也会影响学生对职业劳动的认知和职业选择的价值取向。经历了一季"开心农场"的播种与收获,学生就会明白,汗水不会骗人,土地不会辜负。这份诚实劳动的经历,会让学生对"天道酬勤"更加敬畏,对劳动果实更添珍惜。经历了一次真实情境下的问题解决,学生就会知道真正的"创新"到底有多难。所谓的"创造性劳动",不只是提出一项质疑、一个设想,更要有能力去验证、去实现。这也正是"劳动实践"的最高境界。

当然,在新的时代背景下,要在高中生中坚持开展系统、专业的劳动实践教育，绝不可能仅凭教师的一己之力——我们需要顶层设计者为我们建立完整的劳动教育体系，不同的学段应该有不同的劳动教育要求。学段之间也要有衔接性，要有系统培养的理念。我们需要学校、家庭、社会三位一体，精诚合作，不断创设出新的劳动教育载体。在学校里，我们努力开发出的课程，要关注劳动教育怎么融入学科；我们精心组织的活动，既包括校内劳动，也包括综合实践。我们需要家长的理解和支持，更需要全社会一起营造劳动光荣的氛围……但是在这所有之外，哪怕仅仅作为一名高中的班主任，我相信我们可以做的还有很多很多……

想起禅宗里常说的一句话——"行动坐卧，皆为修行。"是的，劳动素养是孩子一生的财富；劳动实践教育是学生成长的德育工程之基；德智体美劳全面发展的教育体系，是功在当代、利在千秋的伟大事业。于你我而言，不妨先从身边的每一件小事开始吧！

"极端事件"背景下的班主任工作策略

开学才两个月,高一的班主任张老师就来找我聊天。原来,我们学校有规定,学生一律不得带手机来校。可是开学不久,张老师就发现男生小王经常带手机到校,午休时间会在教室里看新闻,晚上睡觉前会在寝室里打游戏、看小说。每次发现这种情况,张老师都会对小王进行批评教育,并将手机没收,通知家长来取。可是没过几天,却发现小王又将手机带到了学校……这已经是第三次抓到小王违规带手机了。张老师再次联系了家长,家长这次终于说了实话,"老师,不瞒您说,您说的道理我都懂,可是我没办法呀!孩子在学校至少不会跟您顶嘴,可是回到家,完全不听我们的!从初中起,他就一直玩手机。为了手机,已经和他爸爸起了很多次冲突了。前两天甚至还威胁我们,如果不给他用手机,他就不去读书了。最近,我们也听到很多社会新闻,好几个孩子因为家长不让使用手机,竟然跳楼了……老师,我们不是不想管,实在是不敢管啊!"

张老师说完情况,一脸愁容地看着我,"樊老师,你说我该怎么办?不能带手机到校,是学校的规定。可学生到底会不会带来,终究要看家长的配合。否则,我这边没收,他那边放水,这不是开玩笑嘛!再说,我也怕呀!万一哪天我在学校里没收了他的手机,他一转身跳了,我估计也完了……可是如果放任不管,其他学生有样学样,这个班级也就完了……"

张老师并不是第一年做班主任了,我笑着请她坐下,"从前遇到这样的情况,你一般是怎么处理的?""该怎么处理就这么处理啊……可是现在跟从前不一样啊——从前的家长不止一个孩子,把孩子送来学校时常说的话就是,'孩子交给您了,该打就打,该骂就骂,我们一定配合!'话说回来,从前的孩子哪有动不动就跳楼的?世道变了,老师和家长都不好做呀!"

我特别理解张老师的感慨。近年来,时常可以听到一些社会新闻,学生由于各种原因离家出走、伤人弑师、自残自杀类的事件层出不穷。每次这样的新闻一出炉,社会上总要喧嚣一阵——有人一味指责学校,"只搞应试教育,不顾学生身心健康";有人会提及家长,"原生家庭也有责任,冰冻三尺非一日之寒";甚至还有人对孩子表示失望,"做出这样的事情来,还有点儿感恩之心吗?便是不死不伤,日后如何能够指望?"

可是,真正身在其中的人是没有心情指指点点的——不少老师会在心里倒吸一口冷气,"新闻里的情形我也曾遇见过,好险啊,当时那个学生没出事。下次一定要小心,教育事小,安全第一……"很多家长会在震惊之余开始反思,"原来孩子是真敢跳的!万一孩子真的出了事,我们怎么承受得起?再说,那些坚持真的必要吗?算了算了,儿孙自有儿孙福,看开一些吧……"而那些新闻主角的同龄人也会在旁观整个事件的喧嚣中有所交流,"哇,他们真做得出啊……你看,他们竟然用自己的鲜血换来了我们的假期,大人们开始认识到自己错了……要是我爸妈看到那些孩子的家长现在有多么后悔和难过,会不会以后能多理解我一点儿……"

是的,我们都不是生活在真空里。面对鲜血与质疑,如果我们总是一味地掉转头去,放弃了理性的思考,那就等于放弃了改善的可能。在张老师的这个案例中,其实涉及几个方面的问题——1. 高中阶段,怎样引导学生合理使用手机?2. 面对"想管而不敢管"的家长,怎样与其沟通,帮助他们转变观念、掌握方法,主动积极地与学校配合,最终形成教育合力?3. 在班主任工作中,怎样引导学生和家长正确看待社会中的极端教育事件,在陪伴学生成长的过程中,如何把握好"教育与管理"的尺度?

我们其实也知道,"过度依赖手机"只是高中生众多常见问题中的一个。事实上,会引发师生矛盾和亲子冲突的问题还有很多,"游戏上瘾"

"沉迷小说""异性交往""学习压力"……这些问题中的任何一个没处理好,都有可能引起师生关系或亲子关系的摩擦,进而引发一系列的负面事件。若我们只关注负面事件本身,而不去反思引起事件的根本原因,实在是本末倒置。

作为教育者,当我们面对这些层出不穷的负面事件时,有两个态度是必须明确的——1. 所有悲剧的发生,究其原因,都不是看上去那么简单。孩子在考试失利之后离家出走,很可能是因为他无法面对家人的失望或责备;孩子在失恋之后自残自伤,很可能是因为他无法面对被拒绝的自己;孩子在手机被没收之后跳楼,很可能是因为他无法放弃手机里的那个世界……是的,我们所看到的诸如"考试失利,被老师误解批评,同学间闹了矛盾,跟家长发生争执"等理由,顶多只是矛盾激化的导火索而已。作为教育者,我们能做的,只是不断反思在我们的教育理念中是否存在着原则性的错误,在我们的教育行为中是否还有值得改进的细节。2. 任何时候,极端事件的发生都不应该成为我们放弃教育阵地的借口。因为"怕出事",便对学生"放任不管"是不负责任的。你以为自己回避了风险,其实只是埋下更多的隐患而已。作为教育者,我们需要反复确认,自己正在坚持的方向果真是正确的方向吗?我们需要反复研究的是,如何把"正确的事",更加专业地完成?唯有这样,才能避免更多的悲剧发生。

回到案例本身。面对这样的情况,我想至少可以先做好以下几个方面的工作——

1. 与家长深入沟通

在当下的社会环境中,家长会有这样的顾虑很正常。我们发现,越是关系紧张、亲情淡漠的家庭,家长在这方面的担忧就越是强烈。在接触到的很多案例中,我发现这些家庭有一些共同特征——家长与孩子之间已经很久没有进行过深入、有效的沟通了。孩子认为父母并不了解自己,却总是自以为是地揣测他们的想法,试图控制他们的行为。而自己也懒得跟家长沟通,因为觉得家长都很固执,宁可阳奉阴违,敬而远之。家长恰恰相反,他们虽然承认孩子和自己很少沟通,但在大多数时候还是觉得自己是了解孩子的。他们往往把这种缺少沟通的现状归因为"孩子长大了、住校了、学习压力大了、自己工作忙了……"等因素。直到有一天,双方因为某一件事起了冲突,孩子做出了某一个"出格"的举动,家长才会在愤怒渐渐消散后开始后怕,"我已经不知道他在想什么了。我也不确定他还会干出什么离谱的事情来……"

这个时候,及时给处于青春期的学生的家长提供专业的技术支持,就成了班主任义不容辞的工作。通常,我会通过三种不同的方式为家长提供支持——

方式1:家长群内的友情分享。每次组建新班,我都会建一个家长群。作为班主任,在这个QQ群或微信群里,我通常会做两件事:一是上传学生在校学习、活动的照片与视频;二是分享符合自己教育理念的好文章。在每周一至两次的友情分享中,我并不是简单的"转发链接"了事,而是尽量做到"有感而发、有的放矢"。每次分享前,我总是先描述一个在与家长沟通过程中了解到的具体问题(例如:考试之后,孩子的情绪波动很大,家长在家小心翼翼地不知该如何应对),然后再转发与之相关的一些文章和视频资料。这些资源,大多来自网络,很多教育公众号上都能找到,但因为有了自己家孩子的案例在前,家长的关注度会大大提升。有时,我还会故意选择一些观点有冲突的文章同时呈现。相对于常规的"教育鸡汤",矛盾的观点更能引发家长的兴趣与思考。在这样的分享之后,除非家长追问,我通常不会刻意表达自己的观点。所有的分享,只是为了让家长意识到——教育,是一门大学问。除了焦虑,家长可以做的事情还有很多。

方式2:家长会上的独家支招。相对于家长群里的分享,"家长会"是班主任与家长群体面对面交流的更好时机。在每学期1~2次的家长会上,我都会根据学期特点和家长、学生的诉求,专门就某些热点问题为家长出谋划策。这样的话题有很多,"如何确定选考科目?""如何向孩子了解他们的在校状况?""如何跟孩子商定他们的假期计划?""孩子表示不喜欢某个任课老师时，家长应如何反应？"……记得有一次的家长会前，班上一个离异家庭的男生专门写了一封信，让我转交给他的父亲。经过与男生的交流，我发现班上有很多类似的情况——孩子很想跟父亲或母亲好好相处，但是因为各种原因不知怎样表达？于是，在那一次的家长会上，我专门和家长们聊了聊"离异后，父母如何与孩子保持亲密关系"这个话题，收到了很好的反响。

方式3：亲子约谈中的特别顾问。在经过一段时间的磨合之后，如果遇到特殊情况，就可以进行"亲子约谈"了。所谓"亲子约谈"，就是在遇到某些特殊问题时，在分别与家长和学生进行个别交流之后，在双方自愿的基础上，召集双方坐在一起，面对面地沟通、交流、解决问题。例如，在"手机使用"这个问题中，当我们分别与家长和学生交流，达成对"如何使用手机"的基本共识之后，就可以考虑进行"亲子约谈"了。当三方坐在一起之后，班主任可以先请孩子谈一下自己下一步的想法。（手机如何保管？每周如何使用？每次使用多久？希望父母怎样监督？不希望父母如何干涉？如果达成了什么目标，希望得到什么奖励？如果违反了承诺，愿意接受什么样的惩罚？）然后，再请家长对孩子的想法做出表态。（完全支持？还是有部分需要修正？有没有补充的想法？）当双方想法出现分歧时，班主任就可以作为"特别顾问"参与讨论。（请孩子表达为什么要坚持这个做法？背后的原因是什么？请家长表达为什么会有这个担忧？背后的原因是什么？）在此过程中，"特别顾问"需要注意的是，不直接评判谁更有道理，只是不断请双方谈自己的感受，表述自己选择这么做的原因，然后给出作为"顾问"的折中方案。需要说明的是，这样的"亲子约谈"很可能不止需要一次。在双方践行了一段时间彼此的约定后，很有必要再来一次，对前一段时间的双方实践的小结与肯定，对下一阶段计划的讨论与微调。另外，"亲子约谈"不宜操之过急，它必须建立在几个基础之上——首先是班主任与家长和学生都建立了彼此信任的关系；其次是家长的教育理念在经历了前期班主任的分享和支招中已经与我们达成了基本共识；第三是在具体问题上，我们对学生的引导已经基本到位。只有这样，"亲子约谈"才可能达到预想的效果。

我们必须知道，家校共育一定不是依靠一个电话、一次家访就能完成的，它一定是一个家校双方不断沟通、不断磨合的过程。在这个过程中，我们要不断表达对家长的理解，不断与家长交流自己对社会上各种教育事件的看法，进而渐渐达成一些基本的共识——（1）如果我们因为害怕孩子走极端而一味纵容，只会把事情推向更糟糕的境地。（2）对孩子来说，教育与管理是必须的，我们要动脑筋的，是方法和技巧。（3）要改变孩子，必须先从自身做起，亲子关系的改善是一切改善的基础。以上共识，是之后我们展开一切工作的基础。

2. 与学生真诚交流

一直觉得，"教育"首要的不是"影响"，更不是"改变"，教育最重要的是"了解"。面对一个出现了"问题"的学生，我们与之互动的过程应该是先"了解"，再"交流"，之后才谈得上"引导或教育"。是的，"了解学生"一定是教育的第一步。若你并不知道一个人是从何处来，要往何处去？你凭什么为他指路？若你不清楚这个人的脾气秉性、缺点特长，又凭什么给他这样那样的人生忠告呢？当然，"了解一个人"的方法有很多——单刀直入也好，侧面迂回也罢，师长眼中的他，同伴口中的他，以及学生心目中的自己，重重叠加起来，便是真实立体的一个人。在这个案例里，我们可以通过多种渠道去了解小王——了解他进入高中前的成长历程；了解他进入高中后的适应情况；了解他为什么如此依赖手机？了解他是否愿意尝试做出改变？只有完成了这一步，后续的"交流"才有可能。在"交流"的过程中，最重要的是，让学生感受到我们的真诚。我会提醒小王作为学生必须遵守学校的规则，否则必然要付出一些代价；我告诉小王作为男子汉必须要学会自我控制，否则只会牺牲掉更多的自由；我会分享一些自己或他人约束自我、挑战自我最终超越自我的故事；我会耐心听完小王所有愿意与我分享的心情。只有在和小王建立了良好的师生关系之后，我们才可能尝试着和小王就"如何使用手机"做出一些约定；才可能鼓励他通过自己的努力，慢慢地做出改变。需要特别说明的是，在整个过程中，"真诚交流"不是"手段"，它本身就是目的。即便在"交流"之后，小王在行为上的改变微乎其微，时有反复，我们还是要相信，所有真诚的交流都有意义——一段良好的师生关系，本身就是一种力量，可以陪伴学生走过许多灰暗的时光。

3. 树立正确的班级舆论导向

冰冻三尺，非一日之寒。许多问题的解决也并非一日之功。其实有许多话题，是可以和学生提前谈的。提前谈的效果，往往好过事发之后的亡羊补牢。就这个案例，我觉得至少可以在班级范围展开两次讨论——主题分别是，"今天，我们怎样和手机相处？""我们应该如何看待发生在那些同龄人身上的悲剧？"

前一个话题，其实在学生一进高中时就可以聊。每个学校都有关于学生使用手机的种种规定，在老师宣布学校的规定之前，不妨先听听学生自己的想法。今天，手机的功能已经涵盖了生活的方方面面，单纯地要求学生放弃使用手机其实是不现实的。我们能做的，是让学生看清利弊，懂得权衡，尊重规则，学会自控……而这些，都需要学生发自内心的认同和自觉主动的坚持。

后一个话题，则可以伺机而动。从网上疯传的社会新闻开始也好，从自己远方亲戚的咨询开始也罢，给学生讲一些鲜活的案例，让学生试着换位思考、角色扮演——"对整个事件，你怎么看？""你觉得谁应该对这个悲剧负主要责任？""回到事件发生之前，如果你是那个学生的父母，当时你会怎么做？""回到事件发生之前，如果你是那个学生的老师，怎样做会更好？""回到事件发生之前，你能否理解事件中每一个角色当时的心理感受？""现在，那个生命已经不在了，除了遗憾，你还有什么想法？"……

是的，我们不必急于给出答案（事实上也很难得出标准答案）。但在与学生的讨论中，班主任可以及时、巧妙地做出引导。既可以做规则教育，也可以做生命教育；既可以做自控力训练，也可以提升学生的责任感。这些看似碎片化的话题讨论，给学生带来的启发和思考一定会点滴汇聚，渐渐在学生群体中形成理性、积极、正面的舆论导向。一旦良好的班级舆论形成，在这个班级里生活的每一个学生，一旦遭遇"师生冲突""亲子摩擦""考试失利""朋友反目"等这些在别人的故事里听说过的片段，即使有愤怒、有伤心，也一定能在集体效应和同伴效应的带动下尽快冷静下来。

话说到这里，可能还是会有老师心存疑惑——"这样一来问题就一定解决了吗？家长就一定可以积极有效地配合学校的工作？学生就一定不会有过激的行为？"

怎么可能呢？

如果以为把该做的事情都做了，天下便从此太平，这实在是教师这个职业里最不该有的天真。我们面对的学生都不是一张白纸，他们背后的原生家庭都有着很难改变的亲子互动模式。更何况，每一个人的喜怒哀乐、每一个事件的起承转合、每一个细节背后千丝万缕的关系和影响，都不是可以完全被预测的。但是，当我们面对教育过程中的"极端事件"，与其"闭上眼睛""转过头去"，不看、不听、不想，不如做出更有意义的选择。而这一份敢于担当的勇气，除了源自我们对学生的责任，更应源自我们对专业智慧的追求。是的，现在跟从前不一样了，所以我们才更要坚持、专业地做正确的事，不是吗？

第二辑

问题，从来就是契机

出现问题，不一定是坏事，怎样面对问题才是关键！如果我们可以，把遇见的每一个问题变成一次成长的契机，那么"事故"也可以变成"故事"。

班级管理中的问题应对

新学期伊始,接到了校领导布置的任务,对学校新上岗的年轻班主任进行一系列的岗前培训。培训之前,我做了一个小范围的调查,"作为新上岗的班主任,你最担心的是什么?"收到的答案五花八门,但有一个答案几乎被所有人提到——"我不怕辛苦,只是担心出问题,学生出事了怎么办?家长不满了怎么办?班风不好了怎么办?……"

我能理解这些年轻班主任的担心,这一个个"怎么办",即便是资深班主任遇上了也会头疼。所不同的是,由于经历的丰富,每一位资深班主任对"问题"两字,会有自己独特的更深的感触。如果一定要用最简单的语言给出答案,我想我会给出四个字——"直面问题"。在我的理解里,所谓"直面"应该包括四个方面:1. 理性看待问题。2. 及时发现问题。3. 正确分析问题。4. 智慧解决问题。

怎样才算是"理性"?我觉得,要明确三点:1. 为什么会出问题?2. 为什么怕出问题?3. "不出问题"真的好吗?

如果仔细观察,我们会发现:出问题,往往是不是因为有漏洞,就是因为有矛盾。比如,若是班主任在班级管理中没有遵循一些基本的规则,没有养成一些良好的习惯,实在是自己给自己找麻烦。班主任的管理体系有漏洞,怎么可能不出问题呢?在所有的习惯中,最重要的习惯之一就是"在学生应该到校的时候及时到位点名"。若你没有及时发现学生的缺席,并及时与家长联系,无事则已,若有任何意外发生,作为班主任都会难辞其咎。又比如，有些班主任对班级管理中的各种"关系"缺乏足够的敏感，对带班过程中出现的各种矛盾、冲突后知后觉，很难想象，他的工作过程会平顺愉快。

据我观察，"怕出问题"大致有两个原因——一是怕惹麻烦，二是怕丢"面子"。"只要一出事，哪怕是小事，都需要班主任做大量的善后工作。找相关各方谈话，批评、安抚、沟通、重新梳理各种关系，想想都头疼……""班里一出问题，领导会怎么想我？同事会怎么看我？家长还会信任我吗？辛苦也就罢了，颜面扫地，情何以堪？"对这样的顾虑，我始终觉得，若能换个角度思考，就会豁然开朗——许多时候，唯有放下面子，才能不忘初心。我们做班主任最大的成就感来自何方？不是领导，不是同事，更不是家长。班主任最大的幸福，应该是学生的成长。你真正应该在乎的，是学生。

那么，"不出问题"真的好吗？想起一个老班主任跟我说起的一件事，"说起我刚送走的那一届文科班，真是奇怪。我是从高一就开始带他们的，绝对的嫡系部队啊。也许是因为班里女孩子较多，从高一到高二，她们都很乖，班里也太平，从没让我操心过。可谁也没有想到，进入高三的下半学期，问题一下子冒了出来，几乎每个女生都到我跟前大哭过一场。那半年，感觉自己像是个救火队员，时刻待命，把我累得呀……"不知为什么，这位老班主任的话让我想起了自己有了孩子以后老人常说的一句话，"养孩子不要太干净，完全远离病菌，抵抗力从哪里来呢？其实，孩子每发一次烧，都会更能干一些的。你只要多观察，照顾好，孩子会没事的……"是的，从某种意义上来说，"不出问题"的班级是不存在的。即便是班主任的管理体系完全没有漏洞，很难想象40多位来自不同成长背景、有着不同个性、能力的学生会始终在同一个速度和方向上成长。于是，在彼此作用的成长过程中，矛盾与挣扎在所难免。这时，所谓的"风平浪静"，如果不是源于刻意的压抑，便是源于无意的忽略。另一方面，从心理学角度来说，经常会犯小错误的孩子往往比那些从不犯错的孩子要快乐得多。因为在不断尝试的过程中，孩子会有更丰富的情感体验，而在不断调整的过程中，孩子对自己也会累积出更大的信心。是的，如果我们能够明白，无论对学生还是自己而言，"经历问题，本身就是成长的一次机会"，我们的心态就会从容得多。

怎样才能及时发现问题呢？我觉得，可以从三方面入手：

1. **善于观察**

观察，是班主任的最重要的基本功之一。许多有经验的班主任，都擅长透过细微之处的变化发现问题的苗头。比如，每天早上我都会在早读之前进班巡视。除了检查人员到位情况、班级卫生情况、作业上交情况之外，我会格外关注每一位学生的"桌面"和"气色"。从学生桌面的整洁度，可以大致看出学生一贯的"学习习惯"和最近的"学习状态"；从学生的气色，可以大致判断学生昨晚的"休息情况"和最近的"心理状态"。把握住这两点，往往能大致把握住这一天学生学习情绪的走向。

2. **及时沟通**

这里特别要注意"沟通的对象"和"沟通的方式"。比如，在和学生沟通的时候，我会特别注意从一些"非正式场合"获取到信息。我始终相信，学生在办公室里跟你聊天时一定是拘束的，如果你把沟通的地点换成"寝室""校园""操场"，把沟通的方式从"一对一"的师生谈话换成"多人"之间的随意聊天，也许发现的情况会更加客观而全面。在和家长沟通的时候，虽然现在有电话、短信平台、微信、QQ群等各种沟通方式，这些方式最大的优点是方便快捷，但我始终相信，"家访"仍然是最好的方式。家访，意味着你身在"家长的主场"，家长的心态会相对放松，表达的欲望也会更加强烈。在与家长的谈话之外，你还能从他们所处的家庭环境、家庭氛围中，获得更多、更真实的信息。另外，很容易被班主任忽略的一点是和任课老师的沟通。在与任课老师沟通时，我们除了关注学生的考试成绩、作业情况、课堂表现之外，还可以多了解一下任课老师在课余时间看到的学生的情形，因为学生在任课老师面前的表现通常会和在班主任面前不太一样。

3. 提供机会

每个班级里也许都会有几个特别的学生——他们平时不声不响，成绩不上不下，在各方面都不出众。但是，正是因为这样的特质，使他们在成长的过程中很容易被忽略、被误解甚至被伤害。对这样的情况，我的建议是——积极组织活动，搭建平台，让每位学生有所展现。特别要强调的是，这里的"活动"，一定需要班主任精心的"设计"与"安排"，因为活动的目的是让"每一位学生"，尤其是那些平日里容易被忽略的学生"有所表现"。这样的活动最好还有一个特质——尽可能让更多的学生在活动中"互动"，在学生的"互动"模式中，你可能会有更多的发现。我曾经在学生的建议下组织过一次拓展活动"不可能的任务——极限穿越"。规则很简单：全班同学选出两名裁判，剩余同学随机分为两队，每队用两根竹竿和两根绳子组成大小相同的"口"形，"口"子距地面有一定高度。要求所有队员以最快的速度从"口"的这一边穿越到另一边。在这个过程中，队员之间不能交流，不能从中间口子以外的地方出去，穿越时不能碰到口子，否则必须全部重来。最先完成的队获胜。那次活动中，除了两位裁判，教室里一直都安静，每一位参赛的同学都全神贯注地投入比赛。而我就站在一边旁观。在整个过程中，我可以看到哪些同学愿意挑战，哪些同学擅长配合，哪些同学总是在犹豫，哪些同学容易被影响……是的，在这样一个集体活动中，每个人必须投入，因为每一个人都会左右集体的成败，而班主任就很容易在这样的旁观中看到每一个孩子的思维模式、行为模式、与他人的相处模式……所有这些，都是你走近学生、发现问题的最佳机会。

发现问题之后，是不是需要马上着手处理呢？答案当然是否定的。我们先要分析问题——首先，要分析问题的类型。比如，同桌的两个女孩要求换座位。这看似是人际关系问题，但也可能只是因为她们的习惯不同。比如，某个男生被任课老师投诉总是不能完成作业，我们就要先判断这是他的态度问题还是能力问题？再比如，班里的某位同学总是对学校的教育怀有敌意，出言不逊，任性妄为。我们就要首先分析他是心理出了问题，还是价值观出了问题？其次，要分析问题发生的背景与原因。经验告诉我们，没有一个问题是孤立的。在处理问题之前，认真地分析问题发生的背景和原因至关重要。如果发现"问题"与我们所处的"社会环境"有关，就可以首先通过主题班会等多种方式在班级里展开讨论，进行引导。如果发现"问题"与学生的"家庭氛围"有关，与家长的接触沟通就必不可少。如果发现"问题"与"班级舆论"有关，那么班主任就需要在班级文化建设上动些脑筋。如果发现"问题"与"青春期"有关，那么恰当的"青春期教育"就必须跟进。第三，要分析每个当事人的心理诉求。心理学告诉我们，要解决问题，一定要关注当事人的心理诉求。这里之所以强调"心理诉求"，是因为有许多问题中的当事人其实并不会把他们的想法真实地表达出来。比如，同样是不认真听课，有的学生是因为听不懂，有的学生是因为不喜欢老师，还有的学生只是因为想引起老师的注意。再比如，有时我们会遇见特别啰嗦难缠的家长，但也许在他一次次的电话抱怨中，只是希望老师给予他的孩子更多的关注而已。当然，"现实"与"期望"一定会有距离，但是，如果我们能让当事人感受到自己的"心理诉求"被理解、被尊重，问题的解决一定会顺畅一些。

问题分析清楚之后，就可以着手解决问题了。智慧的解决问题一般包括四个步骤：

1. 划定界限

所谓"划定界限"，就是提醒自己"有所为，有所不为"。比如，我们不能随意在上课时间要求学生离开教室，因为我们无权剥夺学生上课的权利。比如，我们不能以任何理由劝家长离婚或者不离婚，哪怕这个理由是"为了孩子"。因为我们的工作对象永远是学生。

2. 明确目的

在采取措施前，先问自己，真正要达到的目的是什么？许多时候，我们只是凭着直觉，就匆忙动手了，结果不可避免的陷入了瞎忙的境地。比如，有值班老师来告状，说班级的晚自习纪律不好。有的班主任下意识的反应就是"先把害群之马抓出来臭骂一顿"，于是首先开展的工作就是"让学生互相指认，谁是那个在自习课上最吵的同学？"可这样一来，方向也许就偏了。如果我们明确了我们的目的是"保证晚自习纪律良好"，那么，我们的工作重点首先就应该是"让全体学生理解遵守晚自习纪律的必要性"。

3. 采取措施

这时的关键是头脑清晰。比如班里有学生在活动课时受伤了，这时，我们可以采取以下措施——第一步，赶到现场，根据受伤学生实际情况决定将其送到医务室还是医院甚至叫急救车。第二步，尽早与相关学生家长取得联系，将情况告知，做好沟通。第三步，将情况报告学校备案。第四步，请当时在场同学将事件经过还原，留下书面记录。第五步，对班级学生再次进行安全教育，排查安全隐患。第六步……其实，无论是怎样的问题，我们在采取措施时都要注意分步处理、分层面对、分而治之。

4. 后续工作

多年班主任经历告诉我，在解决问题时，永远不要指望一劳永逸。事实上，无论我们的经验如何丰富，手段如何高明，"出现反复"是极为正常的。这时，如果"后续工作"及时跟上，对之前采取的措施一定会有巩固的疗效。比如，我们刚刚运用智慧化解了一场"早恋"风波，若我们继续关注事件的主角，给予他们更多的关注和鼓励，帮助他们更好地融入集体，也许预后会更加好。

值得一提的是，班主任不应该是"消防员"，除了时刻准备好直面问题，我们能做的事还有许多。事实上，许多问题的发生，是有阶段性的。一个成熟的班主任，对学生在各个阶段可能出现的问题应该是心中有数的，他们会利用"最近发展区"理论，在合适的时间，就某些具体的问题，开展一些特定的活动，对学生进行以预防为主的体验式教育。比如，高一年级新生入学时的环境适应问题；高二年级人际交往中的青春期教育；高三年级以缓解考前焦虑为代表的压力控制指导，等等。这些活动的开展，不仅要在时间上准确、及时，更要在立意上扎实、高远。在这样的过程中，班主任能否找到最合适的教育切入口，能否有效整合家校资源，能否顺利达成教育目标，个人的专业态度和专业能力将起到决定性的影响。另一方面，许多问题的发生，是有明显预兆的。一位优秀的班主任一定是敏锐、敏感的，他能及时察觉到班级氛围、学生情绪的微妙改变，也善于捕捉合适的教育时机，适时介入，排除隐患。在这个过程中，先要"有所感"，才能"有所发"。"感"的敏锐与"发"的方式，因人而异，境界不同。

是的，出现问题，不一定是坏事，怎样面对问题才是关键！如果我们可以把遇见的每一个问题变成一次成长的契机，那么"事故"也可以变成"故事"。

自习课课堂纪律管理

不久之前,网上流传着一张著名的图片——"一位老师正从教室窗外向里窥视,而窗边的一位男生正全神贯注地看着手机。"图片在网络上疯狂流传,几乎每个看到的人,都会会心一笑。无论是正在校园内的,还是已经走出校园的,大约都会想起自己青春岁月中的那个重要他人——班主任。

作为班主任的我,在第一次看到这张图片时,心里却有些不是滋味——"世人眼里的班主任就是这个形象吗?自习课的管理必须是这个样子吗?"想起许多班主任经常头疼地问我,"难道还有其他的办法吗?"

是的,办法当然有。

在介绍这些方法之前,我们是不是应该先明确一些基本的问题——首先,自习课的存在价值何在?也许很少有教师会思考这个问题,"课表上本来就有啊。""学生要做作业呀。""总不能都排正课吧。"……那么我们可以换一个角度思考,"自习课"和课表上的"其他课"相比,有什么本质的区别呢?没有具体的负责教师?没有规定的课程标准?没有具体的教学任务?没有明确的教学目标?……如果真是这样,难怪学生会觉得自习课很自由。

据我观察,自习课大多是从初中开始设置的,到了高中,自习课便成了课表上必不可少的设置。显然,随着年龄的增长,学生对自习课的需求是逐渐增强的。这既是学生学业发展的客观要求,更是学生自我意识发展的体现。自习课的功能绝不仅仅是"完成回家作业"。更重要的,是给学生创设一个机会,让他逐渐学会"如何针对实际情况",分配好"属于自己的整块时间",去独立自主地"梳理知识,解决问题"。

其次,你理想中的自习课应该是什么样子的?是"绝对的安静"吗?那你是否允许有人在自习课上睡觉或者看小说?是"只做与学习有关的事情"吗?那你是否允许同桌间小声地讨论学习问题?是"绝对安静的学习"吗?那你如何保证他不会在学习的时候走神呢?也许有的班主任会说:"我自己并没有什么想法呀,我所做的,只是执行学校的'规定'而已。"

是的,"执行规定"。正是在"执行规定"的过程中,有人渐渐忘记初心,开始不择手段——在班级里安插"密探",记录不守纪律的学生姓名;实施"捆绑惩罚",一位同学随意说话,一组学生放学留下;更有甚者,提出班主任要在教室后面设置办公桌,全程监督学生的自习情况;最夸张的,是干脆在教室里安装摄像头全程监控,学生在教室里的一言一行,尽在掌握……

可是,我们在实施每一个教育行为之前,是不是都要先问一问自己"这样的做法符合法律吗?这样的做法符合情理吗?这样的做法符合规律吗?"

安插"密探"的行为,会严重破坏学生的同伴关系,对学生的人格发展产生极大的负面影响。不仅如此,"监视"与"被监视"的心理感受还会让整个班级陷入不良的文化氛围。实施"捆绑惩罚",有如古时"连坐"。可是,你有这个权力吗?所谓的"威慑力",在学生眼里不过是教师"无能"的体现。"班主任常驻教室",极大地增加了班主任的工作负担。于是许多地方逐渐出现了任课教师自习课"督班"制度。至于"安装摄像头",我相信效果一定最为显著,因为它几乎把"教室"变成了"监狱"。

在我看来,自习课既然存在于我们的中学课表上,就一定有其存在的意义和价值。我认为,自习课最大的存在价值,就在于它给了每一个学生一个弹性的空间和时间,让每个孩子尝试着自主、高效地安排自己,逐渐提高自己的综合学习力,为今后的终身学习做好准备。所以,我们要保证自习课的纪律,但绝不能以"剥夺学生成长的机会"为代价。如果是我,我会这样操作——

第一步,达成共识,共同制订自习规则。所谓"达成共识",就是师生之间达成对"自习课"的一些最基本认识——"我们为什么要有自习课?"

"自习课上,每个人应该遵守怎样的规范?""如果违反了这样的约定,我们要付出怎样的代价?"

我会组织学生充分讨论这些看似普通的问题,鼓励每位同学进行头脑风暴,畅所欲言。在相对开放自由的空间里,你会听到许多有意思的想法——"为什么自习课上不能进行课外阅读呢?只要我看的书是积极、向上、有营养的,阅读,难道不是学习的一种吗?""为什么自习课上不能睡觉呢?我昨晚没有休息好,在自习课上补补睡眠,养足精神上正课不好吗?""为什么自习课不能小声地讨论问题呢?讨论,不也是学习的一种吗?"

这个时候,班主任不用急着发表意见,你可以鼓励大家展开辩论,"谁有不同意见吗?欢迎表达。"当然,班主任也可以提出一些问题。"如果允许同学在自习课上小声讨论,会不会影响旁边同学的思考?""如果允许个别同学在自习课上睡觉、看书,会不会让别人觉得我们班的学风有问题?""如果不允许,那么这些正当的需求,有没有更合适的途径得到满足?"

正如皮亚杰所说:"在认识和理解行为规范方面,采取讨论的方法比教育者直接进行教导更能引起主体的创造性活动。因为真正能够促进认识深化的不是现成的结论,而是求得这个结论的思想活动过程。"

经过充分的讨论,我们的班级通过了这样的"规则"——1. 自习课上必须保持安静。需要讨论的同学可以走出教室,去办公室或其他地点和老师一起解决问题。因为无论如何,我们不能因为自己的需求而妨碍别人安静学习。2. 自习课上可以睡觉休息,但必须主动到教室的最后一排。这样可以给巡查老师一个直观的信息:请不要叫醒我,我需要休息,这是我的主动选择。3. 自习课上可以自主进行积极健康的课外阅读,但必须保证能完成当天的全部作业。

第二步,持续关注,给违规学生下达明确的学习任务。制订"规则"之后,就是执行。这里的监督者,不再只是班主任,更是"制订规则"的每一位学生。更重要的是,每一个监督者都不必再"偷偷摸摸"。"规则"制订后的半个月里,我会持续关注每一节自习课,并且每天花上几分钟时间"公开点评"当天的自习课情况，展开"批评与自我批评"。对于连续两次出现"违规"的学生，我们优先采取的"惩罚措施"是——"剥夺其自主决定自习内容的权力"，在之后的三节自习课上，由班主任或任课教师对该学生下达明确的学习任务。如：必须在一节课内完成英语完形填空4篇，课后立即上交批改。

之所以这样安排，是因为经常违规的学生，往往就是不会安排时间的学生。闲，则生事。我们给他布置足够的任务，让他有事可忙，自然就顾不上违规了。另一方面，在这样的"惩罚"背后，有一种善意在。在当面批改作业的过程中，师生间有更多的交流机会，当学生真切地感受到老师的期望时，自然也就会对自己有了更高的要求。

第三步，正面强化，在竞争中，习惯养成。半个月之后，我会召开一个小型的主题班会，让学生充分交流这半个月以来的自习课收获。尤其要请那些自觉的、学习效率较高的同学展示他们在自习课上的学习成果。当然，这可能需要班主任事先做一些"文章"——半个月之前，我就会私下给个别学生提出建议，建议他们利用自习课时间专门做一些知识整理，问题解决之类的工作，并详细记录下每节课的收获。当学生们发现，原来自习课不只可以用来赶作业，还可以完成那么多有意义的事时，一定会更加积极投入。这种"正面强化"，会促使学生在今后的自习课上保持一种紧张感——你看，每个人都在全力以赴，我们要对自己负责。

正如这世上，没有一种药，可以包治百病。在班级管理中，也不可能有一种办法可以解决所有的"自习课纪律"问题。但我相信，每一个问题背后，都有原因。只要我们尊重教育客观规律，正视学生的心理诉求和成长需要，顶住那些来自外界的"舆论压力"，坚持，做对的事；一定能以从容的心态，微笑着站在自习课的窗外。

关于校园失窃事件处理策略的反思

开学没多久,一位年轻的班主任找到了我,向我诉说了她自己遇到的一件麻烦事——她班上有一位女生的 500 元钱放在书包里不见了,当事女生很着急,班级里的其他学生也很不安,而身为班主任的她就更加焦虑:"樊老师,我该怎么办呢?我只是班主任,又不是警察,钱不一定能找到,但又不能不找。这中间,一不小心,还有可能引发别的问题……"

看着她着急的样子,我特别理解。失窃事件,在各种校园突发事件中的确是常见又麻烦的,如果处理不当,很容易引起一系列的不良后果。我该直接给她一个答案吗?忽然想起了认识的三位老师,"你愿意听我讲三个故事吗?"见她点头,我开始了自己的分享——

第一个故事——

除夕的晚上,初中班主任朱老师的手机上忽然收到了一个转账提示,打开一看,居然是整整 2000 元钱。不会是谁发错了吧?朱老师正疑惑着,手机上忽然接到一则短信,"老师,你还记得我吗?我是小洁。对不起,直到现在,我才又敢联系你……"在小洁的短信中,朱老师终于渐渐想起了六年前的那个女孩子。

那是她第一次带初三,有一天中午,班里的学生忽然跑来告诉她,小洁在教室里哭了。朱老师立即赶去教室,把小洁带了出来,"小洁,发生什么事了?"

"老师，我把爸爸给我的钱丢了……"

朱老师心里一沉，"多少钱？你把钱放在哪里了？"

"2000元，今天早上我爸托人带给我的，让我放学后带回家交给奶奶的。"

原来，小洁的爸爸一直在外打工，小洁一直是由奶奶照顾。看来，这次小洁的爸爸实在是大意了，把那么一大笔钱交给一个孩子保管……朱老师没有再想下去，她弯下腰，帮小洁擦了擦眼泪，"别哭了，走，老师陪你去找找看，也许掉在路上了。"

那天下午，朱老师陪着小洁从早上小洁拿到钱之后一直到中午发现钱不见了这段时间里去过的地方重新找了一遍，结果一无所获。快到放学的时候，小洁颤抖着拉着朱老师的手，"老师，怎么办呀？要是爸爸知道我把钱丢了，一定会打死我的。"

朱老师看着小洁满脸的泪水，2000元，哪怕对于刚踏上工作岗位的她来说也不是小数目，这样小的孩子，让她如何承受呢？想到这里，朱老师蹲下身，微笑着对小洁说："别担心，老师会有办法的。"

那个傍晚，朱老师带着小洁去了银行，从自己的存折里取出了2000元钱，然后骑着车子把小洁和钱一起送回了家。快到家的时候，朱老师悄悄地对小洁说："别告诉奶奶你把钱丢了，这是我们之间的秘密。记得啊，以后身上不要带那么多钱了。"小洁沉默了很久，说："谢谢你，老师，我会把钱还给你的。"

这之后没多久，小洁就毕业了。再之后，就再也没有了小洁的消息。朱老师开始时还会偶尔想起这个女孩子，后来，学生多了，渐渐地，就把这事忘在了脑后。谁也没想到六年后，小洁会主动联系她。"老师，对不起，这些年我一直想跟你说谢谢。可是，我没有勇气。现在我大三了，通过打工，终于攒下了足够的钱还给你。老师，谢谢你！"

第二个故事——

钱老师是一位年轻的高中语文老师,当班主任的第二年,她就遇到了棘手的事情——班里一位女生放在书包里的钱包丢了,据女生说,体育课之前钱包还在的,上完体育课之后回到教室就发现钱包不见了。钱老师调看了学校安装在走廊上的监控,发现在这节体育课期间,除了本班的几位同学先后回过教室拿过东西之外,并没有外人进过教室,显然,问题就集中在这几位同学之间。可是,接下来难道真的要全力破案,找出小偷吗?钱老师犹豫了。

沉吟许久,钱老师做了下面几件事——首先,她安慰了钱包被窃的同学,请她放心,钱包一定会找出来的。但希望她先不要在班级里扩散这件事,更不要随意怀疑其他同学。接着,她利用语文课,特意给学生上了一节散文选读:作家三毛的作品《胆小鬼》。故事描写了三毛小时候偷钱的故事——从偷钱的背景到偷钱的经过;从偷钱之后的心理变化到偷钱事件结束后的尾声。这样一次童年的回忆,一个许多人共同的经验,在三毛的笔下,如此一幕幕地排演到读者面前。没有讲理、没有说教,故事寓教化于诙谐之中,耐人寻味。这之后,钱老师不动声色地布置了作业,请每位同学就《胆小鬼》这个故事写一篇随笔,隔天上交。

第二天,那位丢失钱包的同学告诉钱老师,钱包找到了,在教室后面的书架上,里面的钱一分不少。有人后来问钱老师,"最终,你到底知不知道是谁拿了那个钱包?""当然。可是,那已经不重要了,不是吗?"

第三个故事——

马老师是一位资深班主任,更是许多人心目中处理各类校园突发事件的专家。在马老师的班主任生涯中,遇到过不少失窃案件,许多时候,他总能在短时间内确定对象,找到失物。于是有人笑言,马老师做班主任可惜了,他更适合破案。可是马老师却说:"请相信,没有人天生就是小偷,每一个偷窃事件背后一定隐藏着一个你不知道的故事!"

多年的工作经验让马老师总结了一套关于应对失窃事件的处理流程——第一步,表达同情。在这一步里,班主任首先要表达对失窃学生的同情。最好能让失窃学生写清具体情况。第二步,报案,看视频。这里特别值得注意的是要亲自陪同学生到相关部门(如保卫科、派出所)报案,需要观看监控时,一定要陪同学生一起观看,尤其注意不能将视频资料复制给他人。以免为后续工作带来麻烦。第三步,与相关同学了解情况。在这里,要尽可能全面地了解事发前后情况,尤其要教育学生不要乱猜疑。第四步,进行系统的安全教育。最好在当天就进行全班安全教育,重点布置安保工作。比如,强调教室钥匙的保管与使用规定,等等。第五步,与相关学生家长沟通。最好赶在学生之前与家长取得联系,告知学校对失窃事件的处理意见,取得家长的谅解。

"在我的经验中,按照这样的流程处理未必能保证抓到小偷,找到失物。但是,我相信,按照这套流程处理,一定是规范、科学的。"马老师在介绍经验时如是说。

三个故事讲完了,我笑着问面前的老师,"现在,你知道该怎样做了吗?"

她有些疑惑地看着我,"好像,是有很多办法的。可是,樊老师,你觉得这三个故事中,哪位老师的方法更好呢?"

第一个故事里的朱老师,貌似没什么经验。只是凭着自己爱的本能,做出了一个有些冒险的决定。好在,她的学生并没有辜负她,多年之后的回应让整个故事温暖而美好。可是,如果朱老师的付出,最终没有得到应有的回应呢?我们还会提倡这样的做法吗?

第二个故事里的钱老师,有着语文老师的天然优势。阅读、文字、沟通、影响,她就这样看似轻描淡写地带着那位犯错的学生在别人的故事里看清了自己的心事。我想，她一定是信任学生的。她所有的处理策略都建立在对学生足够信任的基础上，她相信每一个学生都是善的，即便会走错，也坚持要给他足够的机会让他回头。可是，我们能说，这样的故事里没有一丝侥幸吗？如果，故事的最后，那个丢失的钱包依旧没有重新出现，钱老师本身会觉得圆满吗？

第三个故事里的马老师，多年修炼，早已是专家。他给出的处理流程严谨规范——既照顾了学生的心情，也维护了班级的稳定，更考虑到了学校、家长方方面面的因素，整个过程无懈可击，堪称完美。可是，如果我们面对任何失窃事件都只是按照这一流程按部就班的操作，真的不会留下遗憾吗？

古人说："阵而后战，兵法之常，运用之妙，存乎一心。"面对每一次校园失窃事件，每一位班主任，在不同的阶段，怀着不同的心境，面对不同的情况，应该会有不同的选择。很难说，哪一个答案是最好的。但只要我们心中怀有对学生深沉的体谅与关爱，只要我们始终坚持基本的专业立场和底线，我相信，我们有能力把一次次的"事故"变成"故事"，把一次次的"事件"变成"见识"。

答案，永远不止一个。我们的探索，永远在路上。

宿舍生活管理，从学会"好好说话"开始

高三下学期的某个中午，大多数班级的学生正在午睡，忽然办公室外响起了争执的声音。我推门一看，是隔壁班的班主任陆老师正在找班上的几个男生谈话——

虽然陆老师压低了声音，但仍然掩饰不住怒气："你们自己看看这些扣分单，为什么其他寝室都能做好，就你们不行？这个学期，因为这些事我都找过你们几次了？简直是屡教不改！"

男生甲大约是寝室长，从班主任手里接过扣分单，翻看了一下，嘴里嘀咕着，"又是卫生间，我们明明搞过卫生了呀……"

男生乙有些愤愤不平，"这个宿管阿姨就是喜欢找麻烦，每次检查我们寝室，不是这里不好，就是那里不对。现在学习这么忙，我们哪有时间跟她耗？"

男生丙也赶紧附和，"就是就是，这个阿姨一定看我们不顺眼，晚上我们熄灯后想多看会儿书，她老来敲门，硬说我们在讲话。其实别的寝室也跟我们差不多，可她为什么老盯着我们……"

陆老师被气得不轻，"这么说，都是阿姨的错，没你们什么事喽？按照你们的意思，我应该去找宿管阿姨算账才对？"

男生乙继续宣泄着不满，"反正她肯定比我们闲！我现在刷题都来不及，能不能不要老是为这点事来烦我？她是阿姨，应该为我们服务好。昨天寝室门锁坏了，找她登记报修，结果先把我们教训一顿，好像都是我们

的错……"

眼看着陆老师就要发火，我赶紧走了出去，微笑着拉过男生乙，"好好的，正说着寝室扣分的事，怎么一不小心就扯开去了呢？现在这个时候，大家都忙，压力都大，谁都有自己要承担的责任。我们就事论事，努力解决问题好不好？"看着大家都没说话，我又对几个男生说，"这样吧，你们三个先回教室休息，我先和陆老师一起想想办法，想好了再找你们商量。"

回到办公室，其他老师纷纷围上来安慰，"陆老师，别生气了，不就是扣几分吗，不值得。""再坚持几个月，等毕业了，把他们送走就好了。"陆老师气呼呼地坐下来，"你们以为我是为了那几分吗？吃午饭的时候，宿管阿姨就给我打来电话告状了，说他们301寝室的男生把寝室门锁弄坏了，还不承认。还说这几个男生总是不自觉，晚上经常不按时熄灯，睡前聊天，卫生总是搞不干净……"正说着，陆老师的手机响了，原来正是男生乙的家长发来的微信，"陆老师，我儿子说宿管阿姨冤枉他们把寝室的门锁弄坏了，怎么解释都听不进去。这个阿姨平时说话可难听了，纪律、卫生扣分老是针对他们几个男生，因为这事，几个孩子两个晚上没有睡好觉了，麻烦老师帮忙处理一下。"

显然，回避是不可能了，该讲的道理想来也都讲过，陆老师还能怎么做呢？在场的老师看向我。

是的，这个案例主要涉及当学生与寝室管理人员发生矛盾、冲突时，班主任如何沟通、引导并教育的问题。由于家长已经了解了部分情况，并介入其中，在处理过程中，也必然涉及如何进行家校联系与沟通方面的问题。

如果是我遇到了这样的问题，在负面情绪产生之前，我想至少可以先做好下面几件事——

步骤1：分别找班级住校生了解情况。这里要特别注意的是，既要找被投诉的寝室成员沟通，也要找其他表现较好的寝室成员咨询。不但要关心事件本身的来龙去脉，也要了解他们平时与宿管阿姨的相处模式与沟通方式。

一般而言,我会先请寝室长和当天的寝室值日生分别介绍一下当时的情况,并请其他同学补充。大致会问这样几个问题——"你们寝室的值日生制度是怎样安排的?今天被扣分的点是扣在了谁负责的区域?""今天是谁最后一个离开寝室的,当时寝室情况如何?""这次的扣分你们觉得合理吗?如果合理,有没有避免下次被扣分的方法?如果不合理,问题出在哪里?""需要老师为你们做些什么吗?"这样的询问,其实是在向学生传达出了几个信号——老师愿意相信你们,听你们的解释。被扣分是事实,与其互相指责推诿,不如主动检讨,找到解决问题的关键。如果遇到困难,老师愿意提供帮助。

接着,我会追问学生另一些问题——"你们知道阿姨通常会在什么时候检查寝室情况吗?一般会检查哪些地方?检查的标准你们事前明确过吗?""这次被扣分的地方你们去跟阿姨沟通过了吗?具体是怎么表述的?""你们知道阿姨每天的具体工作有哪些吗?""平时见到阿姨你们会主动问好吗?"这样的询问,是在向学生传达另外一些重要的信号——面对挑战,知己知彼很重要;面对检查,明确标准很重要;遇到问题,真诚沟通很重要。遇到矛盾,换位思考很重要。

步骤2:主动到学生寝室向宿管阿姨了解情况。虽然有很多方便的沟通方式,但在这种情况下,我坚信班主任主动去学生寝室找宿管阿姨面谈是解决问题最有效的方式之一。是的,宿管阿姨其实也很不容易,她们大都不是专业的教师,却要管理整整一幢楼的学生,安全、卫生、纪律,一天天的起早贪黑,一次次的苦口婆心,她们的工作绝不止扣分与告状那么轻松。在我的班主任工作日程中,每隔一段时间,我总要去宿管阿姨那里坐坐,和她拉家常,听她发牢骚,抱怨一下学生的淘气,分享一些与学生打交道时的心得。在这样的交流中,慢慢让阿姨在工作中积累的负面情绪得到宣泄,慢慢让阿姨意识到这些学生毕竟是刚刚离开家的孩子,他们在家里几乎都被一味娇宠,离开家之后自然需要更多的指导和包容。是的,我们需要和宿管阿姨建立起一种关系——尊重、信任、合作甚至是亲密的战友关系。这种关系的建立和维护是一种润滑剂和催化剂，会在之后处理学生的许多寝室问题时发挥关键作用。

步骤3：组织住校生开展专项讨论，分享住校经验，尤其是和宿管阿姨相处时的小妙招。经过了前面两步，其实班主任应该已经大致掌握了问题的症结。一个班级就这一个寝室总是被扣分，一定是有迹可循的。可是，你最好不要直接指出他们的问题——什么"卫生习惯不佳啦，沟通技巧欠缺啦……"不管你说什么，在学生听来总是刺耳的责备。这时，"用事实呈现，让同伴说话"可能会起到更好的效果。通常，我会召集全班住校生开个小型茶话会，边吃边聊的气氛轻松愉快，能够打消很多顾虑。过程中，我会请班里表现较好的寝室代表轮流发言，分享他们的住校经验。简单地说，就是怎样"既能住得开心，又可以不被扣分"。看似不经意的闲聊，其实都是经过充分准备的。我要求他们的经验办法尽可能具体，有操作性——"早上起床后每人整理内务的要点""晚上熄灯前后的必要步骤""最后一人离开寝室之前的职责""宿管阿姨检查卫生时的习惯""发现被扣分后第一时间与阿姨的沟通技巧"……所有这些，有照片、有课件、有示范，甚至有上几届的学长们传来视频与他们面授机宜。就像后来学生们开玩笑说的，"原来，一切都是有套路的……"是的，只要用心，总能找到办法。

步骤4：带学生一起拜访宿管阿姨，在学生面前"示范"如何与寝管阿姨"沟通"。知易行难。即便是听说了很多方法，真要迈出改变的第一步，大多数学生还是需要班主任的陪伴。所以，在和学生达成共识之后，我一定会选择一个相对宽裕的时间亲自陪同这个寝室的所有成员拜访宿管阿姨——"阿姨，您好。这段时间，我们班的孩子给您添麻烦了。今天特意带他们过来，请您以后多包涵、多指教哦……"因为事先和阿姨已经有过深入的沟通，这一次当着学生的面，相信阿姨一定会"很给面子"。然后，我会进一步提出要求——"阿姨，这些孩子刚才已经把寝室打扫过一遍了，能不能辛苦您现在陪我去他们寝室看看，哪里还做得不够，现场给他们指出来，让他们立即改正。这样一来，以后他们也就知道标准了……"在和阿姨一起检查寝室的过程中，许多误会都会一一解开——原来，阿姨每次检查都发现的那块污渍几个男孩从来就没有注意到。原来，盥洗间的许多污渍用清水还真是擦不掉，但阿姨蘸着洗洁精就立即搞定了。原来，双方对及时清空垃圾桶是有着不同的理解的。原来，擦床沿上的灰还有这样的简单方法。原来，阿姨每次总催着他们早点熄灯休息是觉得学生们读书太辛苦……在这样的过程中，班主任作为中间人，不断引领着双方看到对方的立场，理解对方的想法。最后，我会用手机把寝室经过大扫除后的最终效果拍照留念，尤其是一些常被扣分的细节，会将照片冲洗出来给寝室长留存对照。同时，我也会给寝室成员和宿管阿姨在寝室里拍一张合影，"这是一位陪伴你们成长的人，值得记住和感激哦"。是的，作为学校工作的普通劳动者，宿管阿姨其实特别需要我们的理解和尊重，而表达这份理解和尊重最好的办法就是积极、真诚地支持她们的工作，并和学生一起主动向她们表达自己的感激。

步骤5：与家长电话联系，将事情的经过、处理过程和结果及时反馈。在这一类事件的家校沟通中，我们一定要记得，经常站在家长的立场上思考问题。对家长而言，孩子不在自己眼前，有各种不放心是自然的。他想要了解孩子在学校生活中的方方面面，却苦于没有途径。如果老师不经常性地主动告知，他们就只能通过孩子回家时随心所欲的只言片语来了解了。所以，在我的班主任工作中，一定会通过不同的途径，有意识、有计划地将各种学生信息及时传达给家长。除了电话、短信和约谈之外，"晓黑板"APP用来发送学校的各种通知、布置各科作业、告知考试成绩再好不过，不但能节省时间，做到点对点发送，对未及时看到短信的家长，还会自动提示。班级微信群除了可以用来推送各种教育类信息、分享关于各种教育理念、沟通技巧之外，更是展示学生学校生活的舞台。我会经常性地将学生在校生活的片段以照片、视频的形式发在群里。出操时学生奔跑的身影，自习时学生认真的模样，食堂里学生三餐的菜色，寝室里学生的书桌和床铺，每当有集体活动时，尽可能留下每一位参与学生的镜头。家长会上，除了交流近期学生整体情况和表现，可以就家长集中关心的话题进行一次深入的探讨。寒暑假的家访，除了介绍学校的举措、带去老师的关心，更是了解学生成长环境，促进家校合作的好时机。是的，家校合作，我们可以做的事情有很多，但第一步一定是我们积极、主动地出击，向家长介绍，与家长联系。唯有家长全面地了解，才有可能深刻地理解，才有希望由衷地信任和支持。每次电话的最后，我都会真诚地说一句："感谢您的理解和信任，欢迎您继续关注，我们保持联系哦！"

至此，整个事件的处理就可以告一段落了。当然，这里还有一个非常重要的前提——在对学生进行宿舍生活管理之前，我们必须确定，学生对所有的宿舍管理规定都是了解的，认同的。任何时候，了解规则、理解规则并发自内心的认同规则都是遵守规则的重要基础。否则，我们后面的所有努力便都成了空中楼阁，经不起半点推敲，而如何让学生理解规则则是另外一个话题了。

也许，还是会有老师提出疑问，"若是我都按照你说的方法去做了，真的就能保证学生寝室不再扣分了吗？"当然不能。可是，如果我们真的教会了学生如何跟宿管阿姨好好说话，即使偶尔被扣上那么几分，真的有那么重要吗？

开学季，上好两堂课

每年9月，学校都会迎来一批高一新生。每当此时，都是班主任们最忙碌的时候，熟悉学生、认识家长、始业教育、组建班委……桩桩件件，都要班主任亲力亲为。在这个过程中，先说什么？再说什么？强调什么？淡化什么？对学生怎么表达？与家长怎么沟通？都需要班主任在事前进行全面、谨慎的思考。

在我的班主任生涯里，始终觉得，如果班主任能把握好第一次与学生和家长正式见面的机会，与他们建立起积极、正向、信任的关系，共同设立愿意为之努力奋斗的目标，今后的工作一定会开展得更加顺利。另一方面，如果班主任能够在第一次与学生和家长的正式会面中，分享自己的教育理念，展示自己的工作风格，并取得对方的接纳与认可，就能在一定程度上为日后的班级管理中定下基调，打好基础。具体说来，我会从"学生"和"家长"两个方面分别开展工作。

学生方面，我会精心设计第一次始业教育活动。这次活动的重点，是引导学生开始思考高中阶段会面临的三个重要问题——"我是谁？我要成为怎样的人？怎样成为这样的人？"

高中阶段，是完成"自我同一性"建构的重要阶段。在探索这三个问题的过程中，学生既要学会"怎样与自己相处"，也要学会"怎样与他人相处？"解决了这些问题，即便学生在学业上没有出色的表现，高中三年也就不虚此行。

首先，我会以"很高兴认识你"为开场白，开始一段简单的自我介绍，具体包括——班级QQ群号、班主任电话、办公室位置；而重点则在于班主任简单的自我评价与期望。我会告诉学生，我是一个"专业、细致的班主任，愿意与学生真诚交流"。我希望我的学生，是一个"明是非、知好歹、懂体谅、有担当"的人；我希望我们的班级，是一个"有规矩、有弹性、有温暖、有希望"的集体。

在这里，公布"基本信息"，是为了方便之后的师生联系。"班主任自我评价"，既是为了让学生在最短的时间内建立起对班主任的初步印象，也是为了让学生在今后的师生相处中，有一个恰当的心理准备。对班级的"整体期望"，则是为每一位班级成员描绘一个共同的愿景。当然，这些"印象"与"愿景"，是否能被最终认可，有赖于日后很长一段时间的工作。

接下来，我会从一张附有"学校大门"照片的PPT开始进入正题。之所以从"校门"照片开始，是因为一座校门，往往是连接学生上一段经历和下一段经历的象征。能进入一所学校，往往与学生曾经的选择、能力与付出有关。

具体内容主要包括以下四个部分：

第一，来到这里，你必须首先思考的几件事。这里，我会问学生三个问题，并随机请学生做简要回答。

1."你为什么来到这里？"可能会有学生回答，"我是来读书的。我要通过学习考上好的大学。"我会追问，"你为什么读书？"之所以首先问这样的问题，是希望学生在进校的第一时间明确——学习，是个人的主动选择。学习，可以为家庭、为国家，也是为了自己。唯有把自己的命运和家庭、国家的命运联系在一起的人，才可能在求学的路上走得更远、走得更稳！

我还会追问，"你为什么在这里读书？"对这个问题的思考，能让学生意识到之所以会来到这所学校、这个班级，可以说是因为缘分的安排，但更与个人之前的努力有关。是的，每个人今天的位置都是由昨天决定的。所以，若想明天站在更好的平台上，必须从今天开始加油。

2."未来，你想要过怎样的生活？"这个问题似乎很大，但若真的随机提问，我们可以从学生只言片语的回答中迅速捕捉到许多有价值的信息。而当我们进一步追问——"有哪些资源可以帮助你实现这个愿望"时，学生的回答则能透露更多的信息——他是否真的思考过这个问题？他的个性如何？他的家庭如何？他对自己有怎样的规划……都能从中窥探一二。这些信息，也将是我们今后工作的起点。

3."高中三年，你打算怎样度过？"在学生思考的过程中，我会将这个大问题拆分成两个小问题——"高中，必须全力以赴吗？""高中，学习就是一切吗？"事实上，对这两个问题的回答，正是我作为班主任第一次在学生面前表达态度——第一个问题的答案是肯定的。高中，当然要全力以赴！事实上，生命中的每一段都应该全力以赴——积极、投入，竭尽全力，做更好的自己。唯有这样，才能对得起青春，不辜负自己。但是，"全力以赴"并不意味着"学习就是一切"。在高中阶段，学习是主要任务，但并不是唯一任务，甚至不是最重要的任务。事实上，在这个阶段，学生最主要的任务是成长，是"建立起最基本的人生观与价值观，学会学习，学会生活"。

应该说，这样的表态，会出乎很多学生的预想。一直以来，很多孩子都会被灌输这样的观念——"你只要把书读好，其他的事都不用操心……"事实上，这种观念是不对的。学习，应该是服务于成长的，却永远不能替代成长。当然，这个话题还有待于日后慢慢深入。

当下，在进入高中之后的第一次始业教育里，我们迫切要解决的是下面这个问题——"怎样迅速融入高中生活？"在我看来，融入一个新环境，最好的办法莫过于迅速"了解新环境里的规则，并且理解它、适应它"。唯有熟悉规则，才能有足够的自信参与；唯有适应规则，才可能积极主动的投入。这时，便进入第二个部分。

第二，学校基本常规介绍。一般说来，在第一次正式见面中，我会尽量精简对学生的要求。但由于以下几点会直接影响到学生的在校生活，还是必不可少的。

1. 作息时间与请假要求。每所学校都有自己独特的作息安排,"不迟到,不早退"是初入一个新环境最基本的要求。请假规则具体包括——什么情况下可以请假?由谁请假?向谁请假?具体流程怎样?所有这些,都为今后可能发生的各种情况做好了预案。

2. 仪容要求。我习惯用看似模糊的表述来概括仪容要求——"像一名百年名校的高中生。"可以请学生从发型、饰物、衣着、谈吐、气质等方面谈一谈"百年名校的高中生"应该是什么样子的?在讨论中,许多具体要求便能达成共识。

3. 手机等电子设备的使用规定。开学伊始,初来乍到,没有比这个时候跟学生明确手机等电子设备的要求更合适的时机了。对高中生而言,"手机的使用"始终会是一个敏感话题。这个话题,既涉及大数据时代的信息处理能力,也涉及学生的自我管理能力,值得在日后慢慢聊。

4. 住校生寝室要求。因为班里的大多数学生都是第一次住校,除了基本的寝室管理规定,必须多嘱咐两句。首先,我会强调一点,"寝室,并不是你的私人空间"。所以,住校生并不能在寝室里任性而为。什么东西不能带?哪些事情必须做?责任与义务必须明晰。另一方面,我会提醒每一位住校生,"在与室友相处的过程中,请一定要目中有人,时常换位思考。""在家,你也许是被关爱的核心。但是在学校,你一定不是。真诚待人,率先付出,会是收获友情的第一步。"当然,对高中生的人际交往辅导不可能仅靠一句提醒完成。但是,有言在先,会在日后的工作中减少被动。

5. 校园生活须知与安全教育。对学生来说,新到一个环境,最初的不适应往往是生活上的。饭卡在哪里充钱?快递如何取?食堂里哪个窗口的菜好吃……这些话题,能迅速拉近师生间的距离,给学生带来真切的温暖。同时,及时提醒学生在校期间注意个人的人身安全、财产安全、交通安全,能很好地防止意外事故发生。

在明确了一些最基本的要求之后,为了让学生尽快进入状态,我会进入第三个部分——

第三，简单介绍初中和高中的不同。一般而言，我会从三个方面向学生描述进入高中后必须面对的改变。首先，是心态上的变化。"你也许会有失落感，觉得在高中得到的关注和鼓励没有初中多。你也许会有焦虑感，觉得身边的同学都是学霸，觉得自己在许多方面都力不从心。你也许会有孤独感，觉得自己没有朋友，许多情绪无处宣泄……我要告诉你的是，所有的变化都是正常的——能进入这所高中，证明你们在原有的学校里都是佼佼者。这一路走来，你们一直享受着师长的关爱与肯定，同伴的羡慕与钦佩。在这个崭新而陌生的环境里，你的同伴更加优秀，竞争更加激烈，若你想一直葆有这些优越感，则需要付出更多的汗水。无论如何辛苦，请相信，你不是独自一人。你所经历的一切，你身边的同学也正在经历。唯有勇敢地走过去，才能成长。"

其次，是学习上的变化。相对于初中，高中的学习呈现出"内容多、难度高、节奏快、压力大"的特点。很多在初中会反复强调的难点，在高中的课堂上很可能只讲一遍。所以，要郑重提醒每位同学——决定高中学习成绩的，不是智力，而是习惯！这里的习惯包括听课习惯、提问习惯、课后复习整理习惯、自主作业完成习惯、假期安排习惯，等等。具体的讲解当然不能一次到位，但点到为止的预先提醒，可以起到很好的警示作用。"不要躺在初中的成绩上心存侥幸，企图靠自己的小聪明蒙混过关。要端正态度，重视每一节课，每一次作业，每一个问题。因为态度决定行为；行为决定习惯；习惯决定性格；性格决定命运！"

第三，是生活上的变化。进入高中，很多人是第一次住校。面对陌生的环境，处理生活琐事与人际关系都会给孩子带来巨大的心理压力。这时，我一般会给他们三条建议——1.尽力不给别人添麻烦。这条强调的是管理自己。能时刻提醒自己做到这一点的人，一定是个有责任心的人。2.己所不欲，勿施于人。这条强调的是善待他人。如果每个人都能做到换位思考，相处时便会少许多矛盾。3.坚持做有温度的人！这条强调的是心怀集体。

在集体生活中，心中有爱的人会在许多细节上给周围的人带来温暖。在提供这些建议时，我会讲一些历届学生的小故事，用实际的案例告诉学生，怎样迅速融入新的集体，得到他人的接纳和认可。

在结束第一次始业教育之前，我会布置三个明确的任务，为后续的班级活动做好准备。

第四，进入高中，请你先做好这些事——1. 请在一周内，完成一次"自我介绍"的准备。介绍的内容可以包括自己的优点、特点、爱好、特长、梦想；介绍的形式可以是口头演讲，也可以自己录制小视频；时间限制在5分钟内。2. 请在半个月内，给自己一些新的"约定"，并告诉你可以信任的人。这些新的约定，可以从"态度"开始，最终落实到行为，直至坚持成"习惯"。一个月后，如果你愿意，请与我分享你的改变。3. 请在一个月内，详细了解新高考，为自己未来的规划做准备。这里，可以以下面几个问题为主要线索——我校的选课走班是怎么回事？高考录取的"80个志愿"是怎么回事？"三位一体"和"自主招生"是怎么回事？从现在起，我们可以做好哪些准备？

至此，学生方面的第一次始业教育暂告段落。通过这一次沟通，相信学生已经对新环境有所了解，对新生活有所期待，对新挑战有所准备。随着后续活动的陆续展开，相信绝大多数学生都能迅速进入状态。接下来，我要立即着手准备的，是与家长的第一次正式见面——新生首次家长会。

在这次家长会上，我主要要完成以下四方面的工作——

第一，公布联系方式。我会首先公布班主任和任课教师的联系电话、办公室地点，便于家长日后联系。这里尤其要注意的是，在公布任课老师的联系方式之前最好征得本人同意，是提供私人手机还是办公室电话，老师应该有选择权。同时，我还会重点介绍家校联系平台的使用方法。如有必要，也会建立班级家长的QQ群。

第二，学校基本常规介绍。这里的常规介绍在内容上基本与前面的

"学生部分"相同，但在介绍方式上会存在一些区别。例如，在介绍"作息时间"和"请假要求"时，我会提醒家长注意不同学校之间的差别。许多变化的要求，唯有在家长理解并认同的基础上才可能得到顺利的推进。

在介绍"学生仪容"和"手机等电子设备使用"要求时，我会着重介绍学校对这些要求的违规处理规定。因为在这两个方面，家长一般是认同学校要求的。但在执行过程中，不同的家庭会有不同的效果——有不愿管的，有不敢管的，有不会管的……这里，先讲清后果，方能明确责任。

在介绍"住校生寝室生活"的具体要求时，我会尽可能详细，因为很多孩子第一次离家住校，详细介绍各种细节，可以减少家长的顾虑，让家长放心。在这里，我会尤其强调"寝室不是私人空间"这个观念。在集体中，个体必须遵守寝室纪律，承担个人责任。所以，孩子感觉被约束是必然的。甚至，在集体生活中孩子受些委屈都在所难免。但是，约束是为了保护，承担是为了成长，正是在人与人的相处中，我们学会了怎样表达自己、体谅别人，而这也是集体生活的最大意义。

在"家校联系"方面，我会做以下几点说明——

1. 家校联系是必要的，不需要征得孩子的同意。工作中，经常遇到一些家长，因为顾虑孩子的情绪，不敢跟老师联系。所以在高中的一开始，我们就要明确地告诉家长，恰当的家校合作是孩子成长的助力，我们可以根据实际情况不断调整联系的方式，但不能主动放弃阵地。

2. 家校联系途径的选择。目前，我们常用的家校联系途径和方式有很多，它们各有利弊，互为补充。"电话和短信"是家校之间最为方便快捷的联系方式，如果有要事告知，首选电话，次选短信，其他方式不予考虑。"翼校通平台和晓黑板 APP"的主要用途是接收学校、班级统一发送的各类通知，无法保证及时的沟通。"QQ 群或微信群"的主要功能是分享各类文件、图片、视频信息，便于家长了解孩子的在校生活。在这里需要特别提醒的是，入群家长要求实名，群内的交流与讨论提倡以弘扬正能量为主，要求语言文明、健康，不转发未经核实或观点过于偏激的消息和文章，不转发各种广告链接。关于学生个例的讨论一律私下进行。"家长会和家长委员会"一般由学校统一召开，每学期一至两次，主要用于传达学校重要安排，介绍班级情况，了解学生表现。建议家长珍惜每一次来校的机会，与学校和老师充分交流。"家访"一般安排在寒暑假期间，便于教师深入学生家庭了解情况，有需要的家长可以提前预约。

3. 关于家校沟通的经验分享。初来乍到，很多家长都希望自己的孩子得到老师更多的关注。如何减少家长的焦虑？最好的办法莫过于给他们一些有效的建议。每次家长会，我都会派发一些"锦囊"。这一次，我派发的第一个锦囊是"如何帮助老师尽快记住你的孩子？"找一个机会来学校，到任课老师处坐一会儿，介绍一下自己孩子的情况，也听一下老师的建议。之后的每一周，定时给老师打一个电话或发一条短信，了解一下孩子的在校表现。不用一个月，老师就一定记住你了。

第三，关于教育的几个观点分享。应该说，这才是此次家长会最重要的内容，但需要明确的是——分享观点，并不是为了统一思想，说服教育；而是为了表明态度，争取支持。有些观点，家长也许并不认同；有些观点，我自己也没有确定的答案；但在观点分享的过程中至少能引起家长的思考。带着理性思考的教育，一定比感情用事的教育更加有效。

观点1：我们面前的孩子，首先是一个成长中的人，其次才是您的孩子，再次才是我的学生。在这个观点中，我需要首先让家长意识到他们的孩子是一个独立意识的人。青春期的孩子不是宠物、不是工具、不是懵懂的娃娃，他们每天都在成长，随时都在变化。他们需要我们的帮助，更需要我们的尊重。而在"首先、其次、再次"的语序中，我要请家长思考的问题是——在对孩子的教育中，谁是第一责任人？而谁又能陪他（她）走到最后？是的，我们陪伴孩子的时间其实很有限，该负责的时候要负责，因为迟早要放手。

观点2：我们一定要教孩子守规矩吗？在我看来，答案是肯定的。"遵守规则"与"尊重个性"并不矛盾，对规则的理解与敬畏，是一个人在社会上生存和发展的基石。跟家长交流这个话题，一方面是出于对未来班级管理的考量；另一方面也是为今后积极健康的家校关系奠定基础。

观点3：对孩子的要求和期望，我们自己都能做到吗？家长把孩子送进高中，无疑都对孩子寄予了殷切的期望。但值得深思的是，这些期望或要求都是合理的吗？如果一件事，我们自己都做不到，我们凭什么要求孩子做到？退一步说，即便是我们自己能做到的事，孩子就一定应该做到吗？是的，如果我们能够更理性地审视自己，看待孩子的目光就会更加包容。我的建议是——在对孩子提出期望时，应该是注重过程重于结果的。我们不必要求孩子考几分，拿第几名，但是可以要求他们平时认真对待每一节课、每一次作业。当我们希望孩子改正一个坏习惯时，先问问自己有没有这个习惯？当我们希望孩子养成一个好习惯时，不妨以身作则，主动和孩子一起行动……唯有这样，我们才能更好地陪伴青春期的孩子成长。

观点4：一个孩子，如果家长已经完全无能为力了，学校的作为将极其有限。是的，这是一句肯定句。在现实工作中，见到过不少这样的家长，出于种种原因，他们渐渐失去了对孩子的把控能力，有些是"不想管"，更多是"管不了"。"不想管"的那部分家长经常挂在嘴边的一句话是——"我们一定要让孩子那么辛苦地读书吗？""管不了"的那部分家长则经常叹息——"我们说的话，他从来都是不听的。我们也没有办法呀。"

对于前者，我希望家长进一步思考一个问题——未来，您想让孩子过怎样的生活？您的孩子又想过怎样的生活？如果您确信不辛苦读书也可以实现理想，那么来这里读书确实不是最明智的选择。条条大路通罗马。

而对于后者，我的态度是——在家庭教育中，家长可以无作为，但必须有底线。简单地说，就是您也许不能保证孩子能做到什么？但是您要保证孩子不会做什么？不敢做什么？是的，最基本的是非观念，是由父母传递给孩子的。一个缺乏约束的孩子，首先是被家长放弃的。如果您都放弃了自己的孩子，怎么指望别人去帮助他、成全他呢？是的，亲子关系是以血缘为基础的，但在"养育"与"教育"之间，不存在自然而然的过渡。

在这个过程中，学习，是必须的。其中，愿意承担，愿意学习是一切的前提。

观点5：您的孩子进入高中，"学会相处"比"学习成绩"更重要。即便嘴上不承认，相信大多数家长一开始是不认可这个观点的——把孩子送进高中，不为了读书，难道是为了交友不成？当然不是。但是，家长们也许不了解，对青春期的孩子来说，相对于学习成绩来说，更重要的事情实在太多了——"同性眼中的我是怎样的？异性眼中的我是怎样的？在同伴心里，我是不是值得信任？在集体中，我有没有被接纳？"所有这些问题，都会直接影响到他们的情绪，进而影响到他们的生活和学习。所以，在孩子升入高中以后，家长们与其经常过问他在校的学习情况，还不如多了解一下他在校的交友状况——跟同桌谈得来吗？与室友相处是否融洽？在班级里承担了什么工作？有没有特别要好的朋友？当孩子在人际交往中遇到挫折时，给孩子一些友好的建议。当孩子觉得被接纳、被理解、被信任了，自然会对自己提出更高的要求。退一步说，即便孩子因为种种原因，始终无法取得令人满意的成绩，良好的人际关系也会支撑他顺利地度过高中三年。因为在这个年龄段，朋友对他们而言实在太重要了！

观点6：好汉莫提当年勇——进入高中，让我们和孩子一起从零开始。如前所述，能考进我们学校的，往往都是初中里的佼佼者。进入高中后，需要调整心态的，绝不仅仅是孩子。在这里，我会提醒家长不要总是回味孩子在初中时的学习成绩，要理性对待每一次考试的成绩与排名，理性对待孩子在初入高中后学习上各种的不适应。与初中不同，高中的学习内容多、难度高、节奏快，整个过程容不得丝毫懈怠。在初中，也许可以凭借小聪明抄一条近路，走一次捷径。但在高中，竞争对手如此强大，决定成绩的不是智力或运气，而是积累与习惯。唯有放下包袱，调整心态，从零开始，脚踏实地的努力，才有可能在激烈的竞争中脱颖而出。

第四，如果你想为孩子做些什么，请从下面的事情开始——1. 与孩子进行一次深度沟通。在这次沟通的过程中，很重要的一点是表达对孩子的尊重与信任。你们可以共同对家庭成员间之前的相处模式进行一次反思，讨论一下哪些需要保持？哪些方面需要改进？你们也可以讨论一下未来十年的家庭整体规划，比如孩子去哪里读书？在哪里工作？你们还可以制订一些新的"约定"，既对自己有要求，也对对方有希望。如果能用笔做认真的记录，更有仪式感，"约定"的效果会更好。2. 与班主任进行一次沟通。电话、邮件、面谈的方式均可，可以详细介绍一下您的孩子，具体包括优点、缺点、特点、禁忌、身体心理状况、家庭成长背景等等；也可以简单表达一下您对孩子的期望和对老师的要求。也许我不能满足您的全部要求，但我一定能够理解您的心情。3. 尽您所能，详细了解一下新高考。可以通过网络报纸，也可以通过亲戚朋友，尝试和您的孩子一起，尽快找到下面这些问题的答案——我校的选课走班是怎么回事？高考录取的"80 个志愿"是怎么回事？"三位一体"和"自主招生"是怎么回事？从高一年级开始，学生可以做好哪些准备？

至此，新生入学后的第一次学生始业教育与家长见面会告一段落。之后，我们的许多工作，将以这次的见面为起点陆续展开。我们会得到来自不同的学生与家长的不同的反馈，也将从这些不同的反馈中得到更多的信息与资源。千里之行，始于足下。有理由相信，当我们把握好第一次与学生和家长正式见面的机会，通过细致、理性、专业的分享，与他们建立起积极、正向、信任的关系，并在日后的相处中逐步达成一致的奋斗目标，一定能为学生在整个高中三年的发展奠定下良好的基础，这便是最好的开端。

中途接班的破冰之旅

每年8月,学校里总会有一批老师开始忐忑。除了即将开学的常规焦虑之外,我知道,很大一部分老师真正担心的是可能要"接班"。如果只是担任任课教师还好,但如果被忽然委以重任,要中途接手一个班级,担任班主任的话,大多数老师都会在心里"咯噔"一下……

我理解这些老师承受的压力,"这年头,亲爹亲妈都不好当,何况后爹后妈?"但既然学校已经正式委派了任务,我们也或主动或被动地接受了,那么尽快收拾好情绪,做好正式接班前的各项准备,才是当务之急。具体而言,在正式开学之前,大致应该做好以下几方面的工作——

第一,与领导"交底"。既然是"中途接班",于情于理,领导总会给你一个正式的通知。这时,我们一定要抓住时机,和领导当面沟通一下这个班级各方面的情况,听听领导的想法,说说自己的顾虑,有效沟通的起点,从来就是"愿意表达"。如果是我,一般会和领导交流下面几个问题——

1. 学校为什么"中途换将"?是教师个人的原因,还是学生方面的原因?是源自家长的希望,还是源自学校的工作安排?在对这个问题的讨论中,我们其实可以提前规避很多棘手的问题。例如,有的班级学生对原来的班主任感情很深。没有经过足够铺垫的"中途换将",会让学生产生抵触情绪,对后续班级工作的开展极为不利。当我们充分了解了相关情况,哪怕过程中的确存在着许多不得已,但因为有了提前的准备,再来做学生的工作就会顺畅很多。

2. 从学校的角度来看,这个班级存在着哪些特点?对这个班级未来的发展,学校有哪些基本的要求和希望?任何一个班级,不同的人站在不同的立场上观察,都会有不同的观感。听听校领导对这个班级的观察和分析,有助于帮我们从更加宏观的角度掌握这个班级的全面情况。一般来说,领导掌握的班级情况常常是通过各种数据的比对以及教师、家长的个体反馈体现的,而领导对这个班级的期望值也往往以这些为基础。我们首先要做的,恰恰是了解领导的观点、态度和需求,再根据我们自己对班级管理的理解和认识,和领导讨论对这个班级的各种设想。

3. 为什么会选择由我来接手?很多人会认为这个问题很"矫情"——"当然是领导信任你啦!更何况,学校的任命,需要给你理由吗?"是的,学校安排工作,的确不需要给每个人一个理由。但不给你理由,不代表没有理由。你郑重其事地问一下,也许就能知道领导究竟更加看重你哪一方面的特质。是稳健细致的工作作风,还是老到丰富的工作经验?是初生牛犊不怕虎的工作热情,还是学生家长交口称赞的工作态度?另一方面,你郑重其事的这一问,其实也是在提示学校领导,这一次的"换将",首先是学校的安排,是领导的决定。他们既然选择了信任你,就一定会在后续的工作中选择继续信任你并支持你。

4. 关于这一次的"接班",我的担心和顾虑。一般情况下,这次沟通的最后一定是作为接班者的我们的"表态"。通常情况下,我一定会先把自己的担心和顾虑说清楚——无论这是一个成绩很"差"的班,或者这是一个纪律很"乱"的班,甚至这是一个家长很难"缠"的班,我都会表达同一个意思——我会全力以赴,但所有的改变都需要时间。关系的建立需要时间,规则的落地需要时间,习惯的养成需要时间,成绩的提高更加需要时间。这样的表达更大意义上是为了提醒自己——一切按照教育规律来,切不可急功近利。

第二,与"前任"交接。说起对一个班级的了解,没有比班主任更全面的了。所以,我会和我的"前任"约在一个大家都方便的午后,找个环境清雅的茶室包间,做一次深度沟通,完成全方位的交接。通常,我会自备纸笔、电脑,请对方带好包括学生集体照、成绩单、家庭状况登记表、高中阶段个人成长档案、班级活动记录在内的全部资料。通常,我们的交流分两个部分——第一部分,是"前任"的主题介绍。一般来说,"主题介绍"具体包括:1. 班级总体情况(人际关系、班风、学风);2. 各学科学习情况(优势学科、劣势学科、学习习惯、师生关系等等);3. 家长总体情况(家校合作方式、家长交流顺畅度);4. 班级主要管理制度(班干部构成、分工、值日生制度,等等);5. 班级主要活动情况(各种活动的筹备、组织、表现);6. 学生个人情况(个性特征、成长背景、学业表现、兴趣爱好,等等)。是的,这一定不可能是一次"长话短说",在"前任"的"口干舌燥"中,我们才能基本完成对这个班级的整体把握。第二部分,是"现任"对"前任"的"提问、回答"。在这一部分,我们主要完成的,是个别细节上的探索。比如,对之前自己在各处耳闻过的一些班级传闻进行澄清。"那个学生寝室内部真的有很多矛盾吗?"比如,追问一些特别需要关注的人物或事件。"在跟某位学生家长交流的过程中有什么特别需要注意的禁忌吗?"比如,对某个班级典型问题的回顾与反思。"班级的自习课纪律始终不好,问题到底出在哪里?"是的,这里的"提问"主要基于自己前期工作的经验,主要目的还是收集信息。只有"问得精准",才能"答得到位"。也只有了解了这个班级是如何一路走来的,才有可能明确它未来的走向。

第三,给家长交代。经过了前面两个步骤的准备,新班主任就可以着手走马上任了。在正式开学之前,我觉得非常有必要先在家长面前"露个脸"。通常,我会先通过短信平台给每一位学生家长发一封公开信。在信中,我会简单明确地跟家长交代一些最基本的事项——1. 明确学校安排,告知家长自己是孩子的新班主任,表达愿意和家长一起共同努力,陪伴孩子更好成长的愿望。2. 提供联系方式,告知家长如有需要,可以随时与自己联系。3. 简单地自我介绍，具体包括任教学科、工作经历、带班理念。4. 布置开学工作，具体包括具体开学时间，家长和学生需要做好的各项开学准备工作。

限于篇幅，公开信难免要"长话短说"，这样做的主要目的是给家长一个交代，降低因为"中途换将"带来的焦虑感。我们在公开信中通过言辞体现出来的专业和态度，可以传达出很多正面的信息，让家长放下心来。当然，我们的家校联系绝不会仅止于此——家访、校访、家长会、家委会、个别沟通、团体辅导……随着班级工作的深入开展，家校沟通的渠道一定会更加多样，家校合作的内容也一定会更加丰富，未来可期，来日方长。

第四，和学生交流。耳听为虚，眼见为实。如果说，之前我们的工作都只是从别人那里了解这个班级、这群学生，那么在正式开学之前，我们实在很有必要和这个班级的每一个学生做一次直接、正面的交流。除却家访之外，我觉得还有几种方式值得尝试——

1. 组建一个QQ群或者微信群，"及时发送通知"是建这个群的理由，却不是最重要的目的。在这个群里，我们真正要做的，是和学生随意地打个招呼，聊一聊天。让学生尽快熟悉你，接受你，是建群的首要目的。所以，在这个群里，我们不需要大篇幅的说教，反而可以经常做一些学生感兴趣的小分享。例如，我们可以就某一个社会热点问题在群里分享一个自己认可的评论链接；也可以分享一个和自己任教学科有关的小视频。总之，我们需要给学生提供一些话题，在师生之间、生生之间的互动之中，我们能够看到一个个更鲜活的人。

2. 选择合适的方式，尽量和每位学生私聊一次。当我们和整个班级差不多熟络之后，就可以开始约谈每一位具体的学生。通常，我会在群里发出这样的邀请，"作为新班主任，很想在开学前跟你们每一个人做一次简短的一对一的沟通。如果你也愿意，请给我你的联系方式并告知方便的联系时间。"这个时候，大多数学生都不会拒绝。我们要关注的，恰恰是那些没有及时给我们反馈的学生。沟通的内容可以因人而异，但大致都涉及下面一些问题——"怎样评价自己的班级？觉得自己可以为班级做些什么？过去的学期里有什么遗憾吗？新的学期里有什么打算？对新班主任有什么期待？"这样交流的目的，"加深了解，获取信息"只是一方面，更重要的是"初步建立关系"——让学生感受到你是关注他的，在意他的，对他寄予了期望的，是良好师生关系的起点。

3. 组织班委召开小范围的主题讨论会。临近开学，可以召集班委提前到校进行开学的一系列准备工作。在这个过程中，我通常会给班委布置一些具体的任务，例如初步打扫教室卫生，完成教室环境布置，制订第一周的值日表，列出开学后各科作业上交准备工作，等等。这之后，我通常不再发表意见，而只是在一边旁听他们对某些话题的讨论，旁观他们处理事务的态度、方法。在这个过程中，既可以很直接地观察到每一位班委的工作能力、工作态度，也能基本掌握班委之间的人际关系，处世风格。这些，也是我们今后调整班委的重要依据。

经过了之前的一系列的努力铺垫，待到真正开学的时候，相信我们的心情已经踏实了很多。新学期的第一个月，每一位班主任都注定要走过特别辛苦的一程。这里，作为新接班的班主任，我觉得可以特别注意以下几方面的工作——

第一，精心设计第一节班会课。虽说之前已经几乎和每一位学生都初步接触过了，但开学后的第一节班会课还是要郑重对待。在这一节课上，班主任主要是要明确几件事——

1. 明确责任，分享理念。正式见面，彼此总要有个自我介绍。我觉得，这一次最好的话题是和学生分享一些自己真正相信的理念——欣赏怎样的老师？期待怎样的班级？学习的目的何在？肩上的责任几许？如果觉得这样的话题太过抽象，我们也可以分享一些曾经打动过自己的故事——讲故事，永远好过讲道理。在这样的分享中，我们其实是在和学生交流一些信息，明确一下责任，表达一些期望。在第一次的会面中，需要切记的是，请一定要说真心话，因为学生会记得你今天说的，并在日后的点滴相处中——确认。

2. 明确规则，强调底线。每一次开学，规则教育必不可少，接班伊始的新班主任常常会有"新官上任"的压力。我倒觉得规则教育的关键从来就不在于老师制定了多少规则，而在于学生认可了多少规则。所以通常我都会长话短说，在明确几个"时间节点""请假规则"之后，再补充两句话——"己所不欲勿施于人""不给别人添麻烦"。然后和学生一起讨论一下对这两句话的理解和看法，最终就一些底线问题达成共识。

3. 明确目标，提供经验。对大多数学生来说，面对着新学期、新班主任，心里大多是怀揣着新的希望的。怎样将这份希望迅速转化为行动，我觉得可以抓住这个时机，让他们先给自己设立一个小目标，并提供一些切实可行的经验督促他们实现。通常，我会建议他们每个人从"上学期对自己最不满意的一个习惯"入手，在开学的第一周做出一个积极的改变。可以设想，一旦成功，会给学生个人带来极大的信心，整个班级也将发生巨大的变化。

第二，认真对待每一堂专业课。通常情况下，我们很少把班主任工作和学科专业教学工作挂起钩来。但经验告诉我们，一个新接班的班主任如果能在自己的课堂上迅速征服学生，对自己的班主任工作会带来多么积极的影响。是的，学科方面的专业素养永远是班主任的加分项。当学生由衷地认可了你的教学能力时，才有可能认同你本人。青春期的孩子，在很多时候，往往只听得进自己认同的人发出的声音。所以，在开学的第一个月里，认真上好自己的每一堂专业课一定是新接班的班主任最明智的选择！

第三，迅速与任课教师团队建立融洽的关系。随着正式开学，班级任课教师团队终于敲定，作为"主帅"的你实在很有必要迅速和团队成员建立联系，达成共识。通常，我会第一时间建个群，和大伙儿随意地聊上几句。之后，隔三岔五地在群里问问班级情况——"有没有需要我跑腿的？有没有需要我代为通知的？有没有什么情况需要特别沟通的？"是的，班主任的姿态很重要。用行动告诉你的同事——"无论这个班级之前的情况如何,今天的我们是一个新的团队。作为班主任的你完全信任他们,理解他们,愿意配合他们,服务他们……"是的,在新的班集体建立起来之前,迅速与任课教师团队建立融洽的关系太重要了。哪怕什么都还没开始做,只是确认了伙伴们的"愿意",也是一个不错的开始。

第四,少说多看,点到为止。开学后的第一个月,我常跟年轻班主任说的一句话是——"不必急着杀鸡儆猴,要学会少说多看,引而不发,点到为止。"经验告诉我们,所有问题都会在相处的过程中慢慢呈现。关于新学期,新班级,我们有太多设想和决心,目标和约定,但如果没有足够的时间去实践,很容易仅仅停留在语言上。第一个月,正是师生双方的观察期。所以在这一个月,我会尽自己的最大可能和学生待在一起,和班级待在一起。我会观察每一位学生每天、每周的学习状态,我会观察每一个寝室的生活作息,我会观察整个班级的人际关系,日常表现,我甚至会观察每一位任课教师和学生的相处模式。在这个过程中,我会自然大方地用手机记录下一些片段,并选择一些积极、正面、美好的片段和家长分享。当我发现一些问题时——班级管理的漏洞;学生违纪的苗头;惯性、惰性的隐患……我通常都会提醒自己,先不要忙着发作,把问题指给当事方看,请他自己给出解决方案。与此同时,将每一个发现的问题记录下来,时间、地点、前因后果等。是的,我们一定要记住,在开学的第一个月里,学生和我们是在互相观察、彼此试探——"你真的愿意接纳我吗?你真的理解我吗?你真的能做到公平吗?你最在乎什么?你的底线在哪里?你真的相信我们可以更好吗?"所有这些疑问,几乎都无法宣之于口,但是,学生一定能从我们平日的一言一行、一笑一颦之间体会到。能否都将自己对学生的善意和温暖落在实处,能否将自己对学生的要求和期望落在细处,很大程度上决定了未来师生关系的走向。

第五,阶段总结,有的放矢。一个月过后,第二次班会应时而开。在这次班会上,我们可以将一个月来的观察记录与全班同学分享。表现好的方面,正面强化;表现不佳的地方,共同复盘。在这里,对于某些同学个人的问题，我们还是选择点到为止，个别沟通为主。对于涉及班风、学风方面的整体问题，我们可以通过比较罗列，选出最具代表性的一至两条，按照"是什么？为什么？怎么办？"的顺序展开讨论，直至梳理出新的班级管理模式，并在全班范围内达成共识。至此，相信我们的新接班工作已经走上正轨。

如何激发学生的学习热情

开学一个月后的班主任例会上,大家照例交流着近期的各项班主任工作,将工作中遇到的棘手问题拿出来一同讨论。这学期新接高二的李老师率先发言——"我今年接手的这个班级说起来很有意思哦,行为规范总体不错,班级活动也还能积极参与,也没有太难相处的学生……只要不谈学习,一切都好。可是,做老师的,怎么可能不谈学习?""你这个班级我了解,"旁边坐着的俞老师立即接过话茬,"我教这个班一年了,学生都挺可爱,只是对学习缺乏热情——课堂气氛主要看任课教师的发挥,作业质量主要看作业量的多少,课后基本不会主动来找老师问问题……用现在十分流行的一个词形容叫什么来着,对,'佛系'!"

另一方面,李老师发现学生的家长们也遇到了同样的困扰——家长们普遍都相信"幸福是奋斗出来的",却无法改变孩子的状态。他们大都觉得自己的孩子在学习上缺乏动力,没有全心投入。有人觉得是孩子自己的问题,也有人觉得是班级里缺乏浓厚的学习氛围……

聊到这里,在场的班主任们忽然心有戚戚起来,"樊老师,我们班也有这种情况,大道理学生都懂,但他们就是没动力、没想法,除了苦口婆心地讲道理,恩威并施地做约束,我们还能怎么做呢?"

是啊,在物质生活十分丰富的今天,许多高中生"不爱学习"的现象非常普遍。如果放任不管,任由学生个体学习态度不端正的状况泛化,久而久之,很有可能引发整个班级学风不正的问题,甚至对整个班级的后续建设都会发生许多负面影响。可是如果要管，直接说教显然是没用的。我们总要先把问题的成因弄清楚，对症了，方能下药。

在我看来，之所以会出现这样的现象，原因大致有以下几方面——1. 学生对"学习"本身缺乏正确的理解和认识，以为"学习的方式就是刷题，学习的目的只是升学"。事实上，这种错误的观念，恰恰是长久以来学生、家长，甚至是学校面对学习时的惯性思维造成的。2. 学生从小到大被父母包办过多，不觉得"学习是自己的事"。虽说到了高中，从理智上讲学生应该明白："学习，并不是为了父母。"但由于常年来，家长对孩子的学习成绩表现得过于关注与在意，往往会给学生造成错觉，而长久的错觉又会固化错误的观念——"听话能让爸妈高兴，成绩好能让爸妈满意。而如果成绩不好，至少要听从父母的安排，只要表现得足够努力，就能让父母不再唠叨……"3. 学生生活条件普遍较好，很少有"匮乏感"，因此安于现状，不思进取。随着人们生活水平的提高，很多孩子从小到大几乎就没有什么明显的"匮乏感"。家长也许是想着，"其他方面我都替你搞定，你只要专注学习就好了"。殊不知，当孩子在其他方面都得到了满足之后，他又从哪里获得改变现状的动机呢？学习的过程，并不会只有快乐，对高中生来说更是如此。当他们发现，除了学习，生活中其他的一切都是轻松、美好的，又怎会放下舒适而选择一条辛苦的道路呢？4. 学生过于看重"兴趣"，而疏于培养"能力"，以为"没有能力是因为没有兴趣"。不知从什么时候开始，"兴趣是最好的老师"这句话深入人心，却很少有人向孩子提及——"师傅领进门，修行在个人。这里的'修行'，修的是'能力'，而不是'兴趣'。"现实中，很多学生一遇到学习上的困难最先说的一句话是——"我不喜欢这门课"（当然也可能是"我不喜欢这门课的老师"）；再然后说的可能就是"我不擅长这门课"，而我们要告诉学生的恰恰是："对于必须要做的事情，有没有兴趣并不重要，重要的是如何想办法把事情做好。这是能力问题，而能力是可以培养的。"5. 学生缺乏和真实世界直接链接的机会，无法正确看待自己和世界的关系。青春期的孩子最典型的表现是"以自我为中心",若听之任之,孩子表现得自私、偏执只是危害的一个方面。更重要的是,当孩子失去了对其他生命的真诚关注,没有建立起与现实世界的正确关系,便容易陷入"一切毫无意义"的虚无感之中。唯有帮助学生在各种活动中建立起恰当的"责任意识",让学生拥有"改变世界"或"改变自我"的愿望和信心,才能从根本上解决学生"不爱学习"的问题。

针对这样的情况,班主任可以从以下几个方面着手开展工作——

1. 在班级范围内开展关于"学习目的"的讨论。讨论的方式不仅限于主题班会,语文课上的"好文推荐"、午间演讲时的"观点推送"、活动课上的"抽签辩论"、校友访谈中的"故事分享"……总之,要用尽可能多的方式,从更多的角度让学生意识到——学习的真正目的,是为了提升自己,让自己可以看到更广阔的、更真实的、更深刻的世界,让自己变得更好。升学,不是目的,它只是自我发展的一条途径而已。事实上,考入更好的大学,也只是为了寻求一个更适合自己的平台,在那里你能和一群志同道合的人一起,看到更大的世界,把握更好的机会,发现更强的自己。需要说明的是,以上这些道理,若是由班主任直接"说"给学生听,效果往往一般。我们必须要设计一系列的活动,让学生在参与的过程中亲身体验,用心体悟,过程远比结果重要。

2. 在班级范围内开展关于"学习要素"的讨论。讨论的主题围绕着"学习所需要的基本要素"展开,依次寻求几个关键问题的答案——"举例说明学好一门功课或是一项技能需要哪些基本要素?""据你观察,哪些要素是大多数人基本具备的?哪些方面人们的差异性较大?""对你而言,你觉得自己在学习上有哪些优势和弱势?""你认为现状可以改变吗?""目前,你最想改变自己哪一方面的状态?具体打算怎么做?"

这样的讨论,可以请学生以"头脑风暴"的形式进行罗列、补充,老师可以在一旁记录、引导。采取这种方式的好处是,在不做道德评判的群体互动中,学生容易放下戒备,以更加开放的心态去听取他人的想法和意见,并借以反思自己的问题。通过讨论,我们最终达成以下共识——完成任何一种学习都需要一些基本条件，例如好奇心、理解力、外界支持，等等，但要做好一件事，除了这些基本要素之外，"足够的积累"和"重复的训练"必不可少。很多时候，"感兴趣"只是"成功"的一种可能性而已，绝不是必备的因素。所以，当我们在某一项必须完成的事情上遭遇困难的时候，其实不必过多地去想"喜不喜欢、愿不愿意？"你真正应该考虑的是"如何改变？怎样坚持？"——这是能力范畴的问题。毫无疑问，能力是可以培养的。

3. 通过多种渠道和家长沟通，就"如何激发孩子的学习动力"这个话题展开讨论。具体可以通过家访、校访、家长会、微信群讨论、教育公众号文章推送等方式，和家长聊一聊他们关心的一些问题——"为什么孩子在学习时无法专注？为什么孩子在成绩上很容易满足？为什么孩子越来越吃不了苦？"等等。通常，我会先在微信群预热；再通过教师家访或家长校访针对学生的个别问题进行"一对一"的沟通；待时机成熟之后，才会在家长会上正式讨论这个话题。之所以这样做，是因为我们需要先处理情绪，再处理事情。微信群的预热，家长们七嘴八舌的议论，能够在很大程度上缓解家长的焦虑情绪，他们会发现，"原来现在的孩子都差不多，这是一个共性问题。"这时，班主任再推送公众号的文章，能够让他们逐渐冷静下来，看到自身家庭教育方面存在的问题。当然，发现问题并不意味着就能解决问题。当家长表达出明显的改变意愿时，"家访"或"校访"就特别有必要。在面对面的沟通中，我们面对的提问一定更具体，给出的建议也一定更有针对性。

通过全面、深入地讨论，我们期待和家长达成以下共识——（1）要让孩子学会为自己负责，首先要让孩子有机会对自己负责。很多时候，家长喜欢为孩子安排好一切，从衣食住行到报什么班、选什么课，万事操心，都不放手。久而久之，孩子便逐渐放弃了对自己生活的掌控欲望。这种"万事不操心"的状态，发展到最后，便会造成孩子完全丧失自主性和能动性的结果。所以，我们建议家长逐步放权。对于高中生而言，凡是跟孩子有关的事，都应该让他自己参与决定。（2）放手，不等于放纵。前面建议家长放权，并不是说从此做个甩手掌柜。和孩子约定规则，陪孩子制订计划，为孩子提供支持，帮孩子设定底线，都是家长应该有的作为。更为重要的是，我们要让孩子明确："做决定，便要负责任；自己选定的路，哭着也要走完"。在不触及底线的情况下，很多时候，让孩子栽几个跟头，吃一点儿苦头，对孩子的成长其实并无坏处。（3）即使有能力，也没必要满足孩子所有的物质要求。匮乏感是动力的重要来源，当一个人拥有了所有想要的，便不会再有改变现状的想法。所以，我建议家长在满足孩子基本生活需要的基础上一定要有所保留。要让孩子意识到，家长不是提款机，不会有求必应。另一方面，我还建议家长在可能的条件下多带孩子见世面。这里的"世面"并不是指"奢侈的物质生活"，而是指"不同层次的社会现实"——底层打工者辛苦打拼的场景，顶级图书馆内求职者苦读的身影……带孩子都见一见，告诉他父母不是万能的，能提供给他的保障十分有限，想要更多，自己去争取。（4）以身作则，在孩子面前做一个有所追求的榜样。众所周知，家庭教育带给一个孩子的影响是最为深远的，却很少有人知道，这种影响在很多时候并不是靠说教完成。现实生活中，我们经常看到家长一边刷着手机，一边催促学生去看书；一边打着麻将，一边指责孩子不努力。其实，家长呈现在孩子面前的状态，才是真正能影响到孩子的因素。我常建议家长："不要把所有的希望寄托在孩子身上，与其不断要求孩子上进，不如自己有所追求。在你努力改变自己原有生活状态的时候，你能体会到孩子的辛苦，而你的孩子也会被你的坚持打动。"

　　4.组织各种活动，创造更多机会让学生和现实社会发生链接。实际工作中，经常遇到一类情况——有些学生仿佛一夜之间就对学习失去了兴趣，更值得深思的是，他们中的许多人未必是学困生，甚至很多孩子原先是同龄人中的佼佼者。只是忽然之间，他们觉得学习没意思，甚至活着都没什么意思了。如果我们继续探索，会发现这类孩子有一个共同点——在出现问题之前，他们在父母的照顾和安排下一直成长得很顺利。随着青春期的到来，自我意识的觉醒，他们忽然不再满足于这种貌似"和谐"的关系——"如果整个世界与我无关，我又凭什么要为它努力呢？"

是的，缺乏与现实世界的链接，会让我们的努力失去意义和支撑。所以，每到寒暑假，我总会给学生布置一些特殊的实践作业——有时的主题是"我身边的普通人"；有时的主题是"那些传说中的大学"；有时的主题是"社区里的新鲜事"；有时的主题是"城市里的冷角落"……无论是何主题，我的目的只有一个，让学生走出校园，去社区服务、去餐馆打工、去福利院陪伴；去游览一座古城、去参观一座大学、去探访一位长辈……让学生带着听说的信息，带着不确定的疑问，用自己的眼睛去观察，用自己的心去体验，一定会有很多踏实的收获。那些曾经在师长嘴里反复唠叨的话语，诸如"相比很多职业，读书没那么辛苦。""同样是大学，区别真的很大。""个人的确渺小，但再小的努力也能带来确切的成就感和幸福感。"唯有当学生亲历了，才能得到认同。

自然，以上所有工作都不是一蹴而就的，它们需要互相穿插，彼此配合。即便如此，也一定不能指望会收到立竿见影的效果。但是，教育本身就是慢的艺术。在面对"如何激发学生的学习热情"这个问题上，如果只是个别学生的问题，我们往往要帮助这个学生找到自己的兴趣点和闪光点，然后以点带面，不断鼓励他尝试、坚持、超越。当他在学习中找到成就感的时候，就有了持之以恒的动力。如果这是一个群体的问题，我们就一定要从源头出发。从学生和家长两个群体入手，唯有改变观念，调整认知，才能有不同的选择和做法，之后的一切才有可能。

也许有人会问，"那当下呢？眼下的学习成绩怎么办？"在我看来，当下，就按照既有的规则来办——作为学生，认真听课，按时完成作业是本分，更是规则。我们可以一边要求学生遵守规则，一边慢慢引导学生"爱上"那个拼搏中的自己。好在，学习本身是一个过程，成长的风景都在路上，不是吗？

高中班级图书角设计

我有一个梦想——在高中生的教室里,还能闻到书香。

是的,在今天许多高中生的教室里,我们能看到课本、能看到考卷、能看到堆积如山的各种教辅资料,但就是闻不见自由弥漫的书香。有人说:"现在的高中生刷题都来不及,哪还有时间看课外书呢?"也有人说:"现在的高中生即使有时间也只爱漫画和游戏,他们抱着手机就像拥有了全世界,哪里还需要书呢。"更有人说:"不爱看书就不爱看吧,现在的书太杂了,质量良莠不齐,真担心孩子一不小心看了不好的书学坏了,走偏了,变了性情,还不如不看呢……"

他们说的仿佛都是真的,却忽略了一个基本事实——缺乏系统、良好的阅读习惯,会让我们的孩子在未来付出多么惨重的代价。

在我看来,成年人的阅读是一件私密的事,除非遇到知己,完全没必要拿出来与人分享——就如同有人喜欢在睡前喝一杯牛奶,有人喜欢在午后来一杯咖啡,而有人则喜欢在清晨泡一盏茶。个中滋味自己知道就好,实在不必互相比较,彼此说服。但对青少年来说,阅读是不一样的修行,需要规范,需要指导,需要引领。

第一,阅读是学习必要的组成部分,阅读能力的提升对学习效率的提高有着不言而喻的重要作用。因此,有意识地加强阅读技巧方面的训练,诸如速读、精读、诵读、比较阅读,等等,都能对学生的阅读习惯与阅读能力产生长远的影响。

第二，引导学生在"系统化阅读"与"碎片化阅读"之间建立联系，学会取舍与平衡。不可否认，在互联网时代的今天，"碎片化阅读"已经成为人们相当重要的获取信息的手段。对高中生来说，学习时间的紧张，手机使用的普遍，都为他们进行"碎片化阅读"奠定了良好的基础。我们不应该也不能够否认这样的阅读方式，能够带给人们新鲜、高效的阅读体验。但是，作为老师，我们也有责任让学生体验到"系统化阅读"的独特魅力。通过设置不同的活动，让学生了解到两种阅读方式的利弊，以及不同的阅读感受，引导他们在两种阅读方式之间建立联系，直至学会取舍与平衡。

第三，青少年时期是世界观、人生观、价值观形成的关键时期，这个时期的阅读，会对人一生的成长产生深远的影响。如果我们能够通过"分享""点评""推荐"等各种方式，培养学生的阅读兴趣，提升学生的阅读品味，拓展学生的阅读视野，一定远比乏味的说教更能让学生接纳与思考。

第四，一直以来，有一种说法是值得我们警惕的，那就是将"读书"与"学习"等同起来。事实上，阅读的另一个重要作用，可以只是为了愉悦自己。从这个意义上来说，引导学生读一些"无用"之书，让孩子学会更好地与自己相处，享受生命的乐趣，其实更有价值。当然，这样的推荐需要有专业的引领，好书很多，有情趣的书也很多，但适合青少年看的书，并能被青少年理解和接受的无用之书其实是需要用心甄别筛选的。

在这样的考量下，我会在自己班级教室的右后方，靠近窗户的位置设置一个这样的角落——角落里放置着一个木制书架。书架不大，大致5层，每层能放10余本书即可。

第一层书架上放置各种工具书——英文字典、中文字典、古汉语字典、各种高考志愿填报类书籍、青春期生理、心理保健书籍，等等。这些书籍，主要由各科专业教师推荐，用班委费统一购买，长期放置供学生借阅。当然，若发现更好的相关类型书籍，班主任也可以及时更新。

第二层书架上主要放置各种人物传记或历史小说——古今中外、各个领域，越有争议，越有意趣。这些书籍，主要由语文老师和历史老师推荐，开列书单，由同学自行从各级图书馆借阅，每月更新一次。

第三层书架上主要放置各种文学类书籍——诗歌、散文、杂文、小品，这些书籍，主要由学生自由推荐，主动分享，可经典，可流行。语文老师略作把关，偶尔点评。每半月更新一次。

第四层书架上主要放置各类学科的经典或普及类书籍——天文、地理、世情、人心……无论是多么艰深的学科，总有一些深入浅出、基础普及的版本。这些书，可以通过网络查询，也可以请学校图书馆专业的老师推荐，开列书单，从各级图书馆借阅，每月更新一次。世界那么大，当我们还不能走出去看看的时候，也许可以先通过阅读，为自己开启一种又一种可能性。未来很长，今天种下的种子，也许会在很多年以后开出花来。

第五层书架上主要放置各类时评类杂志——相对于书籍来说，周刊、杂志的优势在于有更强的时效性，阅读体验也更加轻松灵活。身在象牙塔中的学生，很容易为了读好圣贤书而陷入"两耳不闻窗外事"的尴尬境地。之所以尴尬，是因为这样做的结果未必能把书读好，却一定会让自己逐渐脱离社会现实，甚而弱化了独立思考的能力。这时，如果能经常翻一翻《中国新闻周刊》《三联生活周刊》《南都周刊》这样的杂志，一定能在很大程度上避免这样的窘境。这样的杂志还有很多，适当的订阅或从校图书馆借阅，每周或每半月及时更新一次，将是书架上最抢手的书源。

书架边的后墙上设置一块宣传展板，板上主要张贴三方面内容——一是"图书借阅公约"与"借阅情况登记"。这一块内容由学生负责，公约部分由学生共同商议制定，图书的日常管理与维护也有班级固定的图书管理员负责。二是"阅读推荐"与"阅读分享"。这是展板重要的组成部分之一，"阅读推荐"与"阅读分享"每周更新一次，每次至少一篇文章。文章不限长短，但要求推荐与分享的书籍恰好出现在当时的书架上。文章主要由各学生小组提供，提倡学生原创，也可以向老师约稿。三是近期阅读活动的"预告"与"展示"。这也是展板重要的组成部分，由语文老师和学生学习小组共同负责。班主任可以与语文老师商定，保持每月至少有1至2次的主题读书活动。活动的形式有很多——"规定主题的比较阅读""系统有序的整本书阅读""班级诗词大会""戏剧在线""我最喜爱的作品人物推荐""辩论赛素材资料准备会",等等。这些活动的"预告",会在一定程度上影响学生近期课外阅读的方向。活动的成果"展示",也将完美地呈现出学生的成长。

　　这里,会有两个常见的问题——第一个问题是,书架上的书真的都是学生爱看的吗?当然不是。学生爱看的书有很多,东野圭吾的推理、刘慈欣的科幻、校园文学、玄幻、动漫……这其中,也许不乏好书,但在我们的图书角里却一定不能是主角。对高中生而言,自控能力参差不齐,学习压力普遍很大,课外阅读的时间就显得非常宝贵。在这样的前提下,那些容易让人上瘾,"拿得起放不下"的书;那些一个系列包含着数十本书的大套系;那些情节上引人入胜但文笔粗陋、价值取向模糊的玄幻类书籍,就自然不在我们的推荐序列当中了。第二个问题是,学生真有那么多时间进行课外阅读吗?会不会有学生因为课外阅读,而耽误了学业。坦白说,除去寒暑假,今天的高中生的确是没有太多的时间进行系统的课外阅读了。但也正因如此,我们才要创设各种条件与平台,让他们产生阅读的兴趣,维持阅读的动力,直至养成系统阅读的习惯,学会享受自由阅读的乐趣。在我的教育经验中,还从来没有真正遇见过因为热爱阅读而耽误了学业的(当然,那些沉迷于玄幻、武侠、言情系列网络小说的不在其列)。我们要做的,是引导学生如何安排好自己的阅读计划,在合适的时间,看合适的书。要相信,真正的好书,是不会让我们的学生玩物丧志、移了性情的,它只会让学生更理性、更成熟、更美好。

　　是的,我有一个梦想——在高中生的教室里,还能闻到自由弥漫的书香。在那个不大的角落里,有阅读的沉静,有分享的喜悦,有许多将我们的视线引向校园之外的精彩,也有更多带我们凝神思考的力量。在那里,我们一起阅读;在那里,我们共同成长。

高三年级班级常规管理策略

作为一名"常驻高三"的老班主任,经常会遇到新带高三的青年班主任前来咨询,其中非常常见的一个问题就是——"高三了,学生的行为规范还要管吗?班级常规还要抓吗?"

我理解这些老师的疑惑,毋庸置疑,高中的不同阶段,班主任的工作重点是存在明显变化的——高一年级,班主任最主要的任务是组建一个有凝聚力的积极向上的班集体,同时要关注每位学生初入高中的适应问题。高二年级,因为涉及选课、选科,班主任最主要的任务是指导学生进行"学业规划",并解决在这个过程中可能出现的一系列衍生问题。进入高三,师生面对的最大挑战是高考,"怎样平稳、高效地复习备考?怎样在考试中取得满意的成绩?"几乎成了所有人关注的核心问题。换句话说,很多人理解的高三,就是"学习,学习,再学习"。在这样的背景下,如果像高一、高二那样狠抓班级常规,会让很多人觉得不合时宜——无论是学生、家长,甚至是班主任本身,都会觉得再纠结于这些琐碎小事会浪费了宝贵的精力,得不偿失。事实果真如此吗?

在我看来,要带好高三,班主任首先要明确这样一个态度——高考当然是重要的,它是高中阶段的一个终点,是学生生命中的一个关键节点,但它终究不是高中三年的唯一目的。高三班主任要做的,是带领学生把握好高三这一年的整个过程,专注投入、全力以赴,不虚此行就好。

明确了这一点,我们就会明白——在高三,常规十分重要。没有规矩,不成方圆。常规管理，是维持一个班级正常、良性运转的基础。经验告诉我们，一个纪律随意、组织松散的班级，班风、学风绝不会尽如人意，人际关系常常隐患重重，学习效率也一定会大打折扣。

也有人会质疑——"这个班级我已经带了两年，该做的规矩早就做好了。到了高三，还有必要老生常谈吗？难道我们不应该把力气花在刀刃上吗？"我的态度是——规矩，当然要继续"做"。因为人都有惰性，尤其到了高三，繁重的学习任务很容易成为某些学生在某些阶段懈怠的借口。但具体的操作，却应该有别于之前，切勿老生常谈。

通常，我会在进入高三后的第一次集体教育时带领全班同学详细重温一次学校对学生关于"行为规范"方面的具体要求。然后，我会让学生讨论几个问题——1. 对这些"要求"本身，是否存在异议？对某些你觉得"不合理"的要求，有哪些"理解方式"或是"应对办法"？2. 之前的两年，我们对这些行为规范方面的要求完成得如何？问题出在哪里？今后怎样改进？3. 进入高三，在行为规范方面是否应该有特殊待遇？

在这样的讨论中，要让学生尽可能地表达，班主任要做的不是直接肯定或是否定，而是不断引导学生进行换位思考，深入思考。在充分的沟通过程中，大家会逐渐明确几件事——1. 纪律、规则、制度，从来不只是为了约束某个人，而是为了最大程度上保证绝大多数人的利益。2. 一个集体，如果是自由散漫的，身处其中的个体往往也会效率低下，不堪一击。3. 高考，从来都不是任性的借口。高三，最好的状态就是一切如常。

达成共识之后，我会将讨论结果及时传达给家长，再次明确高三这一年班级各项工作的常规要求——简单地说，就是"一切如常"。如有家长质疑或提出顾虑，我会选择在学生尚未出现问题时，提前与家长完成沟通，取得他们的理解与支持，在家长层面统一认识。

在这之后，我一般就不会再在班级里反复强调班级常规了，但是我会持续关注。尤其是在开学后的第一个月里，我每天都会就每一位学生在"卫生、出勤、纪律、仪表、作业……"等各方面的表现在班级和家长群中及时点评、反馈。由于之前已经有了两年的习惯养成基础，再加上高三第一个月的刻意强化，大多数学生的行为习惯都不会有太大的问题，后续工作一定能顺利展开。

下面，我就以高三班主任在处理"跑操"事件中的尝试和思考为例，说明一下关于"高三阶段班级常规管理"的具体策略。

所谓"跑操"，就是全校学生在一个固定的时间段，集体在操场上按照固定的节奏跑步。记忆中，我们学校原本在"阳光大课间"时段（上午两节课后）是组织学生集体做广播体操的，而到了天气寒冷的时候，会改成集体跑步。随着衡水二中的"跑操"视频红遍网络，越来越多的学校受到震撼和感染，将广播体操改成了跑操，我们学校也不例外，并且将各班在跑操中的表现计入了班级竞赛考评。学校明确要求——每位在校学生都必须参加跑操活动。体育免修生或当天身体突发较为严重的伤病实在无法参加跑操的同学，必须向班主任请假。除腿部受伤等无法行走的特殊情况外，获准请假的同学必须到操场列席或做广播操，不允许留在教室或躲在厕所。班主任需每日及时到岗，并对本班跑操请假的情况严格把关，了解自己班缺勤人数和原因，并到年级组长处进行登记。对于多次缺席跑操的学生，视情节进行相应的纪律处分。

客观来说，"跑操"活动本来是很有意义的——既可以强健学生的体魄，培养良好的习惯，又可以磨砺坚强的意志，弘扬民族精神。更有人分析说，"跑操"之所以能成为衡水二中的一张名片，是因为它引发了学生成长的"蝴蝶效应"——通过一个看似微不足道的"跑操"，学生既锻炼了身体，又强化了拼搏精神。通过"跑操"，学生每天都在积极地暗示自己，及时排解负面情绪，保证了学习的高效；通过"跑操"，班级凝聚力与战斗力不断增强，团结向上的班级氛围为浓厚的学习氛围奠定了坚实的基础。另一方面，当学生在跑操时，能有意识地把每一个动作都做到位，那么在学习中的规范严谨程度是可想而知的。集体"跑操"时特别要求的"全神贯注、心无旁骛，紧跟口令，各行其步"更是在着重培养学生的专注意识，而专注学习、专注做事的优秀品质，是能让学生受用终身的。

可事实上，"跑操"活动在我校的高三年级却开展得并不顺利。新规一出，许多人的第一反应是"都高三了，为什么还要折腾呢？"班主任们顶着来自各方的压力，反复强调着学校关于"跑操"的各项规定，按时到岗、严密监督，可效果总是不尽人意——每天，班里总会有一些同学以各种理由请假逃避跑操，感冒、扭伤、考试、胃难受、拉肚子、生理期……渐渐地，班级队伍"七零八落"，即便参加"跑操"的学生劲头也不大，一边跑，一边抱怨，甚至时不时还有家长投诉，指责学校的规定没有考虑到高三学生的实际情况，对孩子的学习起到了反作用，哪里还有传说中的神奇功效？

几位年轻的班主任相约一起来找我，"樊老师，你看怎样才能让学生愿意'跑起来'呢？"我请他们先坐下来，反问了第一个问题——"你们自己对'跑操'是怎么看的？"

老师们有点儿意外，"我们怎么看？这重要吗？作为班主任，我们不是只能执行学校的统一安排吗？难不成，我们还能改变学校的规定吗？"我笑着说，"我们的态度，当然重要。它决定了我们在跟学生陈述一件事情时学生接收到的信息是否客观、理性、积极？我们个人的态度也许的确不能改变学校的规定，但坚持思考，能让我们深入理解并作出判断；勇于表达，则能让我们有更真切的存在感和价值感。换句话说，如果班主任都觉得自己在学校常规管理中是完全被动的，那么学生的感受就可想而知了。"是的，要实现"自主管理""自我教育"，首先，就要尊重"自我"。这时有人提出，"说实话，对学校的这项新举措，我心里也并不完全赞同——学生、家长的意见也不是全无道理的，可我还不是必须按照学校的统一要求去做吗？"

有不同意见很正常，关键在于接下来的处理方式。于是，我提出了第二个问题——"你们和学生交流过对'跑操'的看法吗？"

老师们面面相觑，"交流？同事之间也许会交流一些看法。但是面对学生,难道不是应该以'传达'学校要求为主吗?"传达,是自上而下的,一不小心就有"命令"的意味。"跑操",在学校的德育工作中属于"规定动作"的范畴。毫无疑问,学生必须完成。但如果没有发自内心地理解与认同,再好的德育形式也无法取得预期的效果。很多时候,我们在别处看到许多好的德育方式和途径,想着拿来就用,结果事与愿违。问题就出在——我们只是学到了"外在形式",却没有真正领会到"内在精神"。衡水二中的"跑操"之所以如此震撼,是因为每一个二中学子发自内心的认同这种方式。当然,这份"认同"并不是一蹴而就的,这个过程中有纪律的强制、有理性的选择、有情感的体验,所有点滴的积累正是在"师生之间、生生之间"的真诚交流中完成的。

有老师接着问,"这里的交流,只是表达各自对'跑操'的看法——支持或者反对,并陈述理由吗?如果只是这样,不愿意跑的还是不愿意,最多只是表达了意见,宣泄了情绪,也是于事不补啊?"

当然不只是这样。交流,首先是为了表达,更重要的是为之后的讨论奠定基础。这时,我们就要利用班会课的时间充分讨论,解决第三个问题——"如何应对'跑操'规定?"直至达成共识。

讨论大致可以包括以下几个环节——环节1:观看"衡水二中跑操视频",以及二中学子关于"跑操"的留言,分享感受。在这个环节中,用生动的视频资料,给学生直接震撼的体验,让学生知道——"跑操,可以这么帅!"

环节2:头脑风暴,列举"跑操"活动的利与弊。在这个环节中,通过抽签决定立场,依次轮流发言的方式,让学生列举"跑操"可能带来的利与弊。通过这个形式,让学生充分表达自己的想法与顾虑,并试着不断转化立场看问题。

环节3:小组讨论,提出应对"跑操"规定的合理举措。由学生自由组合,分组讨论班级应对方案。例如,反对"跑操"的,怎样向学校提出不同意见?具体包括怎样撰写反对理由?谁出面与学校交涉?如遇挫折如何应对,等等。支持"跑操"的,怎样保证"跑操"效果?具体包括谁在前面领跑?谁在后面压阵?喊什么口号?用什么队形?心存顾虑的,多在细节上留心。譬如,明确"请假"条件与执行方式,特殊情况的认定与处理等。

环节4:投票表决,制订明确的班级跑操要求。有了前面的环节,学生会明白——一件事,可以有很多种解决方式。每一种,都需要付出努力。抱怨一件事不难,敷衍一件事也容易,但是,抱怨与敷衍都不会有成就感。唯有认真的思考,勇敢的实践,才有可能有所收获。

有老师笑着打趣,"万一学生投票表决的结果是坚决反对'跑操'呢?"

"那就让他们去勇敢争取呀!"作为高三班主任,我们只需让他们明白,每一个地方,都有自己的规则。每做出一个决定,都要做好为其付出代价的准备。例如,你在这所学校就读,就必然要遵守校纪校规。如果你不通过正规渠道表达诉求,任性地自说自话,就一定会受到纪律处分。只要你觉得值得,愿意在高三这样的阶段去付出时间和心力,争取想要获得的权益,这决定同样值得尊重。

最后,千万不要忘了将我们与学生讨论的过程与结果及时转达给家长。学校的每一个新的举措,家长都有知情权。在事前做好充分的沟通,是达成共识的前提和基础。对家长而言,他们在意的从来就不是"跑操"本身,而是"跑操"会给自己的孩子带来的切实影响。当他们发现,自己的孩子已经放下了对"跑操"的抵触情绪,愿意去尝试、去接受,甚至去投入的时候,许多顾虑,自会慢慢放下。

听了我的建议,班主任们纷纷表示要回去好好试试。我最后又叮嘱了一句,"记得呀,达成共识后,常态化管理就好。第一个月,注意及时反馈——做得好的公开表扬,做得不好的个别沟通。遇到问题,千万就事论事,不要上纲上线。不要让学生觉得,你更在意的,是班级竞赛的考评。毕竟,万事总有过程,从没有'跑操'经验的我们,愿意跑就好。若能'跑得好',绝对是意外之喜了。"

是的，保持常态，关注过程——这本身就是高三阶段班主任在进行班级常规管理过程中所需秉承的核心理念。抱平常心，做寻常事，从专业出发，用真情陪伴，一切都会是最好的安排。

高三学生的自我管理训练

进入高三,师生面对的最大挑战是高考,"怎样平稳、高效地复习备考?怎样在考试中取得满意的成绩?"几乎成了所有人关注的核心问题。对高三班主任而言,在这一年的班级管理中所遇到的大多数问题也往往是围绕着学生的"学习状态与考试成绩"的波动出现的。

作为高三班主任,是否能够在陪伴学生的过程中,及时、准确地给予学生在"时间管理""学习方法"和"情绪管理"方面的综合指导,就显得尤为重要。

首先需要说明的是,这三个方面的问题绝不应该是到了高三,班主任才第一次涉及的。事实上,从学生一进高中开始,班主任就应该有计划、有步骤地对学生进行系统的"时间管理指导""学习方法指导"和"情绪管理指导"。经过两年的高中学习,大多数高三学生已经形成了自己固定的学习习惯,对"时间管理""情绪管理""学习方法"也有了大致的概念。例如,他们基本上了解了"提前规划"的重要性,也知道应该如何将最常进行的生活事项依照重要性和紧急性不同列在"四象限"表格上。他们也知道不同的学科应该有不同的学习方法,理解与记忆应该相辅相成。他们还知道情绪对学习效率的重要影响,适当焦虑时学习效果最佳……

即便如此,进入高三之后,他们依然会有许多焦虑——对考试的焦虑,对选择的焦虑,对微妙变化的人际关系的焦虑,对未来的焦虑……而眼下,他们最大的焦虑一般是"时间不够用"——要听课、要背书、要刷题、要整理笔记……每天好像都是满的，但总觉得没做什么，"忙与盲"，是许多高三学生的真实写照。他们另一个主要的焦虑来源是，发现自己"知道"很多提升成绩的方法，但不是"做不到"就是"做不好"。

这个时候，如果我们进一步研究，就会发现学生之所以会有这两个焦虑，是因为他们在实际操作中，往往存在着以下问题——1. 想做的事情很多，似乎都很重要，所以不知该如何排序？2. 总把计划订得太满，无法按时完成时，便更加焦虑，自此陷入恶性循环。即便按时完成了计划，还是心虚。总觉得和别人相比，自己还是做得太少。3. 在对任务进行排序时，容易受到他人影响，倾向于用"刷题"代替其他的复习方式。4. 经常怀疑自己的决策是否正确？经常怀疑自己的努力是否有价值？经常怀疑自己的能力是否有问题？

要解决这些问题，班主任首先要做的，是在集体教育时，帮助学生建立一些基本认知——观念1：每个人的具体情况都不相同，适合别人的学习方式不一定适合你。观念2：无论对哪一门课，无论对谁来说，提高成绩是有一些基本方法的，比如厘清基本概念、梳理知识网络、解决疑难问题、提高解题速度。观念3：在高三所有学习方式中，"刷题"并不是最有效的提分方式。事实上，整理笔记、纠正错题远比"刷题"更重要。"刷题"也许能带给你类似"微醺"的错觉，好像自己很用功。但是，你刷过的题是否真的有效，其实在于你在刷题过程中思考了多少问题。观念4：如果确定要做的事情都很重要，那么无论从哪一件事开始，都是最佳选择。如果觉得问题很多，就从眼前的这个问题开始问起。问题，总是解决一个少一个。观念5：学习是一个螺旋上升的过程。"付出努力"和"取得进步"之间从来都不是立竿见影的关系。不要因为在一次考试中没有取得预期的成绩就觉得自己的努力没用，当确定自己努力的方向没有问题时，坚持，就成了成功的关键。

这里需要特别说明的是，这些"基本认知"的建立并不是靠班主任一两次的简单说教就能顺利完成的。事实上，上述的大多数"道理"，大多数学生都听说过，之所以没有付诸实施，有的是因为"半信半疑"，更多的是因为"惯性使然"。打破原有"习惯"最有效的方式，就是用一个新的习惯去替代它。

所以，班主任要开始的第二步工作，就是帮助学生尽快养成一个新的习惯——指导学生制订专属于自己的学习计划表。这里的"学习计划表"可以分为三个层次——每月计划、每周计划、每日计划。一般说来，"每月计划"相对可以粗略些，主要包括：本月学习目标（重点突破学科）、具体突破方法（完成哪些自主复习工作）、反馈评价方式（与任课教师建立联系）、自我奖惩机制（如果完成目标给自己什么奖励）等。而"每周计划"就要相对详细些，一般可以要求学生在每周日晚上初步填写如下表格：

周次安排	布置作业及完成情况	自主整理计划及完成情况	自主课外作业及完成情况	学科答疑计划及完成情况	锻炼计划及完成情况	心情记录
周一						
周二						
周三						
周四						
周五						
周六						
周日						

在这张表格里，"布置作业""心情记录"以及各项内容的"完成情况"是预先留白的，应由学生在每天结束时填写。而"自主整理计划""自主课外作业""学科答疑计划""锻炼计划"则应在每周末预先计划好。

必须注意，学生在初次制订这样的计划时心里会比较没底，这时，班主任可以提供一些模板供学生参考。通常，我会将每一届学生中比较典型的一些"每周计划"拍照留念，分享给后来的学生。这些学生本身分属不同的学习层次，从他们的学习计划和完成情况中，也可以看出不同的学习风格。学生在参考了这些"前辈"的计划之后，大致都能制订出自己的第一份计划，而教师要做的，首先是帮助把关，其次是持续跟进。

所谓"帮助把关",是指班主任在浏览学生制订的计划时重点关注两个问题——一是,计划中有没有体现出对之前强调的那些"基本认知"的实践?哪怕只是在"完成作业的顺序上"发生的一个改变,哪怕只是在"每日提问时间"上的一个坚持,都值得肯定。二是,计划中任务强度是否适中?完成情况是否便于检查与反馈?对那些习惯在计划中对自己要求过高的学生,我们应该及时建议其在计划中留出弹性空间,并提示其每天检查计划的完成情况,并向其选择的监督人汇报。

　　所谓"持续跟进",是指在所有学生的计划制订之后,班主任如何通过自己的努力,持续关注每位学生的计划执行情况,及时反馈并作出修正。不可否认,这个工作量很大。我的一般做法是——鼓励学生将自己制订的"每周计划表"主动在班级的学习园地上分享。分享的计划可以是上一周的,也可以是这一周的。我会告诉他们,之所以要"分享",并不是要"比较"或是"炫耀",而是在这个过程中,你会看到每个伙伴努力的过程。它会告诉你,"你不是在独自战斗",它会激励你更加努力。

　　对于那些不愿在公开场合分享的学生,我完全理解。但我会坚持请他选择一个分享对象。他可以选择班主任,也可以选择信任的任课教师、家长,甚至只是某一位好朋友。我会告诉这些学生,分享对象最主要的作用是一面镜子,能帮助他更清楚地看清自己,随时给他建议和提醒,帮助他保持好的学习状态。如果一个孩子始终不愿意跟任何人分享他的学习状况,那一定有什么特别的原因,很可能就是需要我们重点关注的对象。

　　特别值得一提的,是在我们的计划中,"心情记录"这一项,我会建议学生保留,但不建议学生公开——具体说来,就是建议学生准备一个小本子,记录下高三阶段每一天的点滴心情。之前,我曾经在班级管理中尝试过请每位学生轮流撰写"班级日记",记录下班级里一天发生的大事小情,为自己的青春留下纪念。在实际操作的过程中,我发现,每到高三,班级日记的文风会和高一、高二时出现明显的变化——班级事件的具体记录少了,肆无忌惮的玩笑打闹、天马行空的心情记录却多了好多……也许,对高三学子来说，一成不变的学习生活已成为背景，而同学间的玩笑打闹、高低起伏的心情变化才成为这一段日子中最值得纪念的亮色。于是我想到，若学生能够每天都对自己的心情进行一下沉淀、确认和梳理，不拘长短，不论体式，只是每天抽出5到10分钟时间，与自己进行一次真实对话——问一问自己"今天，我对自己满意吗？""为什么我会觉得紧张？""我的失望究竟源于何处？""早上，我对妈妈的语气是不是过分了？"也许就能对自己的情绪起到很好的舒缓作用。

事实上，"每周计划"的制订、实施、反馈、修正的过程，正是高三学生尝试着对自己的时间、情绪、学习方式进行自我管理的过程。而教师对每个学生制订的"每周计划"持续跟进的过程，也正是对学生进行"时间管理""学习方法"和"情绪管理"的综合指导过程。在这样的过程中，师生之间也许很少会谈到具体的成绩或名次。但是——知道自己正在做什么？下一步应该做什么？为什么这么做？这本身就能让学生焦虑的心安定下来，进而争取更大的作为。

是的，从某种意义上来说，我们能把握的，从来都只是奋斗的过程；我们能够追求的，从来都只是"我心有主，忙而不盲"的学习状态。而一旦有了好状态，好成绩大约就是水到渠成的事吧。

有效缓解高三学生考前焦虑的策略

一到考试季,总有毕业班的班主任焦虑地问我,"樊老师,学生最近状态很不对……你看要不要请个心理专家来给他们做个讲座?"每当这时,我总会玩笑地对她说,"你是说考前焦虑吗?你真的相信专家的一个讲座就能解决班级里大部分学生的问题?"是的,只要我们愿意,在网上关于"如何缓解学生考前焦虑"的资料有很多——从"考试焦虑的成因分析"到"缓解焦虑的具体方法和手段";从"家庭教育方式与考前焦虑的关系"到"团体励志教育与减压教育的分寸把握"……每一个都有理有据,言之凿凿。然而,我总会思考一个问题——针对毕业班学生普遍存在的考前焦虑,除了提供一次专业、对症的心理讲座,班主任还能做些什么?

不可否认,在针对"焦虑"的认知、理解和直接干预方面,凭借着大量专业知识与技能的支撑,心理咨询师会比一般的一线班主任做得更加出色。然而,将班级里所有学生可能出现或已经出现的心理问题全部推给所谓的专业心理工作者来处理——在我看来,既不可能,也不负责。

事实上,无论是工作领域、工作对象、工作目标还是工作方式,班主任和心理工作者都有着很大的不同。虽然在某些时刻、某些细节上,两者之间不可避免地会有交集甚至是合作,但作为班主任本身,还是应该明确并坚持自己的专业立场。

以毕业班学生普遍存在的"考前焦虑"为例——班主任面对的是一个班的全部学生,而心理工作者面对的是主动前来求助的个别对象。班主任需要通过自己的努力,保证整个班级和谐稳定、积极向上的学习氛围,促进每个学生学习状态的不断提升;而心理工作者的工作目标则是帮助"求助人"恢复正常的社会功能,使他有能力重新融入原有的社会环境,基本适应正常的学习生活。在这个过程中,心理工作者能够利用的社会资源是有限的——大多数时候,他们只能通过运用各种心理技术与求助者个人交流,引导求助者改变认知,调节情绪。而班主任能够调动的资源就丰富得多——同伴群体、家长群体、教师群体,甚至校园文化和社会环境都可以成为我们组织教育活动的素材。

在我看来,"考前焦虑"是毕业季的普遍状态。会焦虑的,也从来不只是学生——学生家长、班主任、任课教师,甚至学校领导,都会被泛化的焦虑情绪感染,并且互相激荡。班主任,作为这一群人的核心与桥梁,就必然要担负起把控节奏、调节情绪、提供建议、引领成长的责任。具体说来,在整个高三阶段,班主任可以从以下四个方面展开工作——

一、保持常态,关注过程

所谓"保持常态",就是抱平常心,做寻常事,既不诚惶诚恐,也不拿腔作势;所谓"关注过程",就是从专业出发,把细节落实;用真情陪伴,把结果看淡。尤其要说明的是,这句话所强调的,首先不是做法,而是态度。这句话针对的,首先也不是学生,而是时刻关注着这群学生的人。

如果我们愿意仔细回想,会发现一个很奇怪的现象:当我们面对学生时,总会有一些连自己都不相信的老生常谈——"高三很辛苦,坚持一下,熬过去就好。高考不可怕,平常心就好。不要紧张,尽力就好……"真是这样吗?如果我们愿意对自己和学生更诚实一些,就会发现,这些"口头禅"大多不是谎话,就是废话。高三的确辛苦,但很多毕业出去的学生告诉我,"大学比高三累多了,而且越是好大学就越是辛苦。"高考也许本来是不可怕的,却被许多层出不穷的"仪式"搞得"煞有介事"起来——今天搞一个"高三入楼仪式",明天弄一个"百日誓师大会",后天再来一个

"考前减压活动"……我们难道不正是在用一个个程式化的节目不断追问学生,"离高考还有多少天,你准备好了吗?"说到"尽力",学生疑惑更多——"所谓尽力,是不是就意味着'只要学不死,就往死里学'。可我怎么知道自己究竟是坚持的时间不够,还是努力的方式不对呢?"

所以,在高三班主任工作中,我总会不断提醒自己和学生——1. 学习是一个连续的过程,高三只是其中一个节点。相对于学习成绩,学习品质更加重要。坚定了这一点,我们的注意力便不会胶着在一次考试的成绩上,而应不断关注自己这一段时间内的学习方法、学习态度、学习习惯、学习效率,并及时作出调整。2. 参加高考,是自己的选择。取得成绩,是对自己的交代。所以,身为毕业生,不该有特殊待遇,从前应该做到的,今天一样要做到。达成这一共识之后,再面对许多"常规问题"时就有了答案——"高三了,义务劳动还要不要做?寝室卫生还要不要搞?课外活动课还要不要出去锻炼?班队活动还要不要开展?学生违纪了还要不要批评?"在我看来,为什么不呢?只是因为要参加一场考试,难道我们就要放弃一直以来坚持的教育立场?3. 学习是本分,但不是唯一。"成长比成绩重要"不是一句口号,它本就是一个事实。在实际工作中,我们发现"一味狠抓学习"的结果,常常是事与愿违的,因为"学生的成绩高低"并不只与"投入的时间和精力"直接相关。事实上,学生的"人际关系""心理素质""学习基础""方法态度",甚至是"身体状态"都会影响到他们的学习表现。因此,班主任要做的,是带领家长一起从各个方面关注和引导学生的成长。不要总问他们"今天考了几分",而要经常和他们闲聊,"晚上睡得怎样?寝室相处得是否融洽?课堂上是否总有收获?课外的兴趣在哪里?还有什么梦想?"是的,这些问题也许看似与眼下的成绩无关,但它们一定与成长有关。而一个人如果成长好了,一时的成绩真的那么重要吗?

试想一下,如果我们在整个高三的工作过程中都保持着高一、高二时的常态,如果我们关注和强调的,也始终都是学生成长过程中的普遍问题,那么所谓的"考前焦虑"是不是也就失去了持续发酵的土壤呢?

二、融洽关系，彼此支持

必须承认，只要面对高考，压力就是无法避免的——繁重的学习任务、激烈的竞争环境，甚至是录取志愿的选择都会给他们带来巨大的心理压力。这个时候，一方面，我们需要引导学生不断调整认知，从"对自身实力的客观分析"到"对考试结果的合理期待"再到"对考试意义的正确理解"……经验告诉我们，很多焦虑感是可以通过改变自身的许多不合理认知得到有效降低的。而另一方面，我们则要有意识地帮助学生构建尽可能强大、多元的人际关系网，并引导学生学会从融洽的人际关系中汲取不断进取、持之以恒的力量。具体说来，我们要特别关注高三学生三个方面的人际关系状况——

首先，对处于青春期的学生来说，"同伴关系"是他当下生命中最重要的存在。一个学生，只要拥有三五好友，能陪他一起玩闹、一起哭笑，哪怕学习成绩再差，生活条件再苦，师长再不认可，他依然可以活得快乐。因为对他来说，几乎所有的存在感和价值感都可以在和同伴的交往中确立。明确了这一点，在整个高三的班级工作中，我们就要坚持有意识地组织开展以"这一年，我们一起奋斗"为主题的系列活动——"一年"，强调的是时光短暂，值得珍惜。"我们"，强调的是"团队"、是"整体"。"一起"，强调的是"分担"、是"分享"。"奋斗"，强调的是"态度"、是"决心"。围绕着这一主题，无论是开学初的"班级文化布置""高三始业教育"，还是学期中的"学习经验交流""团体拓展活动"我们都要让尽可能多的学生参与进来，彼此合作，共同分担。考场上，我们一起皱眉，奋笔疾书；操场上，我们一起奔跑，喊出口号。在每一个精心设计的活动过程中，我们就是要让学生真切地体验到——"我有同伴，我们一起为梦想努力！我有朋友，我不是一个人在战斗！"一旦他们建立了这样的认知，再苦再累的学习过程都会变成非常有"仪式感"的珍贵经历，再大的压力和焦虑，也会被激荡涌动的友情稀释，从而变得更容易承担。

其次，学生能否与任课教师之间建立融洽的师生关系，会在很大程度上影响到学生学习这门学科的效果和信心。因此，进入高三后，班主任有必要经常与学生和任课教师进行双向沟通，协助双方建立起积极、温暖、信任的关系。具体说来，可以从以下两个方面着手——1. 借助教师节或某些特殊节日，引导全班学生通过书写"走心小纸条""创意小卡片"的形式，向任课教师表达感激和谢意。此举成败的关键在于"走心"和"创意"。在教师眼里，学生是真诚还是敷衍一目了然。而被学生的真诚打动的教师会很自然地将这份感动转换为热情回馈在自己的课堂上，回馈在每一次与学生的个别交流之间。2. 联合任课教师制订每周特别关注名单，尽可能让每位学生在每个月里都能感受到一位老师的特别关注。值得说明的是，这里的"特别关注"并没有固定的形式，可以是一次作业的面批，可以是一次课外的闲聊，甚至可以只是作业批改后随手画下的一张笑脸。但无论是哪一种，教师都要走心，都要用情，要让学生体验到你的关心、信任和鼓励。这里的"关注对象"，也未必是所谓的"尖子生"或"临界生"，而应该是在某些方面想要有所突破，却遇到了困难的学生。试想一下，假定每位老师每周特别关注 2 名学生，6 门学科就是 12 名，一个月下来，至少会有 48 名学生感受过一位老师的特别关注。这样一份来自专业的学科老师的肯定和鼓励，一定会给他更多克服困难的勇气和信心。

除了亲密的"同伴关系"和融洽的"师生关系"之外，我们发现良好的"亲子关系"也有利于帮助学生舒缓考前焦虑的情绪。有一种说法特别耐人寻味——一个孩子如果其他方面的人际关系都处理得非常糟糕，他一定不快乐，但是真正压垮他的最后一根稻草却常常是亲子关系的破裂。现实生活中，很多家长对良好亲子关系的理解是有偏差的——有人认为，到了高三，家长只要做好后勤工作就好，孩子的学习还是少问为妙。也有人觉得关键时期，要时刻关注孩子的各种动向，一有风吹草动，就会草木皆兵。还有的家长觉察出孩子的焦躁，但不知从何入手，只能成天看着孩子的脸色，战战兢兢，如履薄冰。

在这种情况下，班主任首先要做的，是通过各种方式逐渐转变家长观念，让家长明白除了安顿好孩子的衣食住行，自己能做的事还有许多。例如，融洽家庭气氛，一切保持常态。除了必要的照顾，父母该忙什么忙什么，不必一切围着孩子转。例如，创造机会和孩子闲聊，不谈学习，不问成绩，话题可以是当下的社会热点，也可以是自己年轻时的成长经历。例如，既要经常表达对孩子的信任和尊重，也要经常表达对孩子无条件的爱与支持——"未来是你自己的，你必须自己选择，自己争取，自己负责！无论怎样的结果，爸妈都爱你，都会陪着你。"例如，偶尔和孩子分享自己在生活和工作中的压力和对策。让孩子知道父母不是万能的，他们也会衰老、也会脆弱，也会有不得不承担的责任，也会有力所不能及的无奈……唯有体验到家长的局限和无力，孩子的成长与独立才成为可能。

是的，一段理想的人际关系是这样的——它能让人觉得安全，感到温暖。它能让人得到支持，汲取力量。帮助学生构建更加多元、更加融洽、更加强韧的人际关系网，就是要让学生在客观存在的压力面前，时刻确信自己并不孤独，他是被接纳、被需要的。即使在一次考试中失利，他依然是被信任、被欣赏、被期待的。有了这样的关系作支持，学生在面对各种压力时就有了自信和底气，焦虑情绪也就得到了稀释与分担。

三、及时处理，合理宣泄

一般而言，毕业生的焦虑来源大致有三种——一是平时学习时间紧、任务重，精力分配上的两难焦虑。二是面对各种选择，不知如何取舍的决策焦虑。三是考试之前，担心出现各种未知状况的情绪焦虑。面对这三种不同情况，班主任可以采用不同的方式进行应对——

1. 面对学生精力分配上的两难焦虑，班主任一般可以采用"帮助分析、提供建议、制订计划、跟踪督导"的方式应对。具体说来，就是当学生感觉要做的事情太多，却不知道从何做起时，班主任不如直接给他一个小建议，告诉他这一周先从什么开始着手。一旦他开始执行计划，找到了感觉和节奏，班主任就可以引导学生根据自己的实际情况，制订自己专属的复习时间表，并督促学生积极落实。正如有人说过："种一棵树最好的年龄是十年前，而后是现在。"一旦学生养成了"制订时间表，并坚决执行"的习惯，高三学习也就进入了正轨，因茫然而产生的焦虑情绪自然就能得到消解。

2. 面对学生的"决策焦虑"，班主任一般可以采用"限定时间、共享信息、提供方法、分享理念"的方式应对。整个高三阶段，大到填报什么志愿，是否参加二考；小到是否选择住校，是否参加培训……学生要做的选择实在不少。更要命的是，在很多学生心目中，每一个选择都很重要，自己却并不知道从何选起。这时，班主任可以做好几件事——首先，提前告知学生可能面对的某些关键节点，以及需要做出决定的最后时间。其次，提供必要的信息和具体的方法帮助学生和家长进行选择。最后，经常分享关于"选择"的理性态度，帮助已经做了决定的学生迅速放下前一段纠结，投入下一段的奋斗中。例如，在浙江省目前的选考中，是否参加"三位一体"是每位考生必须要考虑的问题。通常，我会在高三刚开学时就将上届学生中，我校参加过"三位一体"报考的学生及最终的录取情况做一个整理，分享给家长和学生。在这些信息中，有关三位一体的"报考条件""考试时间、地点""相关注意事项"每年都会有变化，我会提醒学生和家长及时关注心仪学校的相关网站，并提前与曾经有过报考经验的学长取得联系，获得经验。在整个过程中，我会在班级里反复强调——一是选择要"慎重"，但不要"犹豫"。所谓"慎重"，是指在做出决定时，要根据自己的实际情况做出判断，切忌人云亦云。当我们参考了足够多的因素，"犹豫不决"只会虚耗时间，浪费精力。二是抉择之后便要全情投入，一往无前。要告诉学生，每一种选择都能成功，每一种选择都有风险，每一条路都不好走。一旦完成选择，便不要总是左顾右盼，与他人比较。一旦遇到困难，要及时寻方法，而不是找退路。

3. 面对学生考前的"情绪焦虑"，班主任一般可以采用"淡化氛围、模拟情境、团体辅导、活动减压"等方式应对。这里的"团体辅导"和"活动减压"毋庸赘述，几乎每个学校都在做——或者根据学生的实际情况开设"心理辅导活动课"，运用心理技术帮助学生改变认知、调节情绪，或者开展各种室外集体活动，如"趣味运动会"，让学生在各种文体活动中得到减压。所谓的"淡化氛围"，是指有意识地淡化"决战高考"的竞争氛围。事实上，在当下的大环境中，即便我们什么都不做，学生也不会忘了高考在即。我们要做的，恰恰是在我们的能力范围内撑起一个小小宇宙，让学生能在里面安静地成长。大多数时间他们一定在拼搏，但偶尔当他们想淘气、想发呆的时候，我们也要微笑地看着他们。所谓的"模拟情境"，就是要在学习过程中经常训练习惯、强化规则。平时的作业限时完成，平常的测验认真对待。训练学生"一拿起笔，就进入状态……"告诉学生，"没有什么意外，一切都是水到渠成。"

四、身在局内，常望星空

作为一名连续多年奋战在高三的班主任，有一种感觉特别深刻——许多时候，不要说学生，哪怕是教师自己也常常会有一种透不上气的压抑感。这种压抑可能来源于每天三点一线、起早摸黑的单调生活，可能来源于每次考试后的分数、排名、指标的轮番轰炸，更可能来源于我们自己常年埋头赶路，忘了仰望星空。是的，我们有必要经常告诉自己，"世界很大，来日方长。"我们有必要经常带着学生"向外看，向远看"。当我们只盯着鼻尖下的那一方书桌，便会觉得试卷上的红叉越来越大，但若我们抬起眼来，转过头去，就会看到窗外春光正好，世间百态。

经常告诉学生："走过这一年，前面还有无数风景。今天在你眼中最难跨越的坎，明天可能对你毫无意义。"经常告诉学生："每个人的存在都有意义和价值，只是这意义和价值需要我们去发现和实现。人生那么长，多转几个弯又怎样？"经常告诉学生："即便在此刻，校园外的很多人所面对的困难和压力，都比我们大得多。能在这里安静地读书，是因为有人在替你负重前行。"经常告诉学生："任何时候，都不要放弃仰望星空的权利。也许我们今天都在井底，但只要经常抬头望向星空，才会有跳出深井的可能。"如果我们的一生只剩下高考，那么所有的焦虑都是真实和必然的。但事实并不是这样——高考，只是这一站的主题而已。

是的，"考前焦虑"是每一个身处毕业季的人都可能出现的状态。作为班主任，我们要做的，是带领着学生和家长去了解它、接纳它，进而尝试着缓解它、放下它。这所有的努力，一定不只是一次谈话、一场讲座、一个活动，它一定是一个过程。"汝果欲学诗，功夫在诗外。"——也许世间的事情，大多是这个道理。

高三阶段学生人际关系指导

和高三的班主任聊天,经常会听到一些让人棘手的案例——"班里一直同桌的两个女孩子,进入高三后,其中一位悄悄地来找我要求换位子,问原因也支支吾吾说不清,就是坚持要把座位换开……""一个住校的女孩子,各方面表现都挺好,唯独和同学关系疏远。进入高三后,她总觉得别人针对她,心情越来越低落……""班里一位男生的妈妈几乎每天都要给我发短信,询问孩子的学习状态;电话一打起来没有 40 分钟挂不了。昨天估计和孩子在家起了冲突,今天直接就来学校找我聊了两节课……""班里原本挺太平的,进入高三,不知怎的,就冒出两对小情侣,一对还是跨班的。每天看着他们出双入对的亲密模样,以及周围学生望向他们的复杂眼光,我心里真是纠结啊……""班里有几个成绩不错的学生,原本关系挺好的,进入高三不知怎的就有了隔阂,每天各自埋头做题,也不和别的同学说话,班里气氛越来越沉闷了……"

在这些案例中,我们会发现一个共同的问题——一进高三,好像班级里的人际关系忽然复杂了,从前看似单纯的同桌关系、看似和谐的寝室关系甚至是看似亲密的亲子关系仿佛在一夜之间变了模样。

为什么会出现这样的情况呢?事实上,整个高中阶段,"人际关系处理"始终都是学生面对的重要挑战。因为对青春期的孩子来说,"同性价值""异性价值""同伴价值"始终都是他们自身价值感确立的重要依据。而如果对自己和他人以及彼此之间的关系缺乏正确、恰当的认知,就会导致自身价值感的错位和缺失。另一方面，高中生正处于"心理断乳期"，这个阶段的孩子正企图从心理上脱离对父母的依赖，希望独立面对世界。但是，在孩子升学的关键时期，作为高中生的家长们是既不敢也不愿放手的。于是，亲子关系方面的矛盾几乎是一触即发的。

进入高三，所有的成长压力都依然存在，并且在巨大的学习压力之下，以上所有的问题都会被凸显，甚至出现变形。具体表现如下——

1. 更多的人会选择以自我为中心，尤其在同性相处时，彼此的包容性减少。由于临近毕业，很多学生在遇到问题时会优先考虑自己的利益和感受。而在巨大的学习压力下，个人的许多负面感觉会被放大，同伴间的摩擦随之增多，问题一旦被激化，彼此都不愿包容。

2. 注意力易发生偏离，异性交往方面容易出现问题。对高中生来说，伴随着生理、心理水平的发展，对异性产生兴趣实属正常。但在高三，这种兴趣常常会被放大甚至扭曲。因为对大多数学生来说，高三的学习实在是缺乏乐趣与成就感的。这个时候，亲密的两性交往既能帮助他们缓解压力，又能带给学生一定的心理慰藉，甚至会有学生利用从过密的两性交往中获得的刺激感与成就感来试图弥补在学习方面遭遇到的挫败感。

3. 同伴交往的时间减少，方式较为单一。进入高三后，随着高考临近，学习时间不断延长，同伴之间的竞争加剧，交往却明显减少。即便是关系较好的朋友之间，交往方式也较为单一，不是一起去食堂吃饭，就是一起去操场运动。而越是亲近的朋友，就越有可能在"学习状态与学习成绩"方面被师长反复比较。在这种情况下，许多学生都会有孤独感，与孤独感相伴而来的，是挥之不去的压力感与对周遭环境的漠然。

4. 亲子关系容易紧张，双方都承担着巨大压力。高三阶段的学生和家长本来就分属"青春期"与"更年期"两大阵营（家长也许还未到，但在巨大的压力之下，很有可能提前进入"早更"）。处于青春期的孩子拼命想得到自由，想得到家长的理解、信任与尊重；接近更年期的家长却十分害怕，害怕失去对孩子的掌控，害怕自己的孩子走弯路。在高考巨大的压力下，作为在血缘上最亲密的双方，如果没有良好的沟通基础，相处的时间越多，发生矛盾的几率也越大。从争吵到冷战，甚至发展到敌对冲突，这样的案例并不少见。

正如心理学家所说："积极和谐的人际关系对青少年的身心健康与发展具有极为重要的意义。"许多时候，积极和谐的同伴关系、同性关系、异性关系是他们生活中最强有力的支撑。如果这些关系没有处理好，他们就会陷入沮丧、烦躁、焦虑甚至抑郁，这个时候，有问题的亲子关系往往就成了压倒他们的最后一根稻草。如果一位高三学生一直处于这种糟糕的情绪之下，想拥有良好的学习状态几乎是不可能的，能维持正常的生活状态就很不容易了。因此，随时关注学生的人际关系状况，及时给予必要的干预或指导就成了高三班主任必须做的工作之一。具体策略上，班主任可以把握以下一些原则——

1. 在对同伴关系进行指导时，预防为主，干预为辅。经过两年的相处，其实一个班级里人际关系已经相对稳定，但是班主任却依然应该在高三的不同阶段，适时地为全体同学打几次"预防针"。在这样的集体教育中，我主要会以"讲故事"的形式强调以下几个方面的问题——其一，在整个高三，每个人的情绪会有很多起伏。有情绪起伏很正常，但是，我们要注意对自己的情绪负责，不要让一些负面情绪泛化，影响同伴关系。其二，越是在艰难的时候，我们越是需要同伴的体谅与包容，反之，亦然。其三，同伴之间，未必都要成为知己好友。只要做到"心怀善意、彼此尊重；既不越界、也不猜忌"，就一定能够和谐共处。每强调一个方面的问题，我都会列举发生在历届学生身上的一些案例作为解说。这中间，有同桌间相互鼓励的温暖故事，也有寝室内不愉快的矛盾、摩擦……在讲述的过程中，我经常会在讲述别人的"故事"时忽然停下来询问，"你们觉得，故事里的这个同学这时会有什么感受？""如果你是他，你会怎么办？"……

是的，这样的讨论一般都要"提前"进行，才能起到"预演"的效果。一旦不愉快的经历已经发生在自己身上，教师再来干预，很可能会引起学生的抵触心理。而若有一个"提前量"，学生不会觉得"被针对"，就会更加心平气和地在别人的故事中看到自己，展开更加客观冷静的思考。

2. 在对两性关系进行指导时，强调感性与理性并进。如前所述，随着身心的不断成熟，学生会在高中的最后一年产生与异性亲密交往的想法，本身是正常的。班主任既不必如临大敌，也不能视而不见。是的，高三阶段的两性交往更需要引起我们的关注——若引导得当，它可以成为学生成长的助力；反之，则可能带来更多的负面情绪，影响到生活和学习，甚至发生更严重的后果。

具体如何引导？在我看来，应该"感性与理性并进"。"感性方面"，主要有以下几个方面——首先，对他们在高三阶段出现这样的情感需求表示出由衷的理解和尊重。其次，对他们是否能在这个特殊阶段把握好自己的情绪、分配好自己的精力表示出恰当的质疑和担忧。"理性方面"，主要有以下几个方面——首先，与学生深入探讨现阶段他们对"异性交往"的本质需求。换句话说，就是"在这一段关系的建立与维护中，你希望从对方那里获得什么？你又能给予对方什么？而这些，是否一定是从其他的同伴关系中无法获得的？"其次，与学生讨论在现阶段的"异性交往"中，他们可能遇到的现实问题与合适的应对方式。在这样的沟通中，班主任其实是在引导学生从理想中的感情世界回到需要理性面对的现实世界中来，并将一些需要强调的"原则问题""规则问题""底线问题"对学生做一个基本的交代。第三，与学生讨论他们今后的"异性交往"状态和他们对自己未来伴侣的期待。这里的"未来"，可以是一年之后，五年之后，甚至是十年之后。在这样轻松自在的交流里，我们要让学生明白："若是真爱，必为之计长远。若只是喜欢，便更不必着急，因为来日方长。"

3. 在对亲子关系进行指导时，重点应放在家长层面。对学生而言，高三这一年要面对的挑战已经太多。而他们的家长，又迫切地想为孩子做些什么。此时，就是班主任给予指导的最好时机。从进入高三的暑假开始，我就会通过微信群定期给家长发一些"温馨提示"，内容主要涉及两个主题——一是，"高三了，家长可以为孩子做些什么？"具体涉及："如何收集整理各类报考信息?如何帮助孩子整理各科错题?如何完善后勤保障?如何积极陪同锻炼?如何在家里营造积极轻松的迎考气氛"等各个方面。二是,"高三了,家长怎样跟孩子沟通?"具体涉及:"怎样与孩子交流学校情况?""怎样向孩子提出合理要求?""怎样面对孩子的不良学习状态"等各种常见问题。需要说明的是,这些问题有些可以在网上直接搜索到现成的答案,有些还是需要班主任凭借经验给出自己的建议。而对家长来说,一旦有了来自专业人士的建议,告诉他们在孩子最要紧的阶段该做什么?能做什么?如何做这些?他们整日悬着的心就可以有了着落,无比焦虑的情绪就有了缓解的可能。

当然,以上原则并不能保证解决所有问题。因为每一个问题背后都有其独特的形成原因,每一段关系中的人都有其特定的认知方式、性格特质、行为习惯。我们要记得,我们面前的学生早已不是一张白纸,而我们今天遇到的问题也从来不是在进入高三之后才开始萌芽的。但即便如此,针对学生在高三阶段可能出现的人际关系问题,班主任还是可以有所作为的——首先,我们要积极关注,并且要将关注的重点单纯地放在"关系"本身,而不要因为学生出现了成绩下滑之后,才去关心他的人际关系状况。其次,我们要充分理解,即便我们认为有更好的处理方式,也要理解学生在高三这个特殊阶段面对人际交往中的种种困境所表现出的种种负面情绪和错误判断。最后,我们要给予支持,尤其是在一段关系中处于相对"弱势"的那一方。很多时候,我们是无法依靠个人的力量从根本上改善一段关系的。但是,我们还是可以通过明确的态度给予学生一些力量——一个信任的眼神,一抹会心的微笑,一次用力的握手,一段无言的陪伴……只要走心,这些点滴细节都足以传递出温暖和善意,而这份温暖与善意也许会是他们走出一段灰暗关系的重要拐杖。世界那么大,人生那么长。熬过这一段,说不定天就亮了呢?

第三辑

换个角度看孩子，
学会放手

我理想中的班级是什么样子的呢?在一间干净整洁的教室里,有一群年纪相仿、性格各异的孩子,有几位个性鲜明的任课教师,有一位温暖、明亮的班主任。几年的时光里,这一群人朝夕相伴,时有争论,常伴书香,有课间的嬉笑打闹,有课上的专注目光。在无数值得回味的大小活动中,他们互相磨合,彼此成全,共同成长。

爱发飙的女孩和她的同学们

班主任做久了,经常会被人问起一个问题——"你理想中的班级,究竟是什么样子的?"关于这个问题本身,我相信每一个提问者心中都有自己的答案。只是在这些答案背后,还有一些不确定而已。

有人会说:"我理想中的班级,应该有良好的纪律风貌,班主任'在与不在'是一个样的。"可若真的如此,班主任的功用又是如何体现呢?一个理想中的班级,是不是就可以不再需要班主任,依靠班级内部系统完成自身的更迭与成长呢?

有人会说:"我理想中的班级,应该有良好的班风和学风。自然,学习成绩是不会差的。"可在这个逻辑之下,学习成绩差的班是不是就意味着班风和学风有问题?同样的,学习成绩差的学生是不是就意味着态度或能力有问题?

有人会说:"我理想中的班级,应该有共同的目标和愿景。班级里的每一个成员,应该抱成一团,一起努力,向着共同的目标奋斗。"可在价值取向日趋多元、升学途径逐渐丰富的今天,每一个孩子都有自己的成长背景,未来也有不同的发展规划——"选考""学考""艺考""国际班 AP 课程"……学生们可以做的选择比从前多了太多,"统一思想、统一认识、统一步调"还真的那么重要吗?尤其是,当他们面对那些在诸多方面都注定与自己"截然不同"的同伴时,是"互帮互助"更重要,还是"理解尊重"更重要?

有人会说："我理想中的班级，应该是一个自成体系的温暖宇宙。"这个提法好，"自成体系的温暖宇宙"。可是，我们真的清楚，所谓良好的"班级生态"，究竟意味着什么吗？是干净整洁的班级环境，还是积极向上的班级文化？是温暖融洽的人际关系，还是宽松自由的舆论氛围？

想起曾经带过的一届班级，里面有许多个性截然不同的孩子。让人印象尤其深刻的，是一个脾气性格极具"特色"的女孩。她的学习成绩很出色，基本上稳定在班级前十。但她的情绪控制力极弱，一不小心，就能听到她高分贝的"尖叫声"——她会因为妈妈礼貌性地夸赞同事家3岁大的孩子懂事而当众发飙，"觉得我不好就再生一个呀，可你还生得出来吗？"她会因为自己心情烦躁而在教室里大哭大叫，全然不顾周围同学的眼光。她会因为物理考试没拿到第一而冲进教室，把考了第一的男生的书包翻了个遍，只为看看人家偷偷做了什么课外资料。她会因为化学考试很难，直接质问出卷老师——"卷子出那么难，你是想我们死吗？"……这样的事例实在太多，以至于高一的第一个学期，许多同学听到她的名字，总会不由自主地后退一步，敬而远之。

可是，这显然不是我要的。无论从哪个角度来考虑，我都希望一个班级里的学生尽可能互相作用，并在互相的"作用"中完成自己的成长。而"发生作用"的第一步，是让他们看到彼此。

我先找那个女孩个别谈话，告诉她，我"看到"了她——我发现她集体荣誉感极强，愿意为集体付出自己的时间和心力。我发现她敏感善良，懂得感恩。别人对她的好，她能立即感知到，并记在心里。我发现她其实知道自己身上的问题，也相信她愿意改变……在沟通中，我们达成了以下共识——1. 高中阶段，除了学习，她更重要的任务，是懂得恰当表达，学会自我约束。2. 在这个过程中，她必须承担一些压力，经历一些挫折，需要周围人的帮助，但更多的是自己的坚持。3. 无论何时，我会是最后一道屏障。她撑不住的时候，可以在我面前任性地宣泄自己的负面情绪。

是的，建立关系，永远是良性沟通的第一步。也唯有良性沟通，才能发生积极影响。但是，学生需要建立的，绝不仅仅是与教师的关系。某种意义上，生生关系的建立更重要。

另一方面，我开始有意识地在不同的场合，向班级里的其他同学传达了这样的态度——1. 高中阶段，除了学习，我们更重要的任务，是学会怎样更好地与自己和他人相处。2. 在这个过程中，试着走近与接纳一个和自己截然不同的同伴，是提升这种能力的最好途径。3. 对自己不理解的人或事，心存善念的体谅包容，客观理性的观察分析，是值得修炼的品质。4. 包容并不是无底线的容忍。在人与人的相处中，学会建立边界。当别人的行为触碰到底线的时候，学会温和而明确地表达自己的态度，是一种成熟。

是的，唯有愿意，才能看到——唯有让学生打开心扉，才可能用宽容、善意的眼光，去观察，去发现，去解读，去体会。当然，要改变学生，光表达态度是不够的，我必须做出示范。

在一次运动会结束之后的班会上，我向全班同学逐一展示运动会期间大家拍摄到的精彩瞬间。最后的时刻，我把那个女孩一个人扛着一箱水往运动场上走的视频放了出来，大家瞬间安静了一下，然后教室里响起了热烈的掌声。与此同时，女孩红着脸低下了头。这是我让他们彼此看见的第一步。

另一次，午休时间忽然有学生跑来向我告状，说那个女孩与隔壁班起了争执，让我快去"灭火"。当我赶到的时候，发现她正面红耳赤地站在隔壁班的门口，我们班的两个男生拦着她，不断地劝着，"好了，回来再说吧……"原来，可能是因为隔壁班在午休时间没有及时安静下来，吵闹声影响到她休息，她一怒之下就要冲到其他班去骂人。

我先让那两位男生把她带到一边，请她尝试冷静下来。然后，向隔壁班的同学礼貌地表达了歉意。之后，就在班级的教室外，我用极为平静的语气跟她做了以下交流——

"你平静下来了吗？我想问你一个问题，你能用正常音量的声音回答我吗？"

在得到她的默许后，我接着问，"刚才你那么愤怒，是因为觉得那些人影响到你休息了吗？"

她蓦然抬头，"当然是啊，午休时间本来就应该安静，他们不仅影响了我，也影响了我们班其他正在休息的同学呀。"

我理解地点了点头，"可是，你刚才的处理方式是否有效呢？好像两个班的同学最终都没休息好？"她有些愤愤不平地低下了头。

我又转向她身边的两位男生，"为什么你们刚才会出面阻止她？"

一位男生有些不好意思，"要是我们俩不站出来，估计我们班也没有别人敢站出来，她的火暴脾气，老师你是知道的。"另一位男生接着说，"不管怎么说，她是我们班的人啊，总不能让她一个女孩子冲到别的班去，万一吃亏了总不好……"

我笑着肯定他们，"你们做得非常好！"然后，我转向那女孩，"你会觉得他们俩多管闲事吗？"

女孩几乎是白了我一眼，"怎么会？我又不傻！"

我笑着继续说，"如果我是你，我会认真地谢谢他们俩。"女孩非常爽快地说："没问题，我请他们喝奶茶。""不用，不用……"两位男生齐声说。

"先别忙着拒绝。"我转身对两位男生说，"我倒觉得，与其等同学遇到麻烦时出手相助，不如在她遇到麻烦前给些建议。说说看，如果是你们遇到了刚才的情况，会怎么处理？"

一位男生挠着头说："其实，我觉得不用怎么处理。忍耐一下，也就过去了。毕竟我们班有时中午也会有吵闹声，都是同学，不必那么计较。"

"就是就是。要是他们总是喧哗，我们可以私下找他们班长沟通一下。对了，上次你没考好，在班级里发脾气大吼一声的时候也在中午，他们班的同学就是私下来问我们班长的。"另一位男生看着女孩低声说。

女孩终于低下了头，"哦，我知道了。"我也知道，我期待的作用已经发生了。

这之后，我开始有意识地创造更多的机会让全班同学与她发生交集。对愿意主动接近她、帮助她、鼓励她、约束她的同学，我总会给予非常高度的评价。

又到了排座位的时候，我事先召集了一群同学开会，表达了自己的一个愿望——我希望能组成一个小组，一起陪着她走过这一个学期。在这个小组中，我希望至少能有三个人——一个人保持友善，乐于沟通与安慰；一个人保持正直，敢于指出她身上的问题；一个人保持理性，善于客观分析问题，并尝试给出改进的建议。但有一点，我也做了强调——我绝不勉强班里的任何同学，所有的善意，必须是真诚的。另外，在过程中，如果同学遇到了很大的困难和压力，可以立即向我求助，我会尽快把位置换开。

也许是因为有了之前的铺垫，也许是因为我的表达让学生有了更多的"价值感"，主动报名的同学居然多于三个。我私下把名单给那女孩看，请她在名单中选择三位同学坐在她的周围。我告诉她，有同学主动选择与她同桌，就已经表达了对她的肯定，相信她也一定不会让同学失望。座位调整后的一个月内，我经常会在私下分别询问他们四人的感受，特别关注他们彼此之间发生的故事，以及他们个人对故事的描述和看法。

一个学期过去了，他们之间相处得还算融洽。那两个负责"指出她问题、帮助她改正"的男生很尽责。每次见到我，那女孩总会貌似"委屈"地跟我抱怨，"今天又被某某'教育'了一回，老师啊，他真的很啰嗦啊……""那他啰嗦得可有道理？""唉，老师，我也很不容易的好嘛……"那女孩甚至和她的同桌成了非常好的朋友。理科学习是她的强项，每次同桌遇到问题，她总是尽可能耐心地为她讲解。渐渐地，周围同学也会围过来一起听，和她讨论。有时，争论的过程中，她的声调会不自觉地抬高，这时，同桌就会轻轻地掐掐她的手，她会愣一下神，然后不好意思地安静下来。就这样，班里的其他同学渐渐发现了她的改变，再提起她时，都不再像刚开学时那样退避三舍。用大家的话说，"她是性子急躁了一点，不太会控制情绪和表达想法。不过心地还是挺好的，熟悉了以后也就不难相处了。"

很快,这群孩子一起度过了近两年充实美好的高中时光。高二的五月,他们终于迎来了高中阶段的最后一次班级合唱比赛。依照惯例,无论是"曲目的确定"还是"服装的选择";无论是"队形、伴奏"还是"排练细节",我都交由班委商议决定。我知道全班都很重视这次比赛,我也向他们表态——高一时的合唱比赛他们就表现得很出色,这一次,我依然相信他们会顺利地完成任务。我会尊重他们的意见,主意由他们拿,事情由他们干,我只负责加油和陪伴。

然而没想到的是,这一次在"选曲"阶段,班委就遇到了巨大的难题。一直以来,我们采用的"选曲"方式都是先由文艺委员在征求大家意见的基础上提出五首"备选曲目",再由全班同学在收听原唱效果的基础上投票决定。然而,在这次的五首"备选曲目"播放之后,还未等大家投票,那位女生却坚持要唱另一首歌——"库斯克邮车"。坦白说,这首歌不错,是一首经典的合唱曲目。但问题是,有同学提出"其他班已经决定唱这首歌了,我们为什么要选择跟别人'撞车'呢?这样竞争的压力不是会更大吗?"

本来,如果按照"少数服从多数"的原则,这件事也不难处理,大家投票决定就是了。但是班委发现,那位女生对这件事仿佛"特别执着"——据说,她早早地找好了曲谱、伴奏、印好了歌词,甚至决定亲自当指挥……在这样的局面下,考虑到她容易激动的性格,班委觉得还是先不要投票,以免结果刺激到她,就跑来征求我的意见。

我及时肯定了班委对这件事的处理方式,决定先跟女生单独谈一谈,了解一下她的想法。一见到我,女生眼圈就红了,"老师,就唱这首歌吧。以前我在合唱队里练过这首歌,舞台效果很好的。我会帮着班委排练,我们一定能得一等奖的!"

我请她先坐下来,微笑着问她,"别急,慢慢说。为什么一定是这首歌,对你有什么特殊意义吗?其他同学提出的质疑你怎么看?如果选择别的曲目，你是不是也可以帮着大家一起排练？"

一番交流下来，我大致明白了她的想法——一直以来，她很想为这个班级做些什么，但找不到自己的特别擅长的领域。因为在这个班级里，优秀的同学太多了，而且几乎每个人的性格都比她好。很多事，她想做，但又觉得别人会做得比她好。直到这次合唱比赛，她觉得自己应该可以做些什么了。初中时，她参加过合唱队，对这首歌，她特别熟悉、特别喜爱。说不上具体的原因，但她就是觉得，带着大家一起唱这首歌，一定能取得好成绩，这是她的梦想。

"我愿意帮你实现这个梦想，但是，我勉强不了整个班级。你懂的，合唱比赛是集体活动，我们必须尊重每一个参与者的感受。这样吧，给你一天的时间，你可以尝试着去说服你身边的同学。记得，是尝试说服，而不是强制执行哦。物极必反，强扭的瓜不甜。这样的道理你一定明白。"

接着，我找来班委，把女孩的想法完整地转述给了他。接着，我明确表达了自己的态度——1. 我理解她的想法和感受，她很想为班级做些什么，这是她的善意。每个人的善意都值得珍惜。2. 在集体活动中，我不希望任何人觉得被忽略、被勉强。胜负从来不重要，过程投入、开心就好。3. 最后的选择还是投票决定，任何结果我都支持。4. 多年之后，大家回想起高中，成绩大都会被淡忘，唯有一起经历的故事历历在目，无悔就好。

第二天，班委把投票结果告诉了我，几乎所有人都决定唱那首"库斯克邮车"。

"怎么回事？是她说服的结果吗？"我好奇地问。

"没有，她回到教室里几乎什么都没说，我私下问过她，她说自己表达能力不好，怕适得其反。"

"那是怎么回事？大家真的愿意吗？"

"老师，你放心，我们愿意。大家商量过了，其实就是一个活动，唱什么，我们并没有那么在意。但她是真的在乎，所以我们决定成全她，帮她实现这个梦想。"

之后，排练开始紧锣密鼓地进行。全班同学都很配合，女孩也跑前跑后，忙得欢快。据我观察，除了担任指挥，她干得更多的，还是体力活儿，诸如订服装、买道具、大嗓门地喊大家排队形什么的。一到需要跟同学沟通合唱细节的时候，她还是会怯场，总是先把自己的意见跟同桌和班委的几个同学说了，再由他们向全班同学转达。我知道，她对自己的沟通能力还是没有信心，生怕控制不好，伤害了大家的感情。我也不再介入，只是笑眯眯地在旁看着。

很快，比赛如期而至。我们班准备得很充分，可是大家心里还是有些忐忑，因为据说选择相同曲目的另一个班实力也很抢眼。教室里的最后一次排练结束之后，那女孩忽然又向大家深鞠了一躬，哽咽地说："谢谢大家！请大家加油！"同学们都没说话，愣了一会儿，一直配合她工作的文艺委员开口说："你别担心，我们会赢的，这不只是你一个人的事，也是我们大家的比赛。"同学中立即响起热烈的掌声。

比赛当天，我们班表现得很出色，可是另一个班表现得更出色，除了合唱，他们还自配了精彩的伴舞。公布名次之前，我就看见女孩的脸色很不好，旁边的女生紧紧握着她的手。果然，最终的结果是我们与一等奖失之交臂，听到结果的一瞬间，女孩低下头大哭起来……我没有上前安慰，因为我看见她身边的女生立即把她抱在怀里，周围很多同学又是拍肩膀，又是递纸巾，很多男生还不断地安慰她，"没事没事，我觉得你选的歌很好，我们班唱得也很好！合唱比赛，靠伴舞取胜有什么意思……"我就这样一直拿着手机在一边静静记录下这些珍贵的片段，直至她终于停下哭泣，抬起头，满眼通红地给了大家一个感激的微笑。

是啊，我理想中的班级是什么样子的呢？曾经，用过最简单的话概括，那就是——"有规矩，有弹性，有温暖，有希望。"现在想来，班级，应该是一个让学生彼此发生积极作用的场。在这个场里，有基本的行为准则。在这个准则下，班级里的每一个人，可以不一样，也应该不一样。在这个场里，学生可以有不同的观点，不同的姿态，各自不同的发展方向。相同的是，他们都会成长，成长为更好的自己。

　　班级，要做的最重要的事，简单地说，就是让每位同学在班级生活中逐渐完成社会化的过程。通过在班级生活中不断尝试各种角色扮演，强化归属感和责任感，提升各种在社会化过程中必须具备的各种能力。作为班主任，更像是一个守护者和引领者——在班级里一边守护那些走得慢一些、跑得偏一些的孩子，温柔地等待他们觉醒或回头；一边用自己的热情和智慧引领着绝大多数的孩子，向着温暖和光明的方向走。

　　是啊，我理想中的班级是什么样子的呢？在一间干净整洁的教室里，有一群年纪相仿、性格各异的孩子，有几位个性鲜明的任课教师，有一位温暖、明亮的班主任。几年的时光里，这一群人朝夕相伴，时有争论，常伴书香，有课间的嬉笑打闹，有课上的专注目光。在无数值得回味的大小活动中，他们互相磨合，彼此成全，共同成长。

学生"崩溃了"以后

某个周末的下午,手机里忽然传来一位高三班主任张老师的微信——"晓薇姐,我们班有个男生忽然'疯'了……"伴随着的是一张"哭脸"的表情。

我一时有些错愕,立即回复她,"什么意思?什么叫'忽然疯了'?"

"据说从昨天起,他就不停地找同学说同样的、大家都听不懂的话。今天上午,他妈妈打来电话,说他在家里又哭又闹,说所有人都是骗他的……"

原来,在张老师的班里,小王一直是个大大咧咧、热情开朗的男孩子。虽然学习谈不上刻苦,成绩也算不上出色,但他始终关心班级事务,积极参加各种活动。用张老师的话说,"临近高考,班里学生的压力都挺大,但是小王每天都乐呵呵的,对成绩全不在意。我一直觉得,像他这样一个'没心没肺'的人,是最不可能有心理问题的,怎么就忽然变成这样了呢?"

我急忙安慰她——"你先别急,眼下有几件事必须马上去做。1. 立即将整件事向学校相关领导汇报,征求他们的后续工作意见。2. 及时向相关学生或老师了解最近这两天在小王身上有没有发生过什么事?有些变化看似突然,但一般都有诱因。在了解情况的过程中一定要注意策略和技巧,要保护好学生的隐私,不让事态扩大。了解到的情况也要及时向学校汇报。3. 主动与学生家长保持联系,了解孩子的状况,表达关心,给予家长情感上的安慰与支持。但在孩子的诊断和治疗问题上,不要轻易表态,建议家长寻求更专业的帮助。"

傍晚的时候，张老师打来电话，把了解到的一些情况告诉了我。据小王的一个好朋友反映，几天前，小王曾经找到同班的一位女生表白，还准备了礼物，但都被拒绝了。小王先是有些沮丧，之后就变得奇怪，开始找同学说一些重复的、大家都听不懂的话。因为他平时也有些自说自话，大家也都没理他，没往心里去。与此同时，焦虑的家长好像也从儿子口中大概了解到了这个情况，向班主任提议想带小王去女孩子家里看看，"也许让儿子看看两个家庭的差距，不合适，也就死心了。"

"晓薇姐，我总不能真的带他们去那个女孩子家吧？可是小王的症状好像更严重了，他妈妈在电话里不断问我该怎么办？你觉得，我现在需要去家访吗？我应该陪着家长带孩子去医院吗？我觉得自己都快疯了……"

是的，我理解张老师的心情。这是一起典型的校园突发事件，虽然问题最终的爆发并没有发生在校园内，但事件的起因与学生的校园生活密切相关，而事件的后续发展也必将涉及相关学生如何回归校园、重新融入班级，适应高三生活的种种问题。在整个事件的处理过程中，班主任担负着直接与学校、班级、各方家长、学生的沟通、协调工作，承担的压力可想而知。而在进行这一切之前，班主任首先要处理的是自己的情绪。

在电话里，我首先对张老师说："小张，你自己先要放轻松。要明白，这只是你职业生涯中遇到的一个个案。你没有做错什么，事情的发生，既不是你的责任，也不是你的问题。你只要做好你该做的事，问心无愧就好了。在处理这件事的过程中，首先要保持理性，无论是行为还是感情，都不要过界。"

是的，先处理情绪，再处理事情。唯有当我们平静下来之后，才有可能理性对整个事件展开调查与分析。问题1：这个孩子真的"疯了"吗？一定要明确，这虽然是所有人都会关心的问题，却并不是一般人有资格判断的——孩子出现了反常的表现，可能是暂时的情绪波动，也可能是一般的心理问题；可能是严重心理问题，也可能是神经症或是更严重的精神类疾病……所有这些，唯有具有专业资质的机构，经过一系列全面、科学的检查，才有可能给出确切的判断。我们要做的，是不猜测、不妄言，不在内心深处擅自给孩子"贴标签"。

问题2：一个平时看来那么乐观的孩子为什么会出现问题？冰冻三尺，非一日之寒。要理解，青春期本就是一个特殊的阶段。随着第二性征的出现，人类下丘脑某些神经细胞逐渐发育成熟，刺激脑垂体分泌性腺激素。这些性腺激素除了刺激人的性功能不断发展，使其出现性好奇和接近异性的欲望，也会引起青春期少年不能自我控制的情绪波动。他们有时情绪高涨、热情洋溢，有时又消极低沉、孤独压抑。如果消极情绪转化为心境，他们会长期处于焦虑的情绪背景中。在这种情况下，如果孩子遇到挫折或对抗，就很容易爆发突发式的情绪，尤其是在父母面前更容易失控。

了解了这些情况之后，再来看这个孩子的问题，也许就容易理解多了——青春期本身的特殊性，加上高三临近选考的学业压力，再加上"向女生表白被拒绝"的挫败感……如果孩子在其他方面的人际关系（亲子关系、同伴关系等）又不能给他足够的支持，不出问题才是难能可贵的。

而问题一旦出现了，我们又可以做些什么？我想，大致可以展开以下几方面的工作——

1. 继续与小王的家长保持积极主动的联系，除了情感上的支持，在自己专业的领域给予恰当的建议。这里的"联系"，形式是多样的。在我看来，要"家访"，但不必天天探望。尤其是，应该事先征得对方的同意，在对方觉得方便的时间，与学校领导一起登门。这里之所以强调"与学校领导一起"，是因为校领导的"在场"，既能表现出学校对学生的重视，也能在一些关键问题上及时表达出学校的立场。对班主任个人而言，需要保证的，是每天至少一条短信——"今天孩子的情况怎么样？"让家长感到自己的孩子始终被关心着，本身就是最大的支持。当然，在这个过程中，家长难免会有许多情绪化的表现，诸如"能否找那位女生聊一聊啊？是不是与其他同学关系不太好啊？任课老师对自己的孩子会不会有什么偏见啊？医院为什么会让我的孩子吃药啊？这些药物会不会有副作用啊……"这时，班主任要做的除了"倾听",还要及时在专业范围内给予合理的建议。例如,虽然理解小王家长的种种顾虑,但依然建议小王的家长信任专业医生的判断。同时,站在班主任的专业立场上,在如何与任课教师、其他同学以及学生家长进行沟通方面,给家长一些中肯的建议。

2. 及时与被小王表白过的女生及其家长进行沟通,缓解他们的心理压力。可以想象,事情发生之后,除了当事家庭本身,承受压力最大的就是那位拒绝了小王表白的女生。所以,及时与那位女生及其家长沟通就非常必要。在与女生沟通的过程中,班主任首先要表达的态度应该是"在整个事件中你并没有错,所以无论小王的事情最后出现怎样的结果,你都不必心存内疚"。接着,班主任可以根据了解到的实际情况,就今后小王回归班级之后可能会出现的一系列问题,与女生进行更深层次的沟通,努力打消女生可能产生的其他顾虑。另一方面,如果女生表现出心理压力过大,班主任应该及时与其家长取得联系,客观描述整个事件,请家长特别关注孩子近期的心理状况,为可能发生的各种情况做好准备。当然,关于是否需要立即与家长联系应该视具体情况而定。不可否认,个别家长的综合素质不能保证他在了解到整个事件后能够理性对待,甚而有可能"好心帮倒忙"。这种情况,是否告知家长?何时告知家长?如何告知家长?都值得班主任反复斟酌。

3. 与已经了解到小王真实情况的个别同学沟通,减轻此事对他们可能带来的情绪困扰,避免事件的影响扩散。在班主任和家长了解事件的过程中,不可避免地会让个别同学了解到小王的真实情况,这些同学大都是平日与小王走得较近的朋友。出于对同伴的关心,这几个孩子很可能会对整件事投入更多的关注,而这样"过多的关注"无论是对他们自己的复习迎考状态还是对小王同学重返校园的恢复显然是不利的。这时,如果班主任在了解情况之外,能有意识地与这几个孩子聊聊天,多叮嘱几句,一定会有特别的效果。聊些什么呢?一方面,我们可以与孩子聊聊目前的生活与学习状况——作业多不多?压力大不大?睡得够不够?与周围人相处得好不好？……在看似琐碎的闲聊中，让学生认识到在目前这个阶段，有焦虑、压抑、烦躁，甚至苦闷这些负面情绪是极其正常的。学会正确看待，及时排解负面情绪才是对自己负责的关键。另一方面，与其让这些学生无端猜测，到处打听，不如主动透露，郑重叮嘱。告诉学生，"小王这两天的状态不太好，所以请假在家休息，等调整好状态就会回到学校。"接着，引导学生换位思考——"如果是你自己表白被拒绝了，是不是也会很沮丧？你是否愿意自己被拒绝的事情人尽皆知？如果你因为失恋，情绪不佳在家调整了几天。当你再回到学校时，会不会希望同伴就此事对自己嘘寒问暖……"几个问题交流下来，相信很快就能与学生达成共识——作为小王的朋友，这个时候最应该做的，就是心怀善意，保持沉默。待小王重返集体以后，若无其事，一切如常。

4. 调适班级迎考气氛，为小王今后回归集体做好准备。在审视整个事件的过程中，我们必须承认，小王的事件固然是个例，与小王的成长背景、所处年龄、个人性格有关，但与小王身处高三，临近选考的紧张情绪也不无关系。所以，作为高三班主任在此时要格外注意班级迎考气氛的调适。在我看来，高三班主任最主要的工作便是每天在班级里"闲逛"，看看学生的"脸色"，嗅嗅空气中的"味道"。当你发现学生过于松弛了，就想办法"紧一紧"他们的"神经"；当你发现学生过于"焦虑"了，就想办法带着大家笑一笑……事实上，小王事件的发生，在班级里不可能毫无影响。与其让揣测、担忧、焦虑等负面情绪暗流涌动，不如班主任借此机会带领全班同学直面问题——让学生以匿名的方式在纸上写下自己当下最感焦虑的问题；通过随机抽取的方式把自己的"问题"传递到其他同学的手里；接到纸条的同学在问题的下面，写下自己的建议或是对问题主人的鼓励；再次随机传递，请接到纸条的同学将纸条上的内容与全体同学分享，并谈谈自己的想法……在这个过程中，班主任可以将小王返校后可能遇到的困难以"问题"的形式，委婉间接地写在纸条上，混在全班同学交上来的纸条中，等待大家的解答。

是的，我们要敏锐地体察到学生的情绪变化，并通过组织一个又一个集体活动让学生顺利度过一个又一个情绪的临界点。在这样的活动中，帮助学生搭建起彼此之间的情感链接，让每一位学生逐渐从内心深处建立起一种情感认同，即我们从来都不是孤独的！我们始终在一起战斗！那么，无论在遇到何种挫折时，都能因为有所支撑而不会彻底崩溃。

每一个真实案例的发展都有自己最终的走向。这个案例中的孩子是幸运的，在家长的积极配合下，通过短期的药物治疗和心理疏导，很快恢复，回到校园重新投入复习迎考中。他的班主任也因为之前的充分准备，在整个过程中没有太过慌乱，始终有条不紊地做着自己该做的事。

在小王返校前，张老师曾经专门问我："你觉得，他回来之后，我需要对他更加特别一点儿吗？"我理解张老师说的"特别"，好不容易学生回来了，总有种"劫后余生"的感觉。这个时候，我们的老师会情不自禁地给予这个学生特别的关注——他今天心情怎么样？课堂上老师的那句话会不会对他有所刺激？如果他有做的不妥当的地方，我要不要多包涵一些，还是应该像从前那样及时指出他的问题？我需要每天主动跟家长交流沟通他的情况吗……在我看来，"特别的关注"是必要的，但是，尽可能不要表现出来，至少不要让学生感受到这种"特别"。在学生刚返校的第一天，我们当然可以跟学生单独聊聊，表达一下关心，肯定一下他能走出这件事的勇气，再对他之后的高三生活提出一些期望。对于过去了的一些事情的细节，如果学生主动提及，我们就认真倾听。如果学生不提，我们也不必追问。在之后的相处中，最好的方式就是"一切如常"。你可以在他不注意的时候，多看他两眼，关注他的状态，但不必杯弓蛇影，草木皆兵。因为他能返校是有一个前提的，就是由具有专业资质的机构作出的评估，出具的证明——他的情况已经可以适应正常的校园生活。反过来说，如果他的家长在不能作出这样保证的前提下，硬要提前将孩子送回学校，本身就是对孩子的不负责任。学校方面也应该及时作出相应的表态，即学校并不可能派人专门看着某一个学生，如果学生由于自身的原因出现安全方面的问题，家长要对此负责。

有时，我也会想，如果事情没有朝着我们希望的方向发展——孩子的状况并不乐观，家长的情绪始终焦躁，家校之间的沟通并不顺畅，互动也并没有在正常合理的范围内进行……当所有的情况将更加复杂、恶劣的时候，我们的班主任又该何去何从呢？

在我的观念中，答案也许是一言难尽的。但有一点万分肯定，那就是——无论如何，班主任要先保护好自己。保护好自己的情绪，保护好自己的身体，保护好自己的工作热情。在处理任何问题时，都要明确自己的工作范围，坚守自己的专业立场。该做的，努力承担；不该做的，勇敢拒绝。在工作中遇到困难时，不逞强、不独断，及时向学校求助。

是的，班主任不是万能的。但是，至少我们可以努力让自己成为更专业的。也许我们不可能拯救每一个学生，但至少我们可以坚守自己内心深处的信仰，不断地对学生释放出善意与暖意。想起那位班主任追问我的话，"那么，作为班主任，我能为这个学生多做一点儿什么呢？"

——在你们偶尔眼神相遇的时候，多给他一些发自内心的，能够传达出善意与暖意的笑容，那就够了。

换个角度看孩子，学会放手

缘起：

任教高三的一个傍晚，我刚下班不久，手机QQ传来嘀嘀的提示音，我点开一个正在跳动的陌生头像，看到的内容让我不禁倒吸了一口冷气——"老师您好，请您管好你们班的小A同学，他去年的时候经常来我们班，还说要追我们班的S同学。寒假里就和她告白在一起了。后来听说他和高三文科班的一名学姐纠缠不清，S问他他也没否认，后来就和他分手了。可是，小A又来找S，还总是骚扰她，影响了我们寝室的学考和期末考复习。有一次，他在我们班门口，我们班男生让他走开，他还很嚣张地让我们出去。我们认为这样的人人品有问题，不值得理会，您应该是他的班主任，请您管理好自己班里的同学！"

一时有些无法适应——隔着网络，我不知道对方的身份，在我所在的重点中学里，学生面对老师的时候，是很少用这样直接的方式来表达自己感受的。

我又再次读了一遍她发来的信息——信息中提到的小A是我们班的副团支书，从进入高中以来，一直是老师们心目中的好学生——学习上刻苦勤奋、积极进取，成绩始终位于班级前十。作为班干部，能够严格要求自己，认真完成老师布置的各项工作。这样阳光、正气的男孩子会和低年级的学妹纠缠不清？不知为什么，我的心底还有一丝若隐若现的反感——这个年龄的孩子，用这种匿名的方式，真的好吗？

可是，所有的这些全是空穴来风吗？似乎又不全是。

我想起一些事——班里的一些同学似乎一直都不怎么喜欢小A，每每问起原因又总是支支吾吾说不上来。有一次，一个女孩子被我问急了，含糊的说过一句——"老师，其实小A平时并不像在你面前表现的那样……"当我再追问时，她却不肯细说了。现在想来，也许是我粗心了，先入为主的"光环效应"，也许让我错过了一些重要的信息。

仔细思量之后，我给网络上那个亮着的头像回复了信息——

"你好。谢谢你的信任。如果你反映的情况是客观全面的，并且希望我采取措施，我想你至少应该告诉我你所在的班级，以及至少一位当事人的真实姓名。因为任何事情的处理都不能只听一面之词，你觉得呢？

作为班主任，我当然应该管理自己班级的学生，但是否能管好，我个人认为因素很多，而且一定不是单方面的。

至于小A，作为他三年的班主任，我深知他身上有许多不足，但和大多数这个年龄段的孩子一样，绝不至于不堪。我会就这件事和他沟通，也愿意就这件事和你，以及你们的同学沟通。你看怎样的方式方便？"

对方那个亮着的头像保持着沉默，过了一会儿，头像暗了下来，并且再也没有上线。

交流：

第二天是高三的月考，我没有去找小A。考场上的他一切如常，时而眉头紧皱，时而奋笔疾书。监考的我站在教室一角远远地望着这个男孩，不由想起高一时他刚报到时的情形——由父亲陪着过来的他，站在父亲身边略显拘谨。他父亲非常自信地告诉我，"我们家儿子从小就很听话，从没有让我们操过心。请老师严格要求他，如果他犯了什么错，请一定告诉我们，我们一定配合老师严加管教。"当时，站在他身边的小A没有说话，但脸一下子红了起来。

月考结束之后的一个晚自习,我一个人在办公室里备课,小 A 忽然进来问问题。解决完问题以后的他说了声"谢谢老师",刚要转身离开,我叫住了他,"小 A,最近还好吗?"

"还好,就是最近晚上弄得有点晚,白天上课时效率有点问题。老师,是不是我月考考得不太好?"他有些忐忑。

"你先坐下来,我想给你看一样东西。"我打开手机,把那条消息翻了出来。

他表情疑惑地接过我的手机……我看到他的脸渐渐红了起来,额头上甚至沁出汗珠。

"你往下翻,可以看见我给那位同学的回复。"我继续平静地说。

他的手指缓缓地下滑。当他抬起头把手机还给我的时候,我注意到他的手有些发抖。

"现在,你愿意告诉我是怎么回事吗?"

他沉默着,但是眼泪慢慢地涌了出来。

"如果你觉得为难,我们可以改天再聊。"

他还是坐着,开始擦眼泪。

"或者,你能告诉我那条信息的内容是真的吗?"

他点点头,又摇摇头。

"我相信你,一定不全是真的,对吗?"

小 A 深深地吸了口气,"有一段时间,我的确和那个女孩子走得很近,晚自习前后会一起在学校散步,聊聊天。后来,我学习时间越来越紧张,她总是抱怨我不能陪她。可我觉得自己的确是没有能力,我学习压力那么大,时间总是不够用,也无法给她更多的东西,就慢慢疏远了她。"他抬起头来看着我,"老师,我没有再去骚扰她,也没有再和别的女孩走得很近。"

我点点头,拍拍他的肩膀,"老师相信你。那你觉得,这件事是不是可以过去了?"

他有些不理解地看着我。

我微笑地解释道，"如果你觉得，这件事已经过去了，不会再给自己或别人带来困扰，我们就不用再把这件事放在心上，让它过去就好。如果你觉得，还有哪些环节没有处理好，那就抓紧时间处理，如果你需要老师的帮助，我很乐意提供建议。"

他认真地想了想，对我说："老师，我觉得这件事已经过去了。高二的时候，我就跟她说清楚了，她也没有再来找过我。我不明白为什么短信里的人会那么说？我也不知道自己应该怎么做？"

"既然你们两位当事人都已经放下了，那就让这件事过去吧。旁观者有旁观者的立场，只要不影响到你们的正常生活，就不必太介意。没事就好，我也放心，回去自习吧。"我站起身来，微笑着说。

"老师……"许是有些意外，他愣在那里。

"放心，我不会把这件事告诉任何人，包括你的家长。我们就把它，当成一个纪念，在这个过程中，既有收获，也有教训，经历了，就长大了，不是挺好的吗？"

"谢谢你！老师！我没有想到……"男孩忽然激动起来，泪水再一次涌了出来。

我意识到自己可能又忽略了什么，再次拉着他坐下，"怎么了？还有什么问题吗？"

"老师，我错了，我……"

"没关系呀。在你们现在的年龄，喜欢一个异性，和他（她）走得近一些，很正常啊。尤其像你这样，及时意识到了精力的有限，主动约束了自己，没有影响到学习，很不容易了！你还是个好孩子！好学生！"

"不，我不是好孩子！我不想当好孩子！"

我有些意外，但没有再打断他。

"从小，爸爸妈妈就说我是好孩子。为了当他们嘴里的好孩子，我很努力地做他们希望我做的事。可是，我内心里也很想像其他小朋友一样，无拘无束地玩儿。后来读书了，老师也总说我是好孩子。可是，小朋友们好像都不愿意跟'好孩子'做朋友,每次被老师表扬一次,我的朋友就会少一个。我就在想,为什么我要做好孩子呢?如果犯一些错误,能让我和同伴的距离更近一些,不是很好吗?可是,我又不想让父母和老师失望,所以我就很为难……"

我想,我终于明白班上的那个女孩子的话了——"其实,小A平时并不像在你面前表现的那样……"我开始有些心疼面前的这个大男孩了,一直以来,这个大人口中的"好孩子",承载着多么大的压力啊。

小A还在继续,"上高中了,到了一个新环境,离爸妈远了,离原来的老师、同学也远了,我想真正做一下自己。可是,犯什么错误呢?看到周围一些同学有所谓的'男朋友''女朋友',我有些好奇,也有些羡慕。而一些女生,也的确很可爱。于是,我就真的尝试了一下。可是,老师,我真的很快就后悔了——我不想学习成绩受到影响,也害怕让父母和老师知道,对我失望……老师,其实我不是真正的好孩子,我让你们都失望了。"

我默默递上纸巾,等他平息情绪。当他终于安静下来,抬起头来看我的时候,我真诚地告诉他——"小A,你一直是个好孩子,却不够快乐,可能是因为你误会了一些事——第一,父母和老师希望你是好孩子,是因为他们认为好孩子才能成功,才会幸福。其实他们不会因为你的'不好'而不爱你,只会因为你的'不好'而担忧。第二,如果让家长选择,我相信大多数人会希望自己的孩子首先是健康快乐的,其次才是'优秀'的。而'快乐'要比'优秀'容易得多,做真实的自己就好。第三,真正的朋友,是不会因为你的优秀而远离你的,那些会因为你的'好'而远离你的人,要不就是自己的内心不够强大,要不就是内心不够光明。第四,人都会犯错误。只是,聪明的人不会在同一个问题上犯错,优秀的人会在错误中汲取经验。小A,你能明白老师的意思吗?"

小A终于擦干了眼泪,"老师,我明白了。谢谢你!"

反思：

也许有人不信，在我这里，这次谈话就真的告一段落，我没有继续调查那则匿名短信中的故事，也没有再和当事的任何一方提起过这件事。后来，小A在高考中正常发挥，顺利考取了上海的一所重点大学。

但在我心里，还是会经常想起这个男孩子，想起他的眼泪。我得承认，在他的眼泪中，我看到了许多教育的失败，有的源自社会，有的源自家长，当然也有源自自己——是的，在孩子面前，我们没有"想当然"的权利，孩子没有义务成长为我们希望的样子。他有做乖孩子的自由，也有做淘气孩子的自由。我们不应该在孩子还小的时候，就用一些所谓的"表扬"和"肯定"锁住孩子的天性。

再者，在我们的教育中，应该如何关注那些所谓的"学优生"呢？在骄人的成绩之外，他们未必是完美的，更未必是快乐的。大多数时候，外表光鲜的他们，内心承担着许多不为人知的压力。如果没有得到有效的引导，一味压抑，很可能在成年后产生许多难以想象的恶果。

许多时候，师长们总是用一句话解释自己的良苦用心——"我们不是希望孩子少走些弯路吗？"但是事实上，有些弯路不会白走——偶尔犯一个错误，会让孩子更加成熟。这也许和偶尔发一次烧能提高孩子的免疫力是一个道理。

是的，班主任工作中，我们总是一直在强调要做些什么，再多做些什么……不断在做加法。于是，老师越来越焦虑，学生越来越烦躁。但有时，我们是不是也可以做一些减法呢——经常提醒自己：不要干涉什么？不要强加什么？无为而治，也许可以给孩子更大的成长空间。

心理学告诉我们，当我们站在不同的位置时，看到的世界是不一样的。在教育中，如果我们能始终记住这一点，主动蹲下身子，换个角度看问题；及时反省自身，是不是把自己的想法过多地投射在学生的身上，许多想法和做法也许真的就会不一样。

那些男孩成长中的事

——高中阶段的男生教育

在我国当前的教育背景下，低年段的"男生教育"现状早已引起了广泛的关注，正如网络中流传的——"成绩倒数的是男孩子，不屑做班干部的是男孩子，老师出错大声质疑，不给老师一点面子的是男孩子。单词默写全错的是男孩子，口语训练沉默是金的是男孩子，拿着相互喜欢的游戏与球队互相较劲的是男孩子……"面对这样的问题，很多男孩的家长和有识之士都在呼吁——无论是社会、学校还是家庭，都应该摒弃"让男孩像女孩一样乖"的固有想法，针对男孩成长的生理和心理特点，从专业的角度给予男孩足够的理解和及时的引领，让男孩按照自己的节奏健康成长。

那么，当男孩进入了高年段之后呢？尤其是，当一个男孩升入高中之后，那些曾经的问题是否都得到了妥善的解决？如果没有，他在进入高中之后，又会遇到哪些新的问题呢？而作为班主任，在日常的工作中又可以为他们做些什么呢？在我看来，大约包括以下几个方面——

首先，要有意识地引导男生正确认识自己，帮助他们理解自己在青春期中遇到的那些由生理变化而引起的心理焦虑，并尝试进行自我调适。

和"女生教育"一样，关于青春期的话题，其实由同性的长辈在自家男孩大致进入"变声期"时私下进行是最合适的。但在中国人的传统习惯中，尚未建立"要主动对家里的男孩进行系统、科学的青春期教育"的观念。甚至，会有家长怀揣着"有些事长大自然就懂了"的想法，一味对青春期教育抱持回避态度。

孩子在成长中可能遭遇的挑战，并不会因为家长的回避而减少。对男生来说，进入青春期后，生理和心理上都会发生一系列巨大的变化，而对这些变化的不适应既会引起心理上的焦虑与不安，也会导致行为上的无序与混乱。这时的他们一般会有两种选择——一是自我消化，二是寻求帮助。所谓的"自我消化"，其实就是将成长过程中的困惑与烦恼一味压抑下来。例如，会有男生因为自己没有"及时长出胡子"来而焦虑，也会有男生因为脸上的"青春痘"而烦恼；会有男生因为担心自己长不高而偷偷尝试各种方法；也会有男生因为正常的"遗精"现象而惭愧内疚。更常见的，是男生自己也说不清是哪里不对，只是觉得没来由地烦躁，"明明知道自己该静下心来学习，但就是做不到……"面对所有这些负面情绪，他们都选择默默承受……那些对自己的质疑和不满，也许要等到很多年之后才会释然。

当然，也会有一部分男生选择"寻求帮助"。调查显示，大多数男生在遇到青春期方面的疑惑时，更倾向于从"同伴"和"网络"中寻求答案。那么，问题来了——他们真的能从他们的"同伴"或当前的"网络环境"中获得科学、健康的知识吗？我并不乐观。

作为高中班主任，我觉得这时可以开展以下几方面的工作——1. 在班级的图书角里，放置几本有关"青春期教育方面"的读本。这样的书有很多，但学生未必会主动找来看。这时，教师的推荐就显得非常重要。通常，我会打出这样的推荐语——"上届学长诚意推荐""成长，从直面自己开始"……2. 定期组织或推荐学生观看合适的影视作品，并借助"电影里的故事"引发关于"成长"的思考。事实上，以"成长"为主题的优秀电影作品也有很多，从《少年派的奇幻漂流》到《蓝色大门》，从《阿甘正传》到《辛德勒名单》，从《肖申克的救赎》到《死亡诗社》……每次看完电影，我不会强制要求男生写下所谓的"观后感"，但我会要求他们在一张小纸片上写下自己对这部电影的一段推荐语——可以是电影里的一句台词，可以是最难忘的一个片段，也可以是看完影片后的一份心情。是的，大多数男生都不喜欢长篇累牍的表达。我们要的，也并不是他们的"表达"，而是他们自觉主动的、指向自身的思考。那些关于"勇气""希望""责任""执着"的话题，一旦他们开始思考，就有了生发的可能。3. 邀请专业人士，对男生进行"指向明确"的青春期性教育。这里的专业人士可以是校医，也可以是外聘来的具有相关资质的家长。为了让这样的教育更有针对性，我们可以通过"调查问卷"的形式提前了解学生"已经知道了什么？"以及"还想知道什么？"问卷当中，主要包括如下一些问题——"关于'青春期男女生理发育及自我维护'的知识，你觉得自己足够了解吗？""如果有与'性'方面的问题或困惑，你一般会向谁求助？""目前，你最想了解的与'性'相关的问题是什么？""如果可以选择，你更愿意以哪种方式接受青春期性教育？"……有时，为了避免男生不好意思将自己的问题宣之于口，在问卷中可以多设计一些选项让学生选择。通常来说，有了上面的铺垫，接下来的工作会顺利很多。之所以请专业人士，是因为既可以保证知识讲授的专业性，也可以减轻学生在聆听过程中的紧张感。为了得到家长的理解和配合，我会将讲座内容提前整理成文字稿，发给家长提前学习。

总之，我们的目的是让男生更全面地了解自己成长中的身体，更客观地理解自己容易波动的情绪，并尝试用科学的方法及时调适自己的状态。悦纳自我，是一切的基础。

第二，有意识地引导男生正确看待自己的性别优势与局限，帮助他们尽快适应高中生活，找到适合自己的学习方法和节奏，并尝试进行自我规划。

在男孩的成长过程中，经常会听到一些说法——"男生嘛，小时候皮一点是正常的，小学考试考不过女生也是正常的，他们坐不住啊，听课不专心，考试也不仔细……长大懂事了就好了。男生比女生聪明，学理科肯定没问题……"

必须承认，这样的说法并非毫无道理——研究表明，男孩与女孩的大脑之间差别至少有 100 多处。例如，男孩血液中的多巴胺含量较多，流经小脑的血量更多。多巴胺可增加冲动和冒险行为的概率，而小脑是控制行为和身体行动的，流经小脑的血流量多，小脑就比较活跃，所以男孩就好动。这些因素导致男孩更有可能从肢体运动中学习，而在静坐和久坐的过程中，学习能力总体上不如女孩。

但问题是，这样的说法存在一个弊端：它会给男生一个错误的暗示——男生在自控力方面天然弱于女生，男生应该被更多的包容。一旦长大，许多问题会自动消失。而男生在理科学习方面会比女生具有更多的优势。

作为高中教师，我觉得后半句话一定是个误会——自控力是需要训练的。随着年龄的增长，也许训练的难度会不一样，但必要的训练不可或缺。另一方面，高中的男生在学习的过程中是否具有天然的优势也非常可疑。有报道说，现如今的美国女性获得了60%的学士学位，60%以上的硕士学位（其中大部分还是像法律、医学和经济这样含金量超高的学位）。世界经合组织发布的数据也显示，除了非洲，在世界各地的大学里，女性的数量都超过了男性。甚至有科学家表示——如今能够预测学术成功的元素，其实都更符合女性特征，如自我约束，延迟满足。

是的，我觉得应该把一些事实告诉学生——比如，女孩在大脑颞叶中拥有更强大的神经连接，促进了更多复杂的感知记忆的存储，所以女孩对声音的语调特别敏感。男孩则需要更多的触觉型的体验，以便激发大脑学习的积极性，那种动手又动脑的学习方式就比较适合男孩。比如，男孩与女孩大脑中的海马（大脑中的一个记忆存储区）的工作方式也不相同。男孩的海马更偏爱序列，在记忆大量序列和层次分类（如：要点、子要点、子子要点等）的信息时就非常成功！比如，男孩的大脑处理血流的总量较女孩少15%，这种结构不利于同时进行多项任务的学习。因此，男孩在长时间专注于单一任务时成绩较好，此时是深度学习在发挥作用……

必须说明，跟学生聊这些话题，并不是为了让某一个群体更加自卑或更加自信，而是要让他们知道——每一种性别，都有自己的优势和局限。

我们要做的，是正视自己的现状，找到适合自己的学习方法和节奏，主动规划自己的未来。

与此同时，我们也应该反思自己——作为教师，我们正在提供的教育模式是否考虑了男女生学习方式的差异？作为班主任，我们是否可以提供更宽松的氛围，让男生可以有更多的机会主动探索适合自己学习的方式以及未来发展的可能。

第三，有意识地引导男生学会倾听与表达。尤其在两性交往方面，要学会理解与尊重，学会与不同的人群正常交往、有效交流、融洽相处。

传统观念中，男性在沟通和协调能力方面常常是弱于女性的。在很长一段时间里，这个"弱项"却并不会对男性未来的发展造成太大的影响。然而，最近的劳动力统计结果显示，女性正开始占据大部分的管理层工作。同时，年轻女性已经比年轻男性挣得更多。之所以会发生这种改变，有经济学家认为，是因为经济结构的变化正在"奖励"女性特质。在过去四十年，随着经济形式从"制造型经济"向"服务型、信息化和创造型经济"转变，中等技术工作正在不断消亡，工作机会正向着高端和低端两头流动。这样的变化，对男性和对女性的影响其实是不同的——制造型经济对个头和力量的依赖曾经帮助了男性。可随着制造业的升级换代，普通工人面临大规模裁员。现如今，更多的工作机会要么出现在高新技术行业，要么出现在服务行业——那些从前家庭主妇们免费在家从事的工作，比如做饭做家务，照顾老人和孩子，很多都变成了收入可观的工作机会。事实证明，无论是高新技术行业还是服务行业，女性都可以做得很好。

换句话说，现代经济需要依靠智力，需要能够稳定地坐着并保持注意力集中，需要开放地交流，需要能够倾听别人……明确了这一点，我们也就能理解，在高中阶段有意识地引导男生学会倾听与表达对他们未来的发展有多么重要！

另一方面，我们也发现，高中阶段男生成长中面临的另一个重要问题是"人际交往焦虑"，这种焦虑尤其体现在"两性关系"上。在对高中男生的观察中，我发现有两类现象非常普遍——一是男生与母亲的亲子关系紧张，二是男生与女生的同伴距离错位。前者比较容易理解——已经进入青春期的少年和即将进入更年期的妈妈，一个迫切地想要证明自己已经长大，需要独立、需要自由、需要信任和尊重；一个始终对眼前的孩子不放心，执着地不愿放手也不敢放手……经验告诉我们，母亲对孩子的影响是全面而深远的。如果不能及时调整疏离或紧张的母子关系，会在很大程度上对男生产生负面的影响。

说起与女生的"同伴距离错位"，很多人会首先联想到"早恋"，这是不全面的。实际工作中，我们发现，处于青春期的男生对年龄相仿的"异性"是存在着天生的好奇和好感的，但这种"好奇"与"好感"的表现形式却因人而异——内向的男生会努力压抑这些正常的情绪，尽量不与女生主动交往。但事情往往是越压抑，越向往。而当他们从通过其他更隐秘的途径对异性进行探索时，常常会受到更大的冲击。另一类男生正相反，他们相当主动，有时，他们甚至会通过炫耀自己与女生的亲密互动来提升自己的自信心。事实上，所有这些"关系的错位"都是由于缺乏对自身和异性正确的认识、深刻的理解和足够的尊重造成的。

作为班主任，我觉得可以尝试开展几方面的工作——

1. 可以在母亲节前后，带领全体学生开展主题为"理解女性，走近母亲"系列活动。在整个活动中，尽可能通过各种手段（图片、视频、文字资料），站在各种角度（子女、伴侣、母亲本身），客观清晰地呈现女性一生的成长历程——在和学生一起还原一个"小女孩"是如何成长为"美少女"的过程中，男生能简单了解女生在青春期发育过程中的基本常识，减少对异性的神秘感。在和学生一起重温母亲出嫁时的美丽之后，再来看母亲怀胎十月的艰辛，学生会对生命与责任有更深切的感受。当我们通过技术手段，再现一位位母亲日复一日在家庭和职场中的辛苦忙碌的场景，以及她们年复一年逐渐老去的图片时……我相信，每一位学生都会重新审视自己对母亲的态度。

2. 创设平台，让男生更多地参与"两性话题"的讨论。高中阶段是学生思辨能力快速发展的阶段，"话题讨论"是训练学生思辨能力和表达能力最有效的途径之一。在当下的社会环境中，"两性话题"所引发的各种社会现象层出不穷。这时，如果我们能够有意识地创设平台，选择时下合适的"两性话题"在班级范围内展开讨论，一定会收到很多意料之外的效果。我曾经让学生讨论过一个话题——"你觉得当今社会中存在哪些对女性不公平的情况？你是否能够理解这种不公平的存在？你觉得我们可以做出哪些努力？"这样的讨论，对男生的意义在于——他在倾听女生发表意见的时候，其实是在培养自己理解女性思维，适应女性表达习惯的能力。在表达自己的态度之前，他也必须尝试站在他人的立场和角度重新审视问题。最为重要的是，一旦开始表达，就是男生练习沟通的开始。

3. 在保证男生的体育运动时间的同时，开展活动，让男生有更多的机会与各种女性打交道，在实践中逐渐建立起积极、正面的两性交往模式。在当下的许多学校里，都存在一种现象——也许是为了保证学生的学习时间，也许是为了避免学生在剧烈运动中可能带来的伤害，总之，很多老师总是希望能尽可能地压缩学生的运动时间。殊不知，这对男生是致命的。男生最主要的荷尔蒙是睾丸激素，睾丸激素在中学时达到很高的水平，处于青春期的男孩每天通过大脑至少要接受 5~7 次该种激素的刺激，这种刺激不断推动男孩大脑的攻击性行为、空间—机械和肌肉运动知觉的身体体验。所以，我们一定要支持这个时期的男生多进行体育锻炼，因为体育锻炼可以让他们有机会发泄掉由于荷尔蒙激素给他们带来的烦躁。

另一方面，我们还可以通过许多活动的组织和开展，为男生创造机会，让他们练习倾听、练习表达、练习怎样与不同年龄、不同性格的女性沟通，练习怎样建立积极、温暖、可持续发展的人际关系。例如，在组织学生参加艺术节合唱比赛等一些集体活动时，有意识地让男生和女生搭配着组成任务小组。从服装的选定到曲目的确定，从队形的排列到纪律的保证，每一个细节都可能产生争议，这是他们不断练习沟通与配合的好机会。又如，在一些团体户外活动中，有意识地设计一些让男女生有肢体接触的环节——跳一支男女配对的集体舞，进行一次男女混合"多人多足"的比赛……许多"神秘"是距离产生的，在日常的接触中，学生会重新理解"人际关系"与"人际距离"，那些对"异性交往"心存焦虑的同学也会在这样的活动中逐渐"脱敏"。再如，经常会在班级里举行"吐槽大会"，有时请男生和女生互相"吐槽"，有时请儿子和母亲互相"吐槽"。"吐槽"的形式可以采用匿名方式，即请双方把要说的话写在纸上，然后由双方代表随机抽取，代为表达，旁观者可就听到的内容发表感想或提出建议。在整个过程中，双方躲在别人的故事中不断体验对方的情绪，不断表达自己的诉求，不断变换方式和立场，尝试着各种交流的可能性。教师一般不做评价，只是不断追问，"你有什么更好的建议？"是的，这样的活动也许不能立即解决什么问题，但每次结束时"吐槽"双方会心的笑容总是意味深长。

第四，有意识地引导男生觉察到自己的力量，学会负责，勇于担当，在成长的过程中有所作为。每次接手高一新生，我对男生说得最多的一句话总是"从进入高中的那一刻起，你们就不再是初中时的小男孩儿了。你们要学着对自己负责，要努力对集体有所担当。唯有这样，你们才能真正成为一个男子汉"。每次在集体活动中遇到一些颇有"挑战性"的工作，例如搬运重物、驱逐蟑螂，我都会大声招呼，"有困难，男生上啊！"每次在重大班级事务的讨论中，我也总会特意对男生提上一句，"男生对这个问题怎么看？你们的想法很重要哦！"人前人后，我也总是把对我们班男生的肯定挂在嘴边——"我们班的男生还是很靠谱的！虽然在细节上还可以长进，但真遇到事情时，他们不会让你失望！"

是的，在这些点滴细节中，我要让男生有强烈的存在感和成就感——我要让他们在一次次迎接挑战时觉察到自己的力量；我要让他们在一次次完成别人交付任务的过程中，体验到承担责任的压力、克服困难的不易，以及被尊重、被信任的喜悦。

第五，有意识地引导男生建立"边界"意识，警惕某些"陷阱"，既学会包容,也学会拒绝,在成长的过程中有所不为。如同一个硬币的两面,在鼓励男生勇于担当,有所作为的同时,我们不能忽视另一种教育——底线教育。所谓"底线教育"就是让男生明确有些事是绝不能做的,坚持"有所不为"。由于男生青春期同伴效应的影响,再加上男生大多容易冲动,热爱冒险,很多高中男生一不留心就陷入了"头脑一热,人云亦云"的状态。许多时候,他们心底的"是非观念"很容易就被"朋友义气"所替代。作为班主任,对这类学生进行教育的最好方式就是"提前进行案例分析与讨论"。

所谓"提前",就是不要等事情发生了再来批评,一定要尽量有言在先。有些红线是不能轻易碰的,一旦触及会付出沉重的代价。有些错误,等发生了再去干预,男生会因为"面子"或"义气",像刺猬一样拒绝沟通,死扛到底。"有言在先"就不一样了,当我们有意识地把他们今后可能遇见的"陷阱"或"诱惑",以"案例"的形式呈现出来,让他们一起讨论,以旁观者的身份为案例中的主角出谋划策的时候,他们的心态会完全不同。在之后的人生旅程中,若是碰到相同的情境,就能比较容易冷静下来。

例如,我曾经设计过这样一个案例——"一次考试前,小明的好友小王向小明提出,希望在考试中帮助他作弊。虽然明知作弊不对,但因为小王是很好的朋友,小明还是答应了。考试过程中,小王在捡起纸条时,被监考老师抓到,受到了学校严厉的处分。作为旁观者,你如何看待这件事?"值得一提的是,在这个案例的讨论中,我要讨论的重点并不是"考试诚信问题"。我真正要让学生体验的是——"当朋友的要求与自己内心的是非观相违背的时候,我们做出抉择时所要承担的心理压力,以及做出抉择后所要付出的代价。"是的,"坚持自我"并不容易,需要有强大的内心;"果断拒绝"也并不容易,需要反复练习。

这个案例的版本是可以逐步升级的——从"违纪"到"违法",再到"犯罪";从"围观者的沉默"到"无意识的配合",再到"为朋友两肋插刀式的主动参与"……其实人生中本没有那么多"非黑即白"的判断，很多时候，我们只是在"灰色地带"游移。是的，"边界"意识从来就是在这样一次次主动思考中建立起来的。我们要让男生在一次次的案例模拟中体验到——面对恶势力的挑衅时，我们需要血性；面对黄、赌、毒的"引诱"时，我们需要定力；面对集体无意识的盲动时，我们需要智慧。许多时候，"有所不为"比"有所作为"更能体现力量。

和"女生教育"不同，在对学生进行有意识的"男生教育"时，班主任的性别差异是不会对教育难度或教育效果产生直接影响的。相反，只要用好自己的性别优势，找准教育契机，男教师在教育中更多地强化自己的榜样示范作用，女教师在教育中更多地表现自己对男生的理解、包容、信任与期待，都会取得很好的效果。

有人说，青春期是男孩在人生中最关键也最困难的时期，他们这时最需要的是成长的空间。这个空间既包括了外在的物理空间也包括了内在的心灵空间。在外在的物理空间里，我们要允许他们不断尝试、不断探索、不断建立自身与这个世界的链接；而在内在的心灵空间里，我们要允许他们偶尔发呆、偶尔幻想、偶尔与自己较劲、偶尔与欲望和解。

所以，贯穿于整个高中阶段的男生教育，其实是我们通过各种方式向男生传达一些信号——"很高兴看到你长大了，但长大意味着更多的责任与挑战，你已经很棒，我们相信你可以做得更好！成长中都会有一些小麻烦，我们理解你的烦恼与焦躁。没关系，会过去的，我们都不要着急，世界会因为你变得更好！"

那些女孩成长中的事
——高中阶段的女生教育

和年轻的班主任闲聊时，经常会听到一些抱怨——"最怕带女生多的文科班，现在的女孩子大多敏感娇气，说不得、碰不得……现在的女生寝室关系都很复杂，看着风平浪静，实则暗流涌动……现在的女生和以前不同了，有的大大咧咧的，比男孩子还疯，遇到喜欢的男孩子，完全不掩饰，一副敢爱敢恨的做派……"记得有一次，有老师邀请我为高一年级的女生做一次专题讲座，在她开列的"女生问题单"中，赫然罗列着诸如"喜欢化妆打扮；娇气、矫情、多愁善感、敏感脆弱；同性交往小心眼、爱计较；异性交往尺度把握不好……"等一长串问题。那么，事实真是这样吗？

我相信，老师们并没有夸大其词。相反，能看到这些现象，恰恰说明他们是真的在关注眼前的这群女生。但是，"现象"并不等同于"问题"。有时候，如何看待我们面对的"现象"，可能恰恰是解决"问题"的第一步。

在我的带班过程中，"女生教育"一直是学生"青春期教育"中重要的一环。之所以认为它重要，是因为随着青春期的到来，高中阶段的女生在心理上与男生相比，的确存在着许多明显的差别。这种差别的存在，原本是极其正常的，但如果缺乏适时、适度的正确引导，女生就可能一味沉浸于成长过程中必然会经历的某些困惑和不适。这不但会影响到她们潜能的开发，学习任务的顺利完成，更有可能影响到她们的生活质量和未来发展的可能性。

当然，这里说的"女生教育"一定不是依靠一个讲座或一次班会一蹴而就的，它会贯穿在整个高中三年，根据学生的身心发展规律，借助班级活动的平台，在外界环境变化的大背景下逐步展开。那么，在一个高中女生的成长过程中，有哪些关键问题值得被关注和讨论呢？在我看来，大约包括以下几个方面——

问题1：如何悦纳我们的身体？

如果可能，在一个女孩月经初潮的前后，由她的母亲或最信任的女性长者与她来讨论"进入青春期后，如何悦纳自己身体已经发生和即将发生的一系列变化"是再合适不过的事情。但是，在今天的社会，并不是所有的家庭都能积极主动而又系统科学地完成未成年人的青春期教育。许多时候，学校必须承担起这部分的责任。通常，我会把这个大问题分解成一些"小话题"各个击破。

例如，我会在学生初进高中不久，就召集班级里的全体女生开个短会。在会上，我会以"闲聊"的方式跟她们聊聊有关"生理期"的话题。是的，方式一定是"闲聊"而不是"科普"，态度一定是"分享"而不是"强制"。我会先听听她们对"生理期"的看法，了解她们在生理期中遇到过的种种麻烦，以及对自己身体状态的一些担忧。然后，我会分享一下自己关于"生理期"的想法——首先，"生理期"并不是女性独有的。男性，其实也有他们的"生理期"，只是表现的形式不同罢了。第二，来例假本身不是坏事，它意味着我们长大了，生理发育趋近成熟，有了孕育生命的能力——这值得每一位女性珍视和骄傲。第三，人在"生理期"中有些不适和麻烦很正常，每一种成长本身都要付出代价，以科学的态度面对，能在很大程度上降低我们的不适感。第四，要珍爱自己的身体，生理期保健非常重要。要关注自己的生理周期，注意个人卫生和经期保健，遇到问题及时就医，既是对今天的自己负责，更是对未来的家庭负责。当然，男班主任的确不方便谈这样的话题，但可以请学生信任的女性教师或校医代劳。我相信，谈与不谈，一定会有区别。

再如，我会在初次对全体学生进行"行为规范教育"时专门聊聊"化妆"的话题。在"中学生行为规范"中明确要求中学生——"穿戴整洁、朴素大方，不烫发，不染发，不化妆，不佩戴首饰，男生不留长发，女生不穿高跟鞋。"每次讲到这里，我都会刻意停下，问学生一个问题，"你们真的理解这个规定吗？"大多数时候，学生会有些困惑地望向我，"既然是规定，我们理不理解很重要吗？"

当然重要！只有理解了规定，才有可能真正落实。现实生活中，我们经常会看到有的女生悄悄画上淡妆，甚至，更小的孩子都会偷偷穿上妈妈的高跟鞋。可见，对女孩来说，有爱美之心，再正常不过。所以，我们有必要和学生们一起讨论一下"什么是美？""怎样更美？"的话题。

首先，我会展示几张图片——幼儿园里可爱纯真的孩子、课堂上专注认真的学生、镁光灯下明艳耀眼的明星、赛场上奋力拼搏的运动员、实验室里全神贯注的研究者、炉火旁从容慈祥的老人……请学生讨论，他们认为哪些图片是美的？

然后，我会展示另一些图片——酒吧里化着浓妆的少女，社区里叼着香烟的少年，医院里一脸病容的患者，课堂上昏昏欲睡的青年……请学生讨论，为什么这些图片会让他们看了不舒服？

通过讨论，我们会达成一些共识——例如，美，也许没有固定、恒定的标准，但一定与身处的场合、扮演的角色有关。例如，在成人世界，化妆有时是工作需要，有时是个人选择。但作为学生，应该珍惜自己可以素颜的时间，以健康、积极的精神面貌，展示自己。例如，护肤品和化妆品是有区别的。护肤品能保护我们的皮肤不受环境侵害，但化妆品会增加我们皮肤的负担。例如，与其通过"化妆"甚至"整容"这些手段使自己的外在更"好看"，不如通过"健康饮食""科学锻炼"以及"坚持阅读"这些方式由内而外地提升自己……最后，我还会特别告诉学生，"会有一些人，他们会特别依赖化妆甚至是整形。对这些人，我们也要理解和宽容，因为他们已经无法面对真实的自己，并且愿意为此付出代价。"

是的，这些话题，我会和全班同学一起聊。无论男生还是女生，对美的追求都是正常的；在成长的过程中，审美习惯会被外界环境影响也是自然的。我们要做的，只能是耐心地引导，悄悄地影响。

问题 2：如何调节我们的情绪？

高中生作为青春期的一个特殊群体，正处于身心矛盾较多、情绪较不稳定的时期。作为班主任，有计划、有步骤地带领学生进行"情绪调节训练"，本就是高中生"情商教育"中重要的一环。在这个过程中，我们可以通过"心理辅导活动课""校园情景 AB 剧"等多种形式，让学生在活动中不断模拟、练习"如何及时识别情绪？""怎样合理表达情绪？""如何正确处理情绪？"一定能收到很好的效果。

在针对女生群体的教育中，我觉得特别要注意的是两点：一是要让女生意识到，其实所有的情绪都有其存在的价值，所谓"负面情绪"，更多的是因为我们处理"情绪"的方式是负面的。二是要让女生意识到，"情绪"并不等于"情绪化"，那些常常被贴在女生身上的"负面标签"既不是全无道理，也不是不能克服。许多时候，如果我们能更加客观地审视自己的状态变化，试着站高一点儿，看远一点儿，换一种眼光，转一个角度，大气一点儿，理性一点儿，就会收获更多的朋友，看到更美的风景。

问题 3：如何处理同伴关系？

进入青春期的孩子自我意识明显加强，在不断观察"现实自我"和"理想自我"的过程中，"同伴"是特别重要的参照系。在这一阶段，他们时常以身边的同伴为参照，不断对自己进行观察、定位、规划和评价。经验告诉我们，如果学生能很好地融入同伴群体，有很强的同伴价值感，即便是学习成绩不太理想，也不会过得太糟糕。

当然，这里的"同伴"并不一定是同性。但对女生而言，"闺蜜"的重要性是不言而喻的。在我看来，我们实在无须去指导她们如何和好朋友相处？能成为好朋友，自然有她们合拍的相处方式。真正需要我们思考的，是如何引导她们与那些和自己看来很不相同的女孩相处？因为在实际的工作经历中，班主任最常遇见的问题，往往是一个女孩和一群女孩仅仅因为"合不来"，而引发的种种矛盾甚至事故。

通常，我会在和学生讨论"寝室关系处理"时顺带展开这个话题。我会先抛出一些问题——1. 生活中，你见过和你很不相同的女孩吗？她们是什么样子的？2. 你喜欢那些和你很不相同的女孩吗？为什么？3. 你觉得好女孩应该有统一的标准吗？换句话说，你心目中的好女孩是什么样子的？4. 遇到那些和你很不一样的女孩，你会怎么与她们相处？在对这些问题的讨论中，我会通过一个个真实案例的讲述，试着与她们达成一些共识——1. 好女孩会有一些共同的标准，比如善良、诚恳、自尊，但完全可以有不同的模样。活泼开朗的性格与内敛沉静的性格之间，并没有优劣之分。2. 面对与我们自己截然不同性格的同伴，即便不能成为朋友，我们也可以远远欣赏。即便实在不能欣赏，至少也要做到尊重。3. 只要没有触犯道德与法律，只要没有违反到集体生活的基本规则，每个人都可以选择自己喜欢的方式生活。我们没有资格仅仅因为对方与我们不同，而对别人妄加评论，横加干涉。4. 女性真正的美好，不仅仅在于只对那些我们喜欢的人好，而是明明我们并不喜欢她，还是给她足够的善意与包容。

是的，我们的一生会遇见很多人，各自有不同的成长背景、处世态度、生活方式和人生目标。我们的确不必喜欢每一个人，但我们至少要学会尊重每一个人，并试着学着"如何用自己的善去欣赏不同的美"。唯有这样，当我们自己成为"少数"时，才有可能被世界温柔相待。

问题 4：如何处理两性关系？

在高中生所有的"人际交往"中，"两性交往"无疑是重要的内容。而"如何处理两性关系"，也是女生在成长过程中的必修课。这样的话题，原本由母亲和女儿在私下里沟通效果更好，如果由老师和学生谈，场合、气氛、方式就很重要。一般而言，我会先将一个个小话题在闲暇时间里找合适的时机跟学生交流，时机成熟之后，再利用一节班会课的时间整合所有的问题，达成一些共识。

有时，我会联合语文老师一起，带领学生一起看一些经典的文学作品和影视作品。我们一起看张艾嘉的电影《心动》，一起读张爱玲的《爱》、钱锺书的《围城》，一起品味张爱玲的姑姑张茂渊的爱情故事，一起听三毛谈她眼里的"爱情"与"婚姻"……然后，我也会和学生一起讨论"喜欢与爱"的区别，甚至是"爱情与婚姻"的区别。当然，在十六七岁这样的年龄做这样的讨论自然是不会深刻的，却一定是有意义的——唯有当她们知道，"喜欢一个人"和"爱上一个人"有太多的不一样时，在面对自己青春期可能的情感波动时，她们才不会夸大一些感受，放大一些挫折。

有时，我会在请毕业返校的优秀学长进行经验分享时，顺便聊聊"优秀的男孩一般会喜欢什么样的女生？"虽然答案是可以预知的，但从优秀的异性嘴里说出来，总会更有说服力。

有时，我也会状似无心地与她们一起聊一些她们感兴趣的小话题——例如，如果喜欢一个异性，是否需要表白？被表白，是不是一件很有面子的事？没有被表白过的女孩子，是不是就一定没有魅力？如果有人向你表白，你却不喜欢他，你会怎么拒绝？如果你喜欢的人向你表白了，你会怎么与他继续相处？如果你喜欢的人向你提出一些特殊的要求，你会怎么回应？……

是的，师生间的所有闲聊都不会是毫无指向的。在这样的"闲聊"中，我们其实在做两件事——一是不断了解学生内心真正的想法。许多时候，我们的说教之所以不能被学生接受，是因为我们并不知道自己教育的起点在哪里？如果我们只站在自己的立场上，揣想学生的心理感受，再以我们自己对学生的期待，回应学生的内心诉求，教育便常常只能是空中楼阁。二是不断表达自己想要传达的态度。作为专业的教育者，我们必须认识到——知识是可以传授的，技能是可以培训的，但看待问题的角度和方式，对待"两性关系"的态度和理念，更多的只能靠师者、长者以及大环境潜移默化的影响。当我们不直接告诉孩子什么是对，什么是错，而是引导他们关注每一种选择后的可能后果；当我们不直接告诉孩子如何选择，怎样释然，而是以自身的经历或他人的故事引导他们变换视角重新审视一些现象；当我们不直接逼迫学生现场表态，做出决定，学生就会放下戒备，以更加平静的心态主动开始理性的思考。主动的理性的思考，正是成长的开始。

问题5：如何面对学业挑战，规划好自己的未来？

我所任教的是一所省重点高中。应该说，能进入这所学校就读的女生大多都是初中学校的佼佼者，都被父母、师长寄予厚望。即便如此，在进入高中以后，由于同伴竞争的加剧，学科特点的改变等种种原因，还是会有很多女生产生强烈的挫折感。她们会觉得自己的脑子仿佛一下子不好用了——从前轻松就能取得的名次，在进入高中之后，仿佛竭尽所能也只是可望而不可即。这个时候，如果没有及时得到师长的鼓励，如果没有及时找到对路的学习方法，她们很容易陷入对自己能力的怀疑之中。

另一方面，社会大环境中的一些对女性不友好、不尊重、不负责的信息也会影响女生对自己的判断——那些围绕着"霸道总裁爱上我"的影视文学作品，总在不经意地误导着女性，试图让她们相信，幸福是可以依靠一段缘分展开的。那些面对大学应届毕业生的招聘信息，又总是让女生担心，自己是否在未来的职场上会受到不公平的对待。更有甚者，网络媒体中的一些宣传，总是不经意地传递出女性在个人发展中的种种受限，物化女性、贬低女性的现象比比皆是……所有这些，都是女生在成长过程中必然会面对的考验。

在这个问题上，我一般会用三种方式和学生交流——首先，我会在和学生进行学业讨论时尽可能理性客观，尤其是当她们遇到挫折时引导她们学会正确归因。在初进高中时，学生在学习和生活上出现适应问题其实非常正常，并没有性别差异。但女生"心思"一般会重一些，在遇到考试挫折时一般容易归因为"学科难度大"或者"自身能力低"这样的"稳定因素"上。这时，我们可以给学生介绍"多元智能理论"，通过科学地分析，让女生意识到"其实并不存在男生或女生谁更聪明的问题，每一个人都有自己的学习优势。我们要做的，是了解各门功课的学科特点，摸索自己的学习风格，找到适合自己的学习方法，养成良好的学习习惯"。

其次，在"树立榜样人物"方面，我也会刻意寻找一些女性角色的故事来做分享。无论是各种人物传记中的女性主角，还是校友中的杰出女性；无论是学生群体中的优秀女生，还是家长群体中的成功妈妈，都可以是我们的教育资源。在方便的时候，请她们来给女生讲讲自己的成长故事，做一些经验分享，尤其是在人生关键处的一些抉择，一定会给学生带来很多启发。

第三，我会随时关注社会新闻，选择其中一些合适的、与女性相关的热点话题与学生展开讨论。例如，曾有一段时间，网上流行"me too"运动，很多知名女性纷纷站出来公开自己经历过的不同程度的性骚扰遭遇。与此同时，各大网络媒体上也出现了各种声音。在我看来，这正是对女生进行"专题教育"的好时机。在这个话题之下，我们既可以讨论"女生在面对可能发生的性骚扰时如何保护自己？"也可以分析"在现有的社会环境下，外界对两性在各类事件中的评价依据和方式"。我们既可以讨论"女性在现有条件下如何发挥自身优势，赢得社会的尊重？"也可以讨论"在未来的各种社会角色中，女性如何进行时间分配，面对种种挑战？"在这样的讨论中，女生们会渐渐明白，唯有自尊、自信、自立的女性，才有可能成为真正独立的女性，才有可能获得真正的幸福！

需要说明的是，这样的讨论是不必回避男生的。事实上，很多男生都愿意参加这样的讨论。在这样的讨论中，男生一方面重新审视着身边的女性，加深了对女性的理解。另一方面也在不经意间学习着如何更好地跟女性沟通、合作。

值得一提的是，在对学生进行有意识的"女生教育"时，教育效果的确会受到教师自身性别的一些影响，但这并不意味着女性教师一定具有优势。作为班主任，无论我们的性别如何，在跟女生谈论一些话题时，只要把她们当成自己的女儿或妹妹，就自然能把握好分寸。

事实上，贯穿于整个高中阶段的女生教育，其实是我们通过各种方式帮助女生逐步建立起"角色意识"（我是谁？）、"目标意识"（我要成为怎样的女性？）和"路径意识"（如何成为自己理想中的女性？）的过程。这些方式一般不必"郑重其事"，最好不要"直截了当"，只追求效果，不强调形式。有人说，最好的教育，是教师在不动声色间潜移默化了学生。而我觉得，最好的女生教育，是让她们在你满含期许和信任的目光中，看到了未来更美好的自己！

"青春期两性交往"辅导

在高中班主任的工作日程中，有许多常规工作不胜枚举。而在所有工作中，最令班主任忐忑的也许就是"青春期两性交往"辅导了。之所以忐忑，主要有两方面原因——其一，无法回避问题。其二，难以把握分寸。

每个一线班主任心里都明白，高中生随着青春期性生理、性心理的发展，产生与异性交往的需求十分正常。在这样的交往中，彼此产生更多的好奇、好感也情有可原。但是，合理的未必就是安全的。班主任还是会担心，在网络媒体发达的今天，在学习竞争激烈的当下，我们的孩子在与异性交往时，是否会受到不良信息的影响？是否有足够的自控能力分配好自己的精力？是否会走弯路，会否误入歧途……这些问题，每一个教育者都无法回避。

另一方面，面对这些担心，班主任该有哪些作为呢——要不要谈？什么时候谈？怎样谈？具体谈什么？谈到什么程度？所有这些，最要紧的，便是"分寸"。许多事情，"失之毫厘，谬以千里"。在对学生进行"青春期两性交往"辅导工作时，我们的善意若没有足够的智慧做支撑，常常会好心做坏事。

回顾我十余年的班主任工作，面对"青春期异性交往"这个话题，我始终抱着一个态度——既然无法回避，便要主动出击。若要把握分寸，务必有备而战。

高中生处在青春发育的后期，在这个时期，高中生的生理发展经过了青春期的急剧变化之后，进入了相对稳定的阶段，人体内组织与器官的机能逐渐达到成熟水平。青春期性心理发展分成异性疏远期、异性接近期、异性眷恋期和择偶尝试期四个阶段。高中生正处于性心理发展的第三阶段，这一时期的青少年渴望和异性交往，在各种活动中都努力想引起异性的注意和喜欢，并想方设法寻找和制造各种机会接近自己喜欢的异性。

在这样的背景下，班主任可以根据学生所处的阶段，选择适当的时机，采用不同的方式，运用不同的载体对学生进行系统的引导。

第一阶段，方式多样，引导学生认识异性，自然交往。刚刚从初中升入高中的学生，经过中考的洗礼，身心都经历了一次蜕变。很多学生第一次离开父母，开始了住校生活，在人际交往、尤其是异性交往方面，大都处于好奇、摸索阶段。他们之中有的在初中时已经有了一些与异性交往的经验，甚至彼此间已经有了一些朦胧的好感，觉得升入高中后的自己已经长大，可以与异性有更深层次的交往。很多情况下，在这些学生的潜意识里还有一种想法——有了要好的"异性朋友"，是一件很有面子的事，可以证明自己很有吸引力。

这个阶段中的学生普遍表现为：开始注重个人仪表的修饰，尤其在意自己在异性心目中的形象。心里渴望与异性交往，可是真正在面对异性时又常常不够自然、自信。他们常常会感觉到一种以前没有过的情感悸动，但并不清楚这一阵阵的悸动是什么？于是，他们只有通过各种媒体（如：流行歌曲、电影电视作品、小说、网络）去揣度这些情绪。问题是，现在的媒体绝大多数是为成人准备的，或者至少是以成人为主要受众的。于是，本来单纯的"好感"会被放大成"喜欢"，本来单纯的"喜欢"会被简化为"爱"，而原本无可厚非的"心动"也会被催生为不计后果的"行动"。

这个时候，班主任可以主要从两个方面着手开展工作——首先，可以通过心理小报制作、视频资料、心理辅导活动课等方式向学生介绍青少年在生理、心理方面的发展特点和性教育方面的基础知识。在这个过程中，我们的目的是帮助学生在深入认识自己的同时，撩开有关异性的神秘面纱。

神秘往往引起好奇，而师长们故意的隐而不宣往往助长了这种好奇。事实上，与其让他们从非正常渠道断章取义、道听途说，还不如给他们正确、系统、专业的知识。所有这些知识，都将成为日后进行"青春期两性交往"教育的基础和前提。

第二，系统开展"礼仪"教育，重点介绍中学生在两性交往中应该遵循的原则和注意的问题。比如如何表达感谢；如何体现尊重；如何理解性别差异等。通过这样的教育和练习，学生会渐渐掌握在异性交往中应秉承的真诚、尊重、公开等重要原则，并逐渐学会如何自尊、自信、坦然、真诚地与人交往。

在这个阶段中，班主任尤其要在"方式的多样性"上动脑筋。许多时候，"就事论事"远不如"借力打力"。我是一名化学老师，在课堂上便能经常找到一些合适的机会。有一次在讲到一个化学反应为什么能够发生的时候，一般老师往往用打篮球来举例。要投篮成功，需要两个条件：1.你要有足够的力量，使球到达篮框。2.你要有准确的方向，才能进球。在化学上，把具有足够能量的分子叫活化分子，活化分子必须有合适的取向才能发生有效碰撞。有效碰撞，才能发生化学反应。

我在课堂上讲完这个知识点后，往往会停顿一秒钟，然后说，生活中的许多事也是如此。在我们的一生中，会遇到许多人，大多数情况下，彼此只是过客。在我们没有积蓄足够的能量时，是不可能发生有效碰撞的。处在青春期的我们，很容易觉得自己已经具备了足够的能量，那么是不是就一定能和我们遇到的人发生化学反应呢？学生齐刷刷地回答："不能，还要有合适的取向。"我及时小结："对啊，先要强大自己，然后，就要期待在合适的时间，合适的地点，遇到合适的人。"学生相视而笑，我点到为止。

第二阶段，把握时机，组织学生开展讨论，达成共识。伴随着对高中生活的逐渐适应，高中生在情感方面的内心活动也更加深沉细腻。在繁重的学习压力之下，他们会遭遇许多让他们"心动"的瞬间，而这些"闪亮"

的瞬间，常常会被他们藏在心底，反复回味。渐渐地，在他们身边，会出现一些或明或暗的"小情侣"。不管是否承认，他们中的大多数人心里是有些羡慕的——有人羡慕这种交往带来的温暖体验；有人羡慕这种交往带来的优越感，还有人羡慕这种交往带来的快乐情绪……他们有些人认为这是恋爱，有些人则认为不是，但更多的人其实并不在意这是什么。有一句话很能代表他们的心声"管他是什么呢？两个人开心地在一起，有什么不好呢？"

这个时候，班主任就需要寻找一个合适的契机，组织全体同学开展一次关于"两性交往"方面的讨论。一次期中考试之后的周末，学校里的一位同事发给我一条短信，"你知道网上有一个学校的留言墙吗？在那里，有许多学生互相表白，其中好像有针对你们班的呢。"接着，他又发给我一张图片，据说，是他从前的学生在逛贴吧时发现了转发给他的。"他1998年出生，是处女座，他身高有一米八，喜欢橙色，他小学在六班、初中在二班、高中在十二班。我喜欢他初中毕业暑假去国外旅游在威尼斯船上拍的照片，他喜欢打游戏，看南派三叔的书，他也看英剧《神探夏洛克》。他踢足球很棒，篮球也会打，但他其实也挺文艺。他有女朋友，很漂亮、会画画、很聪明，和他很配，而且他很爱她。"我一看就知道这个"他"是谁——我的化学课代表，很帅气的一个男孩子。

在反复看了这段文字几遍以后，我心里有了主意——是的，时机到了。接下来，我要用自己的方式做好四件事——1. 表达态度。2. 提供经验。3. 设定底线。4. 达成共识。

第二天一早，那个男孩子来办公室交作业。临走的时候，我叫住了他，把手机里保存的那张图片递给他，"你看看这个。"男孩子拿着手机的手有些紧张，脸慢慢红了起来。我一直在旁边微笑着看他，"看来，你是知道这个留言墙的，对吗？"

男孩把手机还给我，嗫嚅着说道，"他们，乱说的。"

我不再紧追不舍，"嗯，老师相信你能够正确处理好这件事，你先走吧。如果需要帮助的话，记得来找我哦。"

那天的班会课上，我装作不经意地问了全班同学一句话，"你们知道网络上有一个我们学校的留言墙吗？据说，有许多人在那里表白哦。"看到学生心照不宣的笑容，我继续说，"看来，大家都知道那里。而我，才知道不久。今天，就想和大家聊聊这个留言墙。"

看着大家兴致勃勃地看着我，看着那个男孩子有些紧张地低下头去。"首先，我想表达一下自己的态度——这很正常。在高中阶段，我们会希望得到异性的关注和赞美，会对某一位异性产生好感，这很正常，是生理和心理发展到一定阶段的必然结果。所以，有这样一个'留言墙'并不奇怪，它只不过是给了大家一个平台，让大家可以无所顾忌地表达自己的想法或情绪而已。"之所以先要表达自己的态度，是为了让学生放下心里的戒备，敞开心扉与我进行下面的交流。

"但是，这样的表达方式真的好吗？大家可以换位思考，若是你，成了留言墙上的主角，被许多人这样关注、议论，你会很高兴吗？若有人在那里向你表白，你会很得意吗？"看到学生若有所思，我继续说道，"如果大家愿意，我可以提供一些经验给大家。"于是，我开始将从教以来遇到的一个个故事娓娓道来。故事里的主角是他们的学长，在成长过程中都曾遇见过相似的问题，不同的抉择产生了不同的结果。之所以用这个方式提供经验，是因为听同龄人的故事，能让学生在感觉安全的心理氛围下反思自己，看清自己。这里尤其要注意的是，班主任在选择故事的时候，一定不要只选择"失败"的案例——好像两个孩子在高中阶段互生好感，一定就会发展成早恋，而两个孩子一旦"恋上"了，就一定没有好下场……这既不全面，也不客观。许多时候，失败的例子并不能阻止孩子尝试的决心，反而是成功的榜样更容易引起孩子的深思和共鸣。在这些故事里，学生们会看到许多相似的情节，体会到许多相似的情绪，在别人的进退中判断对错，掂量得失，最终做出自己的选择。

不以规矩不成方圆，无论是学校还是班主任，对两性交往都会有一些明确的要求。这些要求，就是我们设定的底线。在我校的《学生手册》上，有这样的明文规定："同学之间互相尊重、团结互助、理解宽容、真诚相待、正常交往……"何谓"正常交往"？我的理解就是，保持合适的人际距离，不打扰、不逾矩。高中学生尚未成年，无论从年龄还是身份上来看，两性交往都不应该是这个阶段的主题。学校、教室是学生学习、活动的重要场所，在这样的场合卿卿我我必定有碍观瞻。人际交往中有四种"距离"，高中生之间的距离应该保持在"个人距离"或"社交距离"。是的，在高中阶段，你可以有自己喜欢的异性，但是，出于对自己和他人的尊重，你应该把这份感觉妥善处理，"不轻易打扰，不放纵逾矩"才是负责的态度。

"那么，在高中阶段的两性交往中，应该注意些什么呢？"充分讨论之后，我和学生一起达成了以下共识——1. 时刻珍视自己。珍视自己的青春，珍视自己的感情。2. 学会尊重他人。尊重他人的意愿，尊重他人的感情。3. 不因为"寂寞""无聊""好奇""虚荣"等原因纵容自己游戏感情。4. 当你发现自己喜欢某一个异性时，记得不要打扰对方的平静，在交往时保持自然大方。真正的关心是为对方着想。5. 当有异性向你表白时，明确温和地表达自己的态度，不要被对方干扰，在交往时依然自然大方。6. 提醒自己目前最重要的是充实自己、提升自己，为将来的自己和家庭做能量储备。7. 相信真正的爱不在眼前的朝夕，真正值得的人也会为你和你的将来着想。

第三阶段，个别辅导，点拨学生学会调整，理性恋爱。经过了上面两个阶段，对于两性交往的相关事宜，师生之间已经建立了默契。但学生在遇到具体问题时，还是难免会有一些疑惑和犹豫。这个时候，班主任恰到好处的个别辅导就显得特别重要。

个别辅导的目的通常有两种：一种是排解"落花有意流水无情"带来的烦恼，另一种是规避"双方义无反顾地投入"时带来的风险。具体可见以下两个案例——

案例1：

女生盈盈和男生大伟都喜爱文学，共同的兴趣使他们都担任了校刊的编辑。平时，两人同来同往，好像有说不完的话，常常还会为一个词的修改争得面红耳赤。有一天，盈盈来找你，吞吞吐吐想说似乎又不知怎样开口。在你的询问下，盈盈忽然交给你一封信，看信封，像是大伟的笔迹。如果你是盈盈的班主任，你会怎样处理这件事？

在这个案例中，作为班主任，首先要明白一个问题——盈盈为什么要把信交给你呢？显然，盈盈之所以会把信交给你，是因为她心里并不愿意进一步发展与大伟的关系，但她也不想破坏两人目前融洽的相处模式。如果明确了这一点，我们的工作目标也就随之确定了——在这个案例里，我们要做的，是指导盈盈怎样拒绝。这时，第二个问题随之而来，我们需要教盈盈拒绝的技巧吗？答案是否定的。我们不需要教技巧，只需要教态度。许多时候，孩子的成长，不能依赖口口相传。他们需要自己思考，自己体验，自己反思。我们可以告诉她，每个人都有拒绝的权利，但在拒绝的时候，对方会很在意我们的态度。"尊重"，是在拒绝时最好的态度。也许有人会问，我们还要看一下那封信吗？当然不。事实上，在盈盈离开时，我还会特别叮嘱她，"别告诉大伟，我知道这件事。"

案例2：

有同学向你反映，最近你班里的女生小丽和邻班的男生小宇走得很近，有时，小宇甚至会来到你班教室，很亲昵地坐在小丽身边。经过一段时间的观察与了解，发现果然如此。小丽是个懂事、乖巧的女孩子，成绩优秀。她告诉你，由于父母经常吵架，她经常觉得自卑和无助。小宇虽然成绩不好，但一直对她很好。她不敢让家长知道这件事，但又很舍不得小宇带给她的温暖。对小宇而言，由于家庭条件优渥，从小就没有学习压力，父母都管不了他，只要求他能够顺利度过高中即可。他明确地表示，他就是很喜欢小丽，喜欢跟她在一起。他不在乎别人的眼光，别人也约束不了他。

在这个案例里，班主任在开展工作之前应该先明确一件事——我们的工作目标究竟是什么？拆散他们，让他们老死不相往来吗？且不论我们能否真正做到，这样的期望，本身合理吗？在我的观念里，两个孩子是可以继续交往的，班主任的作用，只是减少他们交往时的任性，增加他们相处时的理性。

我将两个孩子分别找来谈话。对女孩子，我主要表达了以下几层意思——1. 我理解她的感受：有一个男孩子，在自己最脆弱的时候对自己好，是一件特别温暖的事。2. 我们一定要明白，每个人最终总是要靠自己的力量才能真正站在这个世界上。别人对你好，要心怀感激。但是，不能因为有了别人的支持，就放弃了自己成长、强大、选择的机会。3. 作为女孩子，要格外珍视自己。不要让别人为自己轻易地贴上"标签"，自尊、自重、自爱，既是对自己负责，也是对今后自己的家庭负责。4. 在两性交往中，女性需要保持理性。所谓"奋不顾身的爱情"和"说走就走的旅行"一样，首先需要你付得起代价。所以，我们首先需要清楚地知道自己在哪里？要去哪里？怎样去？真正美好的爱情，不是你给我怎样的生活，而是，我要成为你近旁的一株木棉，"作为树的形象和你站在一起"。

对男孩子，我换了一种方式——你真的很喜欢她，对吗？你能保证自己一直这么喜欢她吗？你初中时喜欢的偶像，喜爱看的书，喜欢打的游戏，现在都还喜欢吗？为什么会有所改变了呢？你觉得喜欢就是要天天黏在一起，昭告天下、人尽皆知吗？你不在意旁人的眼光和议论，你觉得小丽在意吗？你在意小丽的在意吗？你觉得小丽喜欢你什么？是你的优秀还是你带给她的温暖？你想过你们的将来吗？你在为你们的将来做哪些具体的准备呢？……

所有这些问题，我用温柔的语气徐徐道来。我耐心地等待男孩子的答案，许多时候，他给我的是沉默，但我知道，他在认真地思考，这就足够了。

最后，我坚定地说："我相信，你是一个善良的男孩子，今后，会成长为一个负责的男人。我也相信，现在你对小丽的真诚。如果，你真的喜欢她，关心她，就请你更多地为她着想，为她的未来着想。我并不要求你们从此形同路人，再不来往。我只是希望，你能学会控制好自己的情绪和行为，为彼此今后的发展留下更多的余地。当然，如果你真的想争取一下你们的未来，不妨把更多的精力放在当下的学业上，用实际行动告诉女孩子，你是值得信任和托付的，远比用语言更好！你觉得呢？"男孩子重重地点了点头。

是的，在我的身边，经常围绕着两群人——一群是学生，他们对异性充满好奇，对爱情怀有向往。他们经常会问我，"在高中阶段，究竟应该怎样和异性交往？"另一群人是老师，他们在处理学生"两性交往"问题时纠结焦虑，战战兢兢。他们最常说的一句话是："我也是为他们好啊……"

这个时候，我总会想起唐朝诗人韩愈的那首诗——"天阶小雨润如酥，草色遥看近却无。最是一年春好处，绝胜烟柳满皇都。"高中阶段，爱情于学生而言正如初春时分的草色，朦胧可人，为什么一定要让他们闭上眼睛呢？若我们做好准备，胸有成竹，和学生一起将草色遥看，不好吗？

高中生青春期性教育

高中生，正处于青春期的关键时期；而在青春期里，"性成熟"，是一个特别关键的概念。近年来，随着全球气候变暖，加之孩子的营养水平普遍提高，伴随着媒体中的性信息刺激，我国青少年的性成熟年龄已经提前到十二三岁甚至更早。另一方面，由于受教育时间的延长，加之现代婚姻对男女的成熟条件与物质准备的要求逐年提高，我国城市男女的初婚年龄普遍推迟到二十三四岁甚至更晚。于是，有人便将从"性早熟"到"晚结婚"之间的大致十年时期称为"性待业期"。在这个阶段，青少年即使有了性欲望与性冲动，也不能通过合法的性关系得到满足。与此同时，在今天的各大媒体上，却充斥着大量有关性诱惑的信息，青少年内心承受的性压力可想而知。于是，如何帮助他们及时释放性压力，进行青春期性教育就成为每一个教育者无法回避的问题。

毋庸置疑，从性问题的隐私性角度来看，家长才是承担孩子性教育任务的最好人选。然而，我们的家长却有着自己的顾虑——首先，家长们在自己的青春期里并不曾接受过专业的"性教育"，他们的"性知识"大多也是通过后天各种"靠谱"或"不靠谱"的途径道听途说而来。所以，在面对孩子处于不同成长阶段的各种性问题时，他们是真的不知道如何作答。另一方面，也有不少家长担心，刻意地讲授"性问题"，会"唤醒"或"提高"孩子对"性"的关注程度，增添不必要的风险与麻烦。于是，绝大多数家长，对孩子的性教育所秉持的态度是"除非迫不得已，绝不主动开口。"

也有人认为，孩子进了学校，这类问题自然应该由老师讲。可实际上，绝大多数学校因为种种原因，开设的相关课程充其量只能算是"生理卫生课"，远远不能满足孩子们的真正需要。大多数高中班主任，在面对生理上几乎已经完全成熟的少男少女，所做的主要工作还是更多地停留在学业指导、道德规范方面；即便面对学生常见的两性交往问题，我们的努力也往往只是以"情感疏导"或"纪律施压"为手段，力求维持表面上的"风平浪静"与"相安无事"。可是，这样的回避与压抑，真能让学生内心深处那些关于"性"的问题和困扰就此烟消云散吗？答案显然是否定的。可我们又没有足够的勇气和信心去主动挑战这个教育领域，于是只能继续怀揣着一些天真的想法自欺欺人——"有些事，等孩子长大自然就明白了。""只要引导学生把精力放在学习上，他们自然就不会胡思乱想。""我们当年也没有接受过系统专业的性教育，现在不是好好的吗？"

可是，严酷的现实却让我们无时无刻不处于焦虑之中——当孩子无法从家庭、学校这两个地方寻求到他们真正想要的答案时，他们只能转而向媒体求助。在当下的社会环境中，商业化的媒体平台上，被扭曲了的、被放大了的甚至是被误导了的"性"内容无处不在……我们真的就放任让孩子在这样的社会环境中"自学成才"吗？我相信，任何一个想要有所作为的班主任都不会无动于衷。至少，我们可以做到以下几件事——

1. 正视规律，尊重需求

在现实生活中，经常发生这样的情况——人们对孩子的生理发育处之泰然，男孩个子高了、声音粗了、长胡子了；女孩乳房发育了、来月经了……在家长眼里，都是令人欣喜的变化。可是，很多大人却不愿意接受另一个事实——伴随着这些生理上的变化，孩子也渐渐变得"不听话了""不让人省心了"。

为什么会有这样的矛盾心理呢？也许是因为我们还不能正视这样一个客观规律——人类在进入青春期后，下丘脑某些神经细胞发育成熟，刺激脑垂体分泌性腺激素，这些激素能促进女性卵巢发育、排卵、分泌雌性激素，促进女性第二性征的出现；能促进男性睾丸发育成熟产生精子和雄性激素，促进男性第二性征的出现。伴随着性生理的成熟，必然会引起性心理的一系列变化，这其中，最重要的变化之一就是"个体性意识的充分觉醒"。这是客观规律，不会因个人的意志而发生转移。这里，特别要提醒那些重点中学的班主任，千万不要以为所谓"乖孩子"就不会产生青春期性问题。事实上，在"好学生"的光环下，他们的问题往往更加容易被忽略，进而付出惨重的代价。

于是，当我们发现学生从两小无猜、亲密无间的玩耍慢慢过渡到男女界限泾渭分明，偶尔的接触都会变得格外别扭时，就会理解他们进入了性心理发展的第一个阶段——"异性疏远期"，这个阶段大致出现在第二性征出现后的一两年内（大约在初中）。在这个阶段之后，他们的内心会开始对异性产生好奇，喜欢通过各种方式引起异性的注意。也许他们表面上还在回避与异性接触，可是内心却不断地关心异性，并对异性做出评价和比较。我们把这个时期称为"异性接近期"，高中生大多处于这一时期。这时，男女间的好感常常是广泛的，接触与交往多半没有专一性和排他性。当然，也会有个别高中生由于各种原因向成人过渡较快，进入了"异性眷恋期"。他们在对异性群体产生好感的基础上，各自形成了属于自己的若干个"理想模型"，并在具体的两性交往中对个别异性产生依恋，初涉爱河。在高中毕业之后，大多数青少年都会进入"择偶尝试期"，这一时期的青少年由于脱离了纪律的束缚以及大量社会活动的参与，对异性交往的兴趣大增，开始不加掩饰地爱慕并追求异性。

只有当我们了解并正视学生的"性心理"发展规律后，我们才有可能敏感地觉察出面对的学生处于哪一个特殊的发展阶段。也唯有当我们真正理解并尊重学生的性意识发展需求之后，才有可能及时给予学生有针对性的引导和教育。

2．主动学习，理性推进

应该说，性教育是贯穿于人生全程的一个教育过程，它从幼儿的性别教育开始，帮助人们在性认同、性关系、亲密行为等方面建立正确的信念、态度、价值观和活动方式。性教育的内容既包括性的发生发展、生殖保健，也包括人们之间的性关系、性活动、性角色等等，而任何一个方面的问题，都会涉及生物学、社会学、心理学、伦理学等领域的相关问题。作为高中班主任，我们的关注重点自然是"青春期的性教育"，但为了防止"片面、割裂、生硬"，我们必须对完整的性教育有所了解。有意思的是，即使身为教师，和大多数学生家长一样，我们中也很少有人接受过系统、专业的性教育。所以，主动学习势在必行。值得庆幸的是，只要你愿意，在今天可以找到许多学习资源。无论是教师继续教育的网络培训课程，还是各地区相关部门开设的以"生命教育"或"青春期教育"为核心内容的工作室或工作坊，都能为我们提供宝贵的学习机会。大约两年前，我参加过一次专门的班主任培训，其中一块最主要的内容就是"性教育"。在那次培训中，专家从人们对"性"的一般认识讲起，一直到如何在学校具体开展针对学生群体的"青春期性教育"，整整三天的课程，让我受益匪浅。是的，进行相关的"青春期性教育"，只具有"过来人"的经验和善意是远远不够的。我们需要具备专业的相关知识，用专业的态度，通过专业的方式分阶段、多角度地稳步推进。

在具体开展工作之前，我们首先要明确的第一个问题是——学生已经知道了什么？还想知道什么？这将是我们后续工作的起点。通常，我会通过两份问卷开始这样的调查，一份针对家长，一份针对学生。家长方面，我一般会选择在家长会的时候统一发放问卷，并说明发放问卷的原因（即更好地了解学生的成长过程以及身心发展水平）。问卷当中，主要包括以下一些问题——"你了解自己孩子的身体发育水平吗？""在孩子的成长过程中，你们讨论过与'性'相关的问题吗？""你理想中的青春期性教育应该包括哪些内容？""关于'青春期性教育'，你有哪些困惑？"……学生方面，我一般会选择在高一新生初进校的第一个月后统一发放问卷。

第二步，我会请专业人员（如校医或有相关资质的家长）来为学生做

"青春期生理发育及自我维护"方面的讲座,如有必要,男女生可以分开学习。

第三步,我会以心理辅导活动课的形式,开展一系列的"青春期性教育"课程。具体包括:1. 青春期心理发展与自我调适。这个部分,主要通过知识介绍和经验分享等方式帮助学生学会悦纳性角色、调适性情感、控制性冲动、释放性压力。2. 青春期的两性交往辅导。这个过程中,主要通过情景模拟、案例演练等方式引导学生理解青春期性道德规范的具体要求,掌握两性交往中的必要技术,学会合理处理异性的"特殊要求"。3. 青春期性保护与失误预防。这个过程中,通过大量案例的展示,帮助学生了解如何远离危险环境,预防性传播疾病。

通常情况下,当我们完成了这三步之后,学生和班主任之间已经建立了基本的信任关系,之后再有什么具体或隐私的问题,都有可能通过个别的沟通完成。

3. 始于情绪,终于责任

在对高中生进行"性教育"的过程中,"情绪调控"始终是绕不开的话题。对学生而言,无论是"性好奇"还是"性幻想",无论是"性吸引"或是"性冲动",每一个与"性"相关的问题,似乎总与各种情绪相关。所以,对班主任而言,无论是在集体教育还是个别指导的过程中,"接纳学生的各种情绪"永远是首先要做的事。要让学生明白,伴随着第二性征的出现,对性产生好奇感是很正常的事,此时,学会通过正确、合适的途径探索和获取性知识才是明智的选择。在青春期中后期,伴随着性成熟的刺激,经常感受到来自异性的吸引,萌发情感,甚至产生性冲动也很正常。但必须明确的是——人是有理智的动物。人的各种行为不应来自原始的冲动,而必须符合社会的文明习惯、道德规范,还要注意表达方式上的审美价值。

因此,我们的教育可以分为三步——首先,从技术的角度指导学生进行"情绪控制"的相关练习。这样的方法有很多,无论是"将注意力转移到令人感兴趣的某种集体活动或文艺作品中去",还是"把特定的思念和关切写进日记"，都会使自己的感情得到沉淀。其次，从审美的角度帮助学生进行"情感升华"。事实上，在高中的课本中，有许多关于"爱情"的话题，请老师在课堂上对这些文本进行有意识地审美解读，并组织学生展开讨论——"爱情是什么？""怎样的爱情更能打动你？"……一定会有意想不到的收获。最后，从生命的角度引导学生学会为自己和他人的生命负责。青春期自我意识觉醒有两个显著的特点，一是独立性显著提高，有很强烈的"成人感"，希望被当作"成人"来看待。二是开始关注自己的内心世界与存在价值，对周围人给予的评价非常敏感，渴望得到同伴的肯定，以此界定自己的身份，实现归属感。所以，当我们以"成年人"间谈话的方式和语气与学生交流，提请他们尽可能全面而深刻地考虑自己行动的目的及达到的方法时，他们往往不会抗拒。给予他们足够的尊重与信任，告诉他们今天做的每一个决定都会影响到两个人，甚至是两个家庭的未来。告诉他们，每一个人都要为自己的生命负责，也要为自己所爱之人的生命负责。懂得尊重生命，能够克制自己的消极情绪和冲动行为，才是一个成年人最宝贵的品质。

4. 服务成长，指向未来

值得注意的是，在进行"青春期性教育"的过程中，有一个常见的误区：许多人认为校园内的性教育最大的目的是"安全"——保护学生不受到性侵害，预防学生的不当性行为。在这样的认知前提下，我们的性教育很容易变形——最典型的就是把"性教育"简化为"预防婚前性行为"的教育，并在实际操作中过分夸大不当性行为的严重后果。在这样的错误理念之下，许多孩子会对"性"产生错误的认识，会误以为性是羞耻的、恶心的甚至是可怕的，进而为今后的生活留下隐患。这自然与中国几千年来的文化有关，一直以来，大众对性的表达存在于对人格的辱骂里，在言语欺凌的伤害里，在暧昧不清的调侃里，在闪烁其词的态度里……而这些，正是我们要进行性教育的原因。当我们用坦然、阳光的态度告诉学生——"生命是高贵的，创造生命的器官是圣洁的，创造生命的过程是隐私的，性行为本身可以是非常美好……"的时候,我们的表现,本身就是一种示范。

是的,青春期性教育应该是服务于学生的成长,指向学生的未来的。它帮助学生了解自己的身体变化,解决自己的身心困惑,调整自己的观念态度,从而能够以科学理性的方式,积极阳光的心态投身到未来的幸福生活。

在"善解童贞"的公众号里,我曾经读到过这样一句话——"性教育是性别教育,是每一个人的起点;性教育是生命教育,生命源于爱;性教育是情感和责任的教育;性教育是道德和法制的教育。"我深以为然。

在中国今天的校园里,性教育才刚刚进步,但正在以令人欣喜的速度迅速发展着。作为高中班主任,面对着一群正处在青春期的少男少女们,我们任重道远,责无旁贷。要做的事情有很多,面对的挑战也不会少,但我相信,只要我们能真正将"尊重、理性、责任、成长"这四个关键词落在实处,一定会给这一群鲜活的生命带来不一样的明亮色彩。

高中生自主发展活动设计

2016年9月,"中国学生发展核心素养"总体框架正式发布,框架以科学性、时代性和民族性为基本原则,以培养"全面发展的人"为核心,分为文化基础、自主发展、社会参与三个方面,综合表现为人文底蕴、科学精神、学会学习、健康生活、责任担当、实践创新六大素养,具体细化为国家认同等十八个基本要点。

作为其中一个重要的板块,"自主发展"由于具有明确的指向性,无疑是每一位高中班主任关注的重点。众所周知——自主性,是人作为主体的根本属性;青春期,是自主性发展的关键时期;开展活动,是班主任在班级日常生活中提升学生核心素养的最佳途径。于是,如何通过组织一系列有针对性的活动,引导学生在高中阶段顺利完成应有的"自主发展",就成为每位班主任不可忽视的话题。

在我看来,高中生的"自主发展"实质上是要解决"自我同一性"问题。作为西方心理学中的一个重要概念,"自我同一性"的本意是"证明身份",即个体尝试着把与自己有关的各方面结合起来,形成一个协调一致的,不同于他人的独具"同一风格"的自我。简单地说,就是把自己"众多的人格"同一起来,形成一个比较稳定的人格。在个体寻求自我发展的过程中,会思考许多有关"自我确认"与"自我发展"的重大问题,如理想、职业、价值观、人生观等。在这一过程中,必然要涉及个体的过去、现在和将来这一发展的时间维度。自我同一性的确立(identity achievement），就意味着个体对自身有充分的了解，能够将自我的过去、现在和将来组合成一个有机的整体，确立自己的理想与价值观念，并对未来自我的发展作出自己的思考。

具体说来，高中生要实现"自主发展"，其实是要解决三个问题——1. 我是怎样的人？2. 我要成为怎样的人？3. 怎样才能成为那样的人？我们的整体活动构想，就将围绕着这三个问题展开。

我是怎样的人？

作为所有后续努力的起点，学生初进高中，要解决的第一个问题便是"我是怎样的人？"我主要安排了四组系列主题活动。

主体活动设计 1——认识自我、悦纳自我。

这个活动大致应该在高一新生进校后半个月左右开始筹备。筹备期间，可以先做以下一些准备——1. 请每位学生写一份自我介绍，至少包括 5 个优点、3 个特点、1 个缺点。2. 请每位学生的家长为自己的孩子写一份简介，要求一定要用具体的事例介绍孩子的至少 5 个优点和 3 个特点。3. 如果方便，请学生邀请自己曾经的老师为自己写一封推荐信，通过尽可能具体的细节介绍自己的优点或特点。如果不方便，可以从学生之前的品德评语或毕业签订中寻找素材。4. 请每位同学为同桌或同寝室的一位同学写一份简介，用具体的事例介绍他给你留下的最深的印象。

筹备活动完成之后，班主任要进行大致的摸底，对一些可能的特殊情况要做预案。例如，是不是有特殊家庭的孩子，没有家长帮忙写简介？是不是有一些特殊情况的学生，没有老师或同学愿意推荐？如果有，班主任要积极想办法请第三方或亲自为这些孩子写推荐信。

正式的活动既可以利用整块的时间开展，也可以利用零星的时间进行。但要保证两点：第一，要保证充分的时间，使每一位学生都得到全面的介绍。第二，在全体同学介绍完毕后，将所有资料都交给本人保管。然后，在主题班会上开展一个讨论——"在听取了别人对你的推荐之后，对照你自己的简介，你有什么收获或感触？"

例如，班里有个男孩，在认真聆听了母亲、同桌和初中班主任三方对他的介绍之后发现，原来在别人的眼里自己既有许多自己没有意识到的优点——聪明、懂事、善良、耐心，也有一些自己没有意识到的缺点——不善表达、不善体谅。当然还有一些特点——"思维跳跃"。当他了解了这些之后，就可以进一步思考如何"重塑自我"——强化他愿意被别人看到的优点；修正可能给他带来误解的做法或习惯；善用自己的"思维跳跃"的特点，把它用在理科竞赛上……如此，他就有了进步的方向。

是的，这个活动的首要目的，就是要让学生意识到"主观我"和"客观我"的区别。简单地说，就是要让学生意识到"别人眼中的自己"和"自己眼中的自己"往往是不一样的。这恰恰是认识自我的第一步。活动的第二个目的，是让学生意识到"每个人都有自己的特点，而且只要愿意，特点都可以转化为优势"。这恰恰是悦纳自己的基础。也只有当一个人能够正确地认识自我，全面地接纳自我，自我发展才成为可能。

主体活动设计 2——适应环境，融入集体。

正如马斯洛的需求理论所说，人只有在"安全需要"得到充分满足之后，才可能产生发展需要。当人们来到一个陌生的环境时，内心的慌乱很大程度来源于自己的无所适从。我们不知道自己能做什么？该做什么？也不知道周围人的期望和底线在哪里？于是，我通过"我的班规我做主"的班规征集、讨论活动，带给学生更多的安全感和方向感。另一方面，也可以通过"集体生日会""班级之星评比"等小组创意活动提供机会和平台，帮助学生展示自我，迅速融入集体，带给学生更多的归属感与幸福感。

主体活动设计 3——悦纳他人，学会交往。

进入高中后，学生们都面临着一个共同挑战——"他们内心渴望着与人交往，渴望得到来自他人（尤其是同伴）的关注、认同、支持和赞美，但又不知道如何去表达、如何去争取、如何去把握、如何去调整？"此时，"人际交往辅导"就变得格外必要。高一阶段的辅导，应主要集中在"同伴关系"辅导方面。具体说来，我觉得有两个方法可以尝试——一是"校园心理情景剧"，二是组织"团体拓展活动"。

"校园心理情景剧"是一种团体心理辅导方式，就是把学生在生活、学习、交往中的冲突、烦恼、困惑等，以小品表演、情景对话等方式编成"小剧本"进行演出。在这个过程中，学生可通过演戏的方式来表达自己，释放内心隐藏的矛盾与冲突，释放压力。剧中融入了心理学的知识以及教育技巧，让学生表演发生在他们身边熟悉的，甚至是亲身经历的事，从中体验心理的变化过程，领悟其中道理，从而使全体成员受到教育启发。

例如，下面是其中一个校园情景剧的片段——

女生小A和女生小B是小学同学，进入高中后，两人分到了同一个班级，不仅是同一个寝室的室友，而且还是同桌，在同学眼中，两人是形影不离的好朋友。一次音乐课上，小A和小B原本要合作表演一个节目，但在曲目选择上发生了分歧，小A想唱的那首歌，小B不喜欢。

情境1：教室走廊上，小A拉着小B的胳膊来回摇动，"小B，就唱这首歌嘛！你一定可以唱好的……"小B皱着眉头，苦着脸沉默着。小A等了一会儿，"那就这么说定啦！我最爱你啦！"

情境2：教室走廊上，小A有些不开心地看着小B，"这首歌不好，那你觉得哪首歌好呢？"小B皱着眉头说，"我也想不好……"小A更不高兴了，"我找的歌你不喜欢，你自己又没意见！"

情境3：教室走廊上，小A认真地看着小B，"你为什么不喜欢这首歌呢？"小B皱着眉头，"歌是好听的，但我觉得我们唱不好，太难了。"小A想了想，"我是觉得这首歌喜欢的人一定很多，唱的不好也没关系。其实我对你很有信心的！"

……

值得注意的是，老师提供的，只是最基础的剧本。学生在表演的时候可以根据自己的理解在原有基础上自由发挥。表演之后，可以请演员谈一下自己在扮演角色的过程中具体的心理感受，也可以请观众提出自己的看法和意见。

是的，相比于真实生活中的相处，"校园情景剧"的设置虽然是虚拟的，却能消减学生的心理压力，在表演过程中提供给学生尝试、体验、实践的机会，有效提升学生的人际交往能力。班主任可以根据经验和班级的实际情况，将寝室内的常见问题分解成一个个小"专题"，做成一个个"情景小品"，每周一个，每次表演10分钟，讨论20分钟。在这样的互动中，学生不断讨论、不断思考、不断练习，成长的速度是非常惊人的。

"团体拓展活动"是借助于教育学、心理学、组织行为学等相关学科成果，在模拟或自然的环境下，让学生在一系列经过精心设计的活动中，体验个人潜力被激发和团队凝聚力提升的过程，并从中得到启发和成长。例如，拓展活动"初识之美"可以在短时间内消除大家的生涩感，让成员进一步认识彼此，使班级气氛和谐融洽。拓展活动"越狱"，可以让学生在挑战中增加团队意识，学会交流与配合。是的，在"团体拓展活动"中，每位成员为了集体目标的达成，除了要有坚强的意志和勇敢的探索精神之外，更强调与团队内的其他成员真诚交流、亲密合作。唯有彼此信任，不断鼓励，才有可能充分发挥个人潜能，获得最后的成功。也正是在这个类似游戏的过程中，每位成员实践了怎样快速融入新环境、适应新规则。同时，他们也在完成任务的过程中不断尝试沟通、尝试合作，尝试将个人特点与团队目标相结合。所有这些，正是高中生建立良好同伴关系的基础。

主体活动设计 4——多管齐下，学法指导。

学习，是学生的主业。很难想象，一位"不会学习"的学生会真的快乐。相对于初中的课程安排，高中的课程呈现出高难度、快节奏、大容量的特点；相对于初中"填鸭式"的教学安排，高中生会拥有更多看似可以自由支配的"自习时间"。于是，怎样合理安排时间，分配精力，将每天学到的大量知识点进行梳理、整合、内化，再通过及时、有效的训练巩固提升，就成为每位高一新生面临的最大问题。在这个过程中，陌生的学习环境、莫名的学习压力、波动的学习情绪都会影响到他们的学习效果。于是，及时的"学法指导"就相当必要。

具体而言，"学法指导"可以借由三方面的具体活动展开——

1. 由任课教师主导的"学科园地"展示活动。术业有专攻，不同学科的学习方法，最有发言权的当然是任课教师。给每位任课教师提供时间和空间，让他们用自己的方式系统介绍本学科的学习方法。在之后的学习过程中，班主任随时关注本班学生的学习状态，提醒任课教师经常更新自己的"学科园地"内容，并对"学习得法"的学生进行及时表扬，正面激励。在班级文化的建设中为任课教师留出专属空间，既肯定了老师的付出，又表扬了优秀的学生，可谓一举两得。

2. 由高年级学长主导的经验报告会。在高一学生的心里，最信任的，其实并不是教师，而是同龄人，尤其是比他们大一届或两届的学哥学姐。对于高中的学习，相对于教师，他们有更真切的感受和更生动的表达。这时，如果能请到这些学哥学姐来到他们中间现身说法，一定能收到惊人的效果。班主任要做的，是要对这些请来的"专家"提出明确的要求。说什么？一定要导向明确；怎么说？一定要有所侧重。

3. 由学生小组主导的互助学习活动。目前为止，关于"小组合作"的学习方式有很多推荐，方法不一，侧重不同。在我的观念中，有几点原则必须坚持：其一，小组的组建必须由学生自愿，可以参加，也可以不参加，但必须有明确的准入、准出制度。例如：若有人申请加入，必须全部成员同意方可。若要退出，提出书面申请即可。只有让学生根据自己的兴趣与需求，自发的组建学习小组，才可能在后续的活动中保证每个组员的积极参与。那些暂时不加入的学生，也可以在日后的观望中，自行决定是否加入。真正的小组，给予了学生心理上的归属感，而进出的弹性，保证了学生的安全感。其二，小组的活动方式必须由学生自己决定，但必须遵守校级班规。规矩之内，自由翱翔。一开始，班主任可以建议每个小组每周活动一至两次。之后,就可以逐渐放手。让小组根据成员的需求,安排学习活动。只要在规则范围之内,活动的空间完全可以从教室延伸到图书馆,从线下延伸到网络。这在假期中尤其常见。例如,平日里,小组成员可以在约定时间和地点,共同完成英语听力训练。寒假中的小组成员可以通过网络软件进行英语单词的突破竞赛。其三,每个小组可以有不同的阶段目标,但必须定时展示达成情况。由于是自由组建,小组会呈现出很多个性化的特征。有些小组以寝室为单位,有些小组以学科为核心,这些都不重要。重要的是,每个小组都必须为自己明确阶段目标,并定时展示达成情况。这里,班主任可以建议,目标虽然不一定是考试成绩,但一定要尽可能具体、可评价。例如,在下个月内保证小组成员语文默写全部过关。评价的主体除了组员之间,还应该包括第三方,如任课教师或家长。其四,小组之间可以互助交流,但在班级活动的大框架下必须有统一、积极的表现。在小组活动的过程中,班主任可以通过组织班级活动将各小组链接起来,启发他们进行小组间的互助交流,优势互补。例如,班主任可以组织优秀小组的活动展示,请在学习上取得显著进步的小组介绍活动经验。在整个过程中,班主任要保持平和心态,具体做好两件事:提供建议、给予激励。要相信,小组的组建与发展一定是一个循序渐进的过程。只有动态的优势才是真正的优势,学生正是在不断地尝试过程中渐渐成长起来的。

我要成为怎样的人?

在全面地认识了自己,初步适应了高中生活之后,第二个问题就自然呈现在学生面前——"我要成为怎样的人?"学生探索这个问题的过程,恰恰是从"现实的我"迈向"理想的我"的第一步。这里,我主要安排了两组系列主题活动。

主体活动设计 1——探索自我的可能性。

这个活动大致可以分散在一个学年内完成,具体包括两个部分——

活动1：对话自我——给自己的三封信。

第一封信大致安排在前文中提到的"认识自我、悦纳自我"活动结束后的一周之后进行。找一节主题班会的时间，放上悠扬的背景音乐，发下漂亮的信笺，请每位同学给"过去的自己"写一封信。写完后，请学生亲手折好放进事先准备好的玻璃瓶封存，承诺不会有人偷看，只是代为保存，毕业时会作为礼物还给他们。

之所以这样安排，是因为唯有和过去郑重道别，才能真正进入一段新的生活。写信的本身，是学生和自己的内心对话，他会开始认真思考"我是怎样一路走来？谁该对今天的自己负责？谁又该为未来的自己买单？"

当观察到绝大多数学生已经真正融入了新的集体之后（大致可以安排在顺利完成两次团体拓展活动之后），写第二封信的时机就差不多成熟了。这一次，我会选择另一首背景音乐，发下漂亮的信笺之后，在黑板上写上"写给现在的自己"。30分钟后，我会征求学生的意见，"有人愿意分享自己写下的文字吗？"也许会有，也许不会，但都不要紧。我依然会请学生将亲手折好的信放进事先准备好的玻璃瓶里封存。

写第三封信的时机需要等待，一般应该安排在每位同学大致确定了自己的奋斗目标之后，大致的流程和前两次一样，这次的主题是"写给未来的自己"。

之所以安排学生郑重地给自己写这三封信，是因为时间上的"自我同一性"本身就包含着自己和他人对自我在不同时间上的一致性和连续性的认识。只有当我们能够认识自己的过去是怎样的，将来会怎样，并把这两者整合统一，才可能发现现实自我中最有价值的部分。

活动2：参照他人——"那些带给我感动和启发的人或事"。

这个活动建议可以和语文老师联手完成，活动的周期至少需要半个学期，最后呈现的形式很多，"分享演讲"可以是其中的一种。整个活动可以由三部分组成——"名人传记阅读分享会""个人偶像推荐会""身边人访谈"。

"名人传记阅读分享会"部分，可以由语文老师主导，开列书单，推荐古今中外的名人传记供学生选读。在这个过程中，引导学生通过阅读，寻找传记中的主人公人生经历中的关键节点，关键事件，以及主人公的核心品质。

"个人偶像推荐会"部分，可以由学生主导，利用课余零散时间推荐自己喜爱的文体界或演艺界明星，并说出推荐的理由。

"身边人访谈"部分，可以作为假期实践作业布置给学生，由家长配合完成。这里的"身边人"，主要是指学生在生活中可以接触到的平凡人群，包括父母辈、祖父母辈的亲戚朋友、熟悉的邻居或社区服务人员等。在访谈前，要求学生事先准备好采访提纲，有明确的问题指向（主要围绕被访谈者的人生经历展开）。在采访的过程中，要求有完整的采访记录（可以是速记，也可以是录音资料），要求有正式的合影。在采访之后，要求学生写下访谈感想。

之所以安排这样的活动，是因为在青少年成长的过程中，"探索自我"常常是从"追逐偶像"开始的。我们应该听一听孩子们介绍他们心目中的那些偶像，也许他们并不只是被光鲜的外表迷惑，每一种爱，都有原因。我们要做的，只是在可能的时候，将他们的视线做一番牵引——在古今名人的传记里，他们会发现每一个人的成功和失败都有理由。在别人跌宕起伏的人生中，他们会印证那些无数次在书本上看到的道理。在对身边人的访谈中，他们会发现原来普通人的故事也有那么多精彩，也能带来那么多温暖和感动。是的，我们只是想要引入更理性、更深刻、更全面、更亲民、更具价值的榜样，作为学生成长历程中的参照。

学生会渐渐发现，每一个人的命运，其实都与他们所处的时代、社会环境息息相关。在同一个时代、同样社会环境中的人，也会因为自己的种种选择和决策而走向不同的方向。"选择"和"决定"如此重要，那么，我该如何选择和决策呢？

主体活动设计2——科学、理性规划未来。

这里的规划包括两个方面：学业规划和职业规划。通常在进行规划时要综合考虑很多因素，例如：社会的需求、个人的兴趣、可能的作为、拥有的资源等。所以，我们的活动就从这里开始。

活动1："专业测试面对面"。

可以在校内专职的心理教师和校外专职的职业指导师配合下，为学生进行一系列的专业测试，如"卡特尔16种人格因素测验""霍兰德职业兴趣量表""一般能力倾向测验（GATB）""差别能力倾向测评（DAT）"等，以帮助学生系统了解自己的人格特征与职业倾向。

活动2："资讯解读，家长在线"。

要做出明智的个人规划，除了要了解自身，还要了解社会——往远了说，五年之内、十年之内，这个社会会发生怎样的变化？对人才有哪些具体的需求？往近了说，近三年内，我国高校布局会有哪些变化？我省的高考录取政策会有哪些改变？凡此种种，身处信息社会的我们必须敏感。然后，作为身处象牙塔内、背负着沉重课业负担的学生，我们不可能要求他们"事事皆知"。这时，班主任可以利用"家长委员会"，借助网络平台，组织、发动全体家长，在能力范围内，帮助我们自己的孩子，完成对最新高考政策以及未来若干年内的国家就业形势的信息收集、整合和解读工作。

在这个过程中，班主任首先要在"家校联系"和"班级宣传栏"等平台上推出一些有用的信息作为示范，让家长和学生明确我们需要怎样的信息？需要以怎样的方式呈现？之后，当有家长能够提供类似的信息给班主任时，班主任在审核、转发给全体家长时，要特别注明"某某家长热情提供"。一段时间后，良性互动已然形成，班主任便可以在家长中寻求更专业的资源对相关政策进行更深层次的解读。

这样做，既可以减轻学生和班主任搜集各种有用信息的负担，又可以让家长有更多的机会参与学校的教育工作。唯有当学校、家庭和个人三方都真正理解了当下的高考政策与生涯规划的内涵，之后的合作才会更加顺畅。

活动3："职业访谈"与"职业体验"。

必须承认，之前的两个活动，更多的还只是停留在理论层面。对于学生来说，无论听过再多道理，如果没有亲身的体验，还是无法真正与社会链接。于是，我会在高一或高二的寒暑假，鼓励学生对自己感兴趣的职业进行一次全方位的亲密接触，并在开学后的班会上进行图文并茂式的分享交流。这里的活动主要有两个形式——一是深度采访几位你感兴趣职业的从业人员，了解他们的工作性质、工作环境，了解他们工作中的甜酸苦辣。二是在可能的情况下，亲身体验几天自己感兴趣的职业。即便不能直接参与，也会因近距离的旁观，而产生更深的感触。当然，无论是从学生的安全考量，还是从平台和机会的争取，这里一定需要得到家长们的理解和支持，但我相信，有了前面的铺垫，这里的问题会得到顺利解决。

活动4：毕业生返校时的双向座谈会。

每年的寒暑假前后，是毕业生回访母校的集中时段，他们可能只是回校探望自己曾经的老师，也可能带着就读高校的宣讲任务。这时，如果班主任能够提前给回校毕业生布置明确的任务，在他们回校时组织好毕业生和在校学生的双向座谈会，相对于空泛的侃侃而谈，一定会收到更好的效果。

在我看来，双向座谈会常常围绕着"介绍"与"回答提问"两个环节展开，主要应该涉及以下内容——1. 毕业生介绍自己现在就读的大学与专业的基本情况。高中生关注的重点往往是大学专业排名、所在城市生活条件、学校所处地理环境、校园文化、寝室条件、专业课程开设情况、大学毕业生去向等。班主任要引导毕业生多介绍高中生关注的第二点，要进入该大学该专业所需做好的各项准备。在浙江省，由于新高考的制度改革，不同大学、不同专业对选考科目和成绩都有不同的要求。随着"自主招生""三位一体"考试的全面铺开，这些对高考和大学有过切身体会的毕业生能提供的第一手信息实在太宝贵了。

活动5：限定时间，审慎思考，制定自己初步的人生规划。

在浙江省，通常在高一学年的期末阶段，便要求学生基本确定自己的选考科目，以利于开展走班教学。所以，经过一学年的准备，我们可以要求学生和家长在约定的时间内，经过审慎思考，制定自己初步的人生规划。为便于操作，我会提供这样的"思考路径"，请家长和学生通过回答下列问题，充分讨论，逐步达成共识——1. 未来，你想在怎样的城市生活？2. 未来，你想从事怎样的职业？3. 根据自己理想的职业，你应该选择怎样的大学专业？4. 这些专业，有哪些不同层次的大学可以选择？5. 根据对大学及专业的选择以及个人的学习情况，你最终确定选择哪些学科作为选考科目？6. 根据你了解到的高考政策，你最终怎样确定你的选、学考的时间节点？7. 对照你的未来目标和整体现状，你现阶段的学习目标是什么？

需要强调的是，这些问题的答案并不需要"唯一"，也并不是"不可改变的"。我们都知道，没有人可以按照着预设的计划走完人生。但是，只有确定了大致的目标，我们的努力才有抓手，我们的目光才有方向。在后续的学习中，我们完全可以根据现实状况不断地调整，但最初的梦想一直都在。正是这种由远到近的推想，倒逼着学生从"仰望星空"到"脚踏实地"。也正是在这个不断体验、思考、选择、取舍的过程中，学生的综合能力得到了成长。

怎样才能成为那样的人？

当学生明确了自己"从哪里来？现在在哪里？要到哪里去？"这三个基本问题后，最后要解决的问题就是——"我怎样才能到达那里？"即"怎样才能成为那样的人？"

在我看来，这里可以安排两组系列活动。

主体活动设计1——自我管理训练。

活动1：时间管理训练。

对高中生而言，学会合理分配自己的时间和精力是提升自己学习效率最有效的途径。训练的过程大致分为三步——

1. 在正式活动前一周，布置每位学生记录好自己的"一天时间安排"和"一周时间安排"。方式很简单，每天睡前，回想今天一天的时间到底用到哪里去了？记录一定要真实，越详细越好。如下表：

我的一天： 月 日 星期	
时间段	活动内容
6 点至 6 点 10 分	起床洗漱

2. 利用班会课的时间，带领学生进行模拟案例分析，学会如何优化时间安排。

例："小明的一天"（片段）——小明是高一的同学，今天早上 6 点就醒了，想早点起来去教室看看书，可又觉得 6 点 40 还要晨跑，再回来太麻烦，便打消了这个念头，继续睡。结果起床铃打过了都不知道，醒来看看表，只有 5 分钟就晨跑了。他很快穿衣服洗完脸，一路狂奔到了操场，还好，没有迟到。跑步完了去食堂，足足排了 15 分钟的队才打到早饭。饭后到了教室早读，他发现自己不知该先看什么书，拿起英语课本觉得应该先看语文。拿起语文课本觉得还是该先看英语。拿起又放下好几次以后终于决定用一种最简便的方法决定，那就是抛硬币。结果是先看语文。

这里，可以请学生分组讨论，找出小明在每个时段时间管理上的问题或漏洞，并提出优化方案。在这个过程中，关键是要引导学生学会如何统筹安排时间？

例如，我们不难发现，小明早上的这个时段中有三段时间利用效率不高——早上醒来后，又睡了 35 分钟。食堂排队 15 分钟。早读时犹豫看哪本书 10 分钟。通过讨论，我们发现，如果要优化这段时间的安排，最好的办法就是"提前做好规划，珍惜碎片时间。"具体说来，小明可以于每天 6 点准时起床，完成洗漱后，带着英语书去食堂买早餐。在等待食堂开餐的时间里，可以背英语单词。完成晨跑后，小明可以回教室享用早餐。早读之前的时间，小明可以按计划背诵历史考点。早读开始，小明可以开始读语文。

3. 课后，要求学生重新审视自己上周的生活记录，将最常进行的生活事项依照重要性和紧急性不同列在"四象限"表格上，借此发现自己在上一周的时间管理上存在的问题。提出优化方案，并鼓励学生张贴在班级的分享园地。

需要说明的是，是否将自己的时间管理表张贴出来，应该尊重学生自己的意愿，刚开始的时候可以要求每人每周至少分享一次。分享的时间应该至少保持 21 天，即习惯养成的一般时间。在这个过程中，班主任要及时表扬那些做得好的学生，鼓励他们传授经验。同时，也要尤其关注那些不愿意分享的学生的时间管理情况，发现问题，及时介入。

活动 2：自控力训练。

对高中生来说，如果计划总是无法按时完成，不外乎两个原因：一是自我期望过高；二是自控能力太弱。这时，我们要做的，除了帮助学生认清自我，调整期望之外，就是帮助他们进行"自控力训练"。具体可以通过两个活动展开——

一是组织"再坚持一下"的小组活动。长期的工作实践中，我发现许多学生的问题并不是不知道该怎么做，而在于无法坚持。这时，我会组织学生展开讨论，罗列出自己觉得最难坚持的瞬间，如：长跑中极点到来的时刻、自修课想要放松的瞬间……然后，我请学生选择和自己具有相同烦恼的同学自愿组成小组，外聘 1~2 位没有这方面烦恼的同学做督导，在一个星期之内争取帮助他们改进这种状况。我们的口号就是——"来！让我们再坚持一下！"一周后，全班一起进行反馈，给成功解决问题的小组颁奖，请他们介绍经验；为尚未成功的小组加油，为他们出谋划策。

整个活动至少坚持一个月，每位同学至多参加两个小组。当活动结束之后，有需要的同学可以继续坚持，也可以参与下一个小组，为自己设立新的目标。这个活动，主要是想借助同伴效应，在互相的监督和鼓励之中，找到坚持的理由和力量。当学生在过程中有过哪怕一次成功坚持的经验，就会树立起战胜自我的信心。我们就可以继续鼓励他,"这次做得很好!下次能不能坚持得更久一些?"

二是组织"学会拒绝,从我做起"的主题班会。如果你问一个学生,为什么没有完成原定计划?最常听到的理由往往就是,"临时发生了什么事,让我走了神,分了心,改了道,所以……"总之,不是来自外界的干扰,就是来自内心的诱惑。

于是,引导学生学会拒绝,就成了自控力训练不可缺少的部分。这个部分可以通过召开主题班会的形式进行。班会主要分为以下几个部分:1. 组织讨论:"是什么在干扰我们的原定计划?"(通过具体案例,帮助学生找到干扰源。)2. 组织讨论:"为什么我们无法专注?"(是外界诱惑太大,还是自己缺乏目标?是不会拒绝,还是不想拒绝?)3. 组织讨论:"怎样排除干扰?怎样拒绝诱惑?"(请有经验的同学介绍自己在面对干扰或诱惑时的思维方式和具体措施。必要时,可以模拟情境,请学生练习应该如何思考和行动。)4. 每人为自己设定一个"抗干扰"小目标,公示在家长群和班级群,记录实践体验。(请每位同学设定一个"抗干扰"小目标,如目标:控制周末上网时间为2小时。措施:请父母监督;固定上网时间并设定闹钟;将电脑搬出自己房间;为周末制订明确学习计划。)

需要明确的是,主题班会只是活动的第一步。我们不能指望依靠一次班会就能解决学生的一切问题,但一定会是一个很好的开始。

主体活动设计2——情绪调节训练。

高中生作为青春期的一个特殊群体,正处于身心矛盾较多、情绪较不稳定的时期。现代社会的激烈竞争、快速节奏,文化观念的多元碰撞,生活、学习的压力与挫折都可能使高中生产生种种不良情绪,进而影响其身心健康与生活、学习。所以,有计划地带领学生进行"情绪调节"训练就变得特别必要。这里可以请专业的心理辅导教师协助,具体分三步完成——

活动1:"识别情绪"训练。

据说,人类的每种表情都是"特定部位肌肉的特定运动"的结果,所以人的情绪识别水平是可以经后天训练提高的。活动中，可以通过对不同表情图片的分析，让学生对人类表情产生系统的理解和认识。之后，可以请学生进行角色情境扮演，在游戏中，可以增加学生对情绪的直接体验。

值得一提的是，这里的"识别"不只是对他人情绪的及时反应，也包括对自身情绪的及时觉察。对于高中生而言，显然后者更难。当他们遇到问题，觉得愤怒或者烦躁的时候，往往会有两种可能——一是"所谓的理性思考"，即回想整个事件，找出引起自己负面情绪的原因。但这样的"思考"，除了让自己更沮丧或是更愤怒，对情绪的改变并没有帮助。二是"习惯性的逃离"，即遇到情绪问题，习惯于通过游戏、小说，甚至是学习来作为转移注意力的手段。显然，这种逃避对学生长期的发展也是不利的。

我们提倡的"情绪觉察"，是对自己当下情感的自我认识。比如，在遇到一件不幸事件后，体验自己此刻的心情是微怒、生气还是悲伤。这种感受只是自己的，与他人无关，与事件也没有关系。"觉察自身情绪"的训练可以从引导学生将注意力放在自己的身体感受上开始——"我的胸口觉得闷吗？我的脖子和肩膀是紧绷的吗？我的声音是饱满而洪亮或者是艰涩而微弱的……"是的，觉察自己情绪的最好的办法就是"暂停""切断"与外界和他人的联系，只是专注于自己身体的感受。这种训练只有在平时经常地练习，在关键时候才可能发挥作用。

活动2："表达情绪"训练。

当我们掌握了识别情绪的方法之后，接下来就可以进行表达情绪的练习。第一步，练习"说情绪"，而不是"做情绪"。可以采用"情境再现"的方式，让学生理解"说情绪"和"做情绪"的不同。

案例1："某班有两位女生，小王和小唐同住一个寝室，关系非常好，平时吃饭、打水、自修都在一起。期中考试后，其中一位女生小王突然和另一个寝室里的学生熟络起来，吃饭、打水都会主动叫上她们。小唐看在眼里，心里很不舒服。时间一久，小唐觉得小王是在故意疏远她，每当看到她们在一起聊天都好像在说她的坏话，渐渐地小唐也就不理小王了……"

对于这个案例，可以请学生讨论下列问题：1. 如果你是小王，你觉得自己能否及时感觉到小唐不开心了？2. 如果能，你的依据是什么？3. 你能否理解小唐一开始时的"不舒服"？（培养学生"共情"的能力）4. 在"共情"的基础上，请你代替小唐试着用"说事实、说感觉、说希望"的句式，描述自己在第一次看到小王和隔壁寝室的同学在一起亲密互动时的情绪。5. 在"共情"的基础上，请你代替小王试着用"说事实、说感觉、说希望"的句式，描述自己在发现小唐不理自己的情绪。

这样的练习，可以让更多的学生尝试参与，并且请旁边的学生及时给予评价与反馈，指导教师可以在一边进行专业的点评和示范。过程中，要特别强调以下几个方面——1. 处于极端情绪状态时，要暂停情绪的表达。2. 表达负面情绪时，真诚并不代表肆意发泄，"就事论事"是基本原则。3. 表达情绪时，场合与时机的选择特别重要。一般来说，对方在专注、相对没有压力和疲倦的状态下会比较容易理解你的表达。4. 一般来说，在不满情绪刚刚萌芽的时候，可以用幽默的态度来表达内心的不满。但在负面情绪比较明显的时候，建议明确说明导致这份情绪的缘由，以加强对方了解因果关联性，并给对方一个解释的机会。5. 要为自己的情绪负起责任，不要把对方当成是自己情绪问题的症结。在表达时，不要做评论式的人身攻击，只要客观地描述，这样既能清楚地表达自己，又能避免刺激对方。

几次练习之后，相信学生无论在情绪的表达还是沟通的技巧方面，都会有不小的收获。

活动3："处理情绪"训练。

排除一些偶发事件，高中阶段，学生最常出现负面情绪的根源大约就是三种——孤独、挫败、焦虑。伴随着青春期生理与心理的快速发展，高中生的"孤独感"几乎是与生俱来的。他们常常觉得"我是独一无二的，谁也无法真正理解我"。而在整个高中阶段，没有人能保证自己一帆风顺，遇到问题，挫败感和焦虑感便随之发生。根据具体情况的不同，处理这一类情绪的方式也不尽相同。归纳起来，班主任往往可以采取下列措施：

1. 在关键节点，通过组织各种形式的集体活动化解群体性的负面情绪。这里的"关键节点"，是指高中阶段的某些特殊时刻。例如，新班级刚组合时，是学生最容易产生孤独感的时刻，这时可以组织学生进行一些简单的户外集体活动，如：登山、拔河、趣味运动会等。在这些轻松、有趣的集体活动中，学生会迅速熟悉起来，也会在新集体中发现许多有趣的人和事。再如，大型考试之后，往往是学生"挫败感"集中爆发的时间节点。这时，除了与学生单独沟通之外，还可以通过合唱、班级长跑等形式，帮助学生宣泄压抑的情绪。当然，合唱曲目要精挑细选，长跑在形式上一定要有创新……只要稍微用些心思，一定会收获许多惊喜。

2. 捕捉时机，通过系统的不同形式的人际交往指导活动，帮助学生建立起坚强、积极、和谐的人际关系网。如前文所说，在高中的不同阶段，人际交往指导的侧重点也有所区别。高一阶段的辅导，主要集中在"同伴关系"辅导方面。高二阶段，则应有意识地开展"异性交往"辅导。除此之外，每年的母亲节、感恩节前后，也是"亲子关系指导"的好时机。在"亲子关系"指导中，我们可以开展以下一些活动——（1）请孩子和父母就同一个话题给对方写一封信，并在家长和学生共同参与的班会课上选出一些有代表性的信进行交流。信的话题可大可小，但一定要让双方都有话说。比如，"妈妈，请相信我……"与"孩子，我为什么总是不放心……"（2）找到双方常常出现矛盾的点，利用家长会和班级例会引导双方分析在沟通方式上各自可以做哪些改变？例如，"孩子在家究竟应不应该锁上自己房间的门？""孩子为什么不愿意跟我说学校的事？"（3）通过班级微信群，定期向家长推送关于青春期家庭教育的文章。（4）组织学生在假期探访自己的祖辈，教会祖辈一项新技能（如使用微信等），并以"有一天，我会长大，你会老……"为题，写一篇探访手记。（5）有条件的，可以组织学生和家长进行以班级为单位的亲子两日游，去哪里不重要，重要的是在过程中布置一些需要双方共同配合完成的任务，增加双方深度交流的机会。（可以借鉴"爸爸去哪儿"）

需要说明的是，这些活动并不需要一起完成，可以在一个学期甚至更长的时间里慢慢推进。所有的活动都是为了促进他们彼此沟通、增进理解；班主任的作用主要是两个：一是提供平台、创造机会；二是及时给予双方沟通技巧方面的指导与引领。

3．指导学生运用情绪调节的"ABCDE"技术，不断进行情绪调节的训练。利用艾利斯的"ABC"理论，我们可以通过一个个具体的案例，指导学生运用"ABCDE"技术完成情绪的调节和转化。例如下面的案例——问题情境A：我在食堂遇到同桌时，对方没有跟我打招呼，反而跟别班的同学有说有笑。不合理观念B：我们是同桌，他看到我却没有反应，一定是对我有意见，有想法。说不定就是觉得我的成绩不好而看不起我。不良情绪或行为反应C：敌意、郁闷、失望、愤怒，不想再和他同桌了。尝试反驳不合理观念D：(1) 同桌视力不好，食堂那么多人，也许是没看到我呢？(2) 就算他看见了我，没和我打招呼，就一定是对我有意见吗？(3) 他怎么知道我的成绩不好呢？不是还没有考试吗？(4) 就算我成绩不好，但朋友之间的感情真的会因为成绩的好坏带来影响吗？(5) 他没有主动跟我打招呼，我不是也没有主动跟他打招呼吗？重建合理信念，完成情绪改变E：如果我继续坚持这个信念，我会更难过。为什么要这么执着于一件小事呢？干脆待会儿见到他之后，我直接问问他刚才在聊什么高兴的事情吧。

当然，这样的训练若要收到效果，并不是一蹴而就的。但是，一旦学生有了"对自己的情绪和行为"负责的意识，也就是学生即将成长的信号。而当他们开始有意识地不断在生活、学习等不同领域反复实践着如何识别情绪、表达情绪、处理情绪，他们的情绪调节能力就一定会得到发展。

是的，培养学生"核心素养"的工作，其实我们一直在做。组织开展各项活动，也一直是我们众多工作中最重要的一环。今天，国家之所以郑重提出"中国学生发展核心素养"的总体框架，其实只是为了在概念上完成与国际的接轨，只是为了带领我们对一直以来从事的工作进行一次走心的梳理、系统的架构与科学的规划。

对于一名十五六岁的孩子来说，高中三年绝不仅仅意味着完成升学任务，这会是他"自主性"快速发展的关键三年。在这三年里，他将初步完成世界观、人生观、价值观的确立；在这三年里，无论主动还是被动，他都会尝试着解决一些"自我同一性"的问题；在这三年里，他都在面对着"如何学习"与"如何生活"两大基本问题。

是的，今天我们必须要主动思考——怎样在"核心素养"的科学架构下，将平日里一直在组织开展的那些随机的、零散的、个人的活动整合起来，做出一套系统的总体规划。是的，只要我们愿意主动思考，一定能借着"活动"这个最有效的载体，带领我们的学生在人生中最闪亮的三年，不断探索，自主发展，学会学习，健康生活！

第四辑

班主任成长，
一直在路上

作为班主任,面对复杂的教育生态环境,我们真正能够完全把控的因素,其实并不多,做好自己的"情绪管理",应该是最重要的一环。

走上讲台,你准备好了吗?

——给新教师的几点建议

在一个学期快要结束的时候,学校给我分配了一个新任务——带一位新教师。校领导特别交代,"这位新老师高中就在我们学校就读,大学一直读化学专业,现在硕士毕业了,愿意回母校当老师。因为是非师范生,没有实习经历,所以这学期让他先来适应一下。除了多听课,你要在各方面都要严格要求他,多教教规矩哦……"

回想这几年,我好像一直都在"带徒弟"。每次看着一张张青春腼腆的笑脸,想象着他们是如何怀揣着梦想,从大学校园再次回到高中校园,我都会想起二十多年前初上讲台时那个忐忑的自己。在时隔二十多年以后,当我看着身边一茬又一茬的新教师是如何努力摸索、不懈进取地走在成为一名合格乃至优秀教师的路上,总是会有许多肺腑之言想与他们分享。

一、尽快完成角色转换

教师,是一个专业技术岗位,但和其他许多专业技术岗位不同的是,要真正进入"教师"这个专业角色其实并不容易。在我的观察里,新教师所面对的主要问题并不在于"学科专业方面",毕竟这些学科方面的内容高中时他们自己就学过,大学阶段又进行过更专业、深入的学习,上手并不困难。他们真正的困难在于如何在正式踏上工作岗位之后,尽快完成角色转换?我建议可以从三个方面着手——

1. 从专业上理解"教师角色"

什么是教师？在《中华人民共和国教师法》中，对教师的概念界定为——"教师是履行教育教学职责的专业人员，承担教书育人，培养社会主义事业建设者和接班人、提高民族素质的使命。这一界定包含了两个方面的内容：一是教师职业是一种专门职业，教师是专业人员；二是教师是教育者，教师职业是促进个体社会化的职业。"如果让新教师用"自己的话"来描述教师，他们大致会这样形容——"教师，要会给学生上课，因此要具备足够的专业知识；教师，还要会给学生讲道理，因为要帮助他们成长为对社会有用的人。"这样的理解完全没毛病，但问题是知易行难——什么叫"会上课"？内容正确？条理清晰？什么叫"具备足够的专业知识"？会解题？会讲题？什么叫"会给学生讲道理"？学生爱听？效果显著？

是的，在当下的社会环境中，似乎每一个人都能对教育指点评论，似乎每一个略有些成就的人都能被尊称一声"老师"。作为教师，我们自己必须清醒地认识到——教师这个职业是有着很强的专业性的，如果没有经过长期、专业的训练，并不是每一个成年人，只要愿意，就能胜任。理解了这一点，新教师就该明白，即使已经读过高中、读过相关专业的大学，甚至已经读到了硕士、博士，即使自己的学业成绩优异，但在"做老师"这一件事上，仍然需要摸索和钻研——上课，不能仅仅满足于把内容讲正确、讲完整，还要思考如何让学生更容易理解和记忆；听课，不能仅仅满足于把老教师的授课流程记录下来，更要思考他们为什么选择这样的方式？采用这样的流程？那些在书本上被无数次圈画的理论，一旦落到现实里，会生发出许多新的情境与问题。只有当我们真正从专业的角度去理解这个职业，成长才成为可能。

2. 从心理上进入"教师角色"

在与新教师的接触中，经常发现一个有趣的现象——虽然明知道自己已经参加了工作，但也许是因为刚刚走出大学校园，也许是因为在身边众多的前辈面前自己还是小字辈，他们总会时不时地产生一种"自己还是学生"的错觉——面对解题，习惯站在自己的立场上，以做出答案为目的；而不能站在学生的立场上，以归纳方法、触类旁通为目的。面对学生，莫名心虚，不敢作为。总觉得多一事不如少一事，不到万不得已不要和学生针锋相对。面对工作，缺少主动性和前瞻意识。总觉得只要上完了课、批完了作业，就像当年"把老师布置的作业全部认真做完了"一样，自己就是个乖孩子、好学生。

是的，从心理上进入"教师角色"不只需要时间，可能还需要一些外界的手段。比如在仪表上开始对自己有所要求，不再任性地只按照自己的喜好行事。比如在每一次与学生或家长互动之后，回头审视自己的表现，"刚才，我的言行像一位老师吗？双方的沟通达到了预期的效果吗？"比如在课堂上尝试着和学生有更多的眼神交流，在他们的专注表情里慢慢找到存在感。比如在办公室里更主动地和同事探讨学科问题，在频繁的交流中慢慢建立属于自己的职业自信……是的，就像每一个孩子必须先在心理上把自己"当作大人"，才有可能在实际生活的磨练中慢慢成长为一个真正的大人。教师的成长，大约也是如此。

3. 从态度上尊重"教师角色"

值得注意的是，这里的"尊重"并不是指面对某一个人时的恭敬谦卑，而是指在面对"教师"这个身份角色时的心存敬畏。经常问问自己，当初为什么选择这个职业？只是因为它看上去比较稳定吗？经常问问自己，还有更好的选择吗？如果有，为什么要放弃？经常问问自己，究竟知不知道对一个具体的学生而言，老师拥有多大的能量？一个冷漠的眼神、一句轻慢的话、一节随意的课，会在多大程度上影响孩子的一生？经常问问自己，是否还记得自己曾经的某位老师，又为了什么会牢牢地记住他（她）……是的，唯有当我们真正对这份职业心存敬畏的时候，才有可能在新鲜感逐渐淡去的漫长岁月中始终认真地面对教育中的每一个细节，谨慎地审视着那个站在讲台上的自己。

二、尽快熟悉工作流程

在基本完成了角色转换之后,新教师的下一个任务就是尽快熟悉本单位的工作流程。这时,建议新教师努力做到"五个多"——多观察、多请教、多记录、多思考、多实践。比如几点到岗?如何打卡?遇事向谁请假?印资料如何签单……这一类一般性工作程序。再如,听课之前如何报备?听课之后怎样讨论?批改作业的常规要求?导学案的编制格式……这一类教学方面的规范。甚至,批评学生的尺度、约谈家长的方式、求助领导的渠道、工会活动的内容……这一类校园文化方面的风格,都可以在平日的观察中得到答案。一般而言,大家对初来乍到的新人会特别宽容。这个时候,有不明白的地方多问两句,同事都会特别耐心地给你解释清楚;若在入职一个学期以后,你再把同样的问题抛出来,难免就有"不够用心、进入状态太慢"的嫌疑。

是的,每一位新教师都应该特别珍惜自己工作第一年的时光。在这一年里,你要睁大眼睛,用心观察身边的人与事。遇到不明白的,及时向你信任的老教师请教——这件事一般怎么操作?为什么这么做?还有其他的处理方法吗?对于比较简单的事务,我们要主动争取实践的机会;对于相对复杂的事务,我们要跟着师傅学,及时做好记录和备份。值得注意的是,我们要熟悉的是学校制定的、规范的工作流程;是学校长久以来形成的、优秀的工作风格,而绝不是某些人嘴里的"套路"与"捷径"。"如何偷懒?怎样敷衍?哪里有空子可钻?哪里有油水可捞?"这样的议论如果在你工作的第一年就不幸遇上了,请一定要用自己的脑袋思考。

三、明确规划,从每一天的安排做起

曾经跟一位刚入职的新教师闲聊,请他描述一下自己未来工作中的一天。他沉吟了一下,"早上准时到校,如果有课就先上课,没课就先把作业批完。然后,把第二天的课备好。然后……"他看了我一眼,有些迟疑,

"布置好学生的回家作业。然后，完成备课组布置的一些任务。然后……"他又犹豫了，"大概就是这些吧。"我笑了，我相信，这位老师描述的"老师的一天"，大约就是老百姓心目中"老师的一天"，听着就觉得十分美好。事实上，每一个在校园里长期待过的人都知道这样的想法太过天真。换个角度来想，若真的有新教师选择以这样的方式度过自己的每一个工作日，那么三年以后，估计也不会有太大的长进。

在我看来，这位新教师最大的问题在于把每天的工作当成了"按时点卯"，他对自己的现状没有充分的认识，对自己的未来也没有明确的想法。其实，除了他说的那些，新教师工作的第一年要做的事情太多了，至少有三项——首先是听课，每天1至2节。固定一位同年级老教师的课，一节不落地听。这样既可以听到完整的授课体系，帮助我们尽快掌握教材的整体布局；也可以时时以老教师的课为参照，发现自己在上课时的各种问题。当然，听课的网也可以撒得大一些。不同的教师有不同的风格，甚至不同的学科间听课也能给我们启发。只有一点最重要，除了在听课过程中，记好笔记之外，听课之后一定要有交流与反思——"课堂上，他和学生是如何交流的？他的教学过程和我的有何不同？同一个知识点，他是如何表达、阐释的？同样的难点，他是如何带领学生突破的？他的方法，我能不能试一试？"要知道，唯有当你是新教师的这一年，其他老师对你的"随时听课"才不会抗拒，这样的机会，错过不会再有。第二是解题，同时强化说题的训练。一般来说，新教师总是先从低年级教起。这时，我们不只要做本年级的习题，还有尽快熟悉其他高年级的习题。通常，我会要求我的徒弟至少提前一周就完成即将布置给学生的作业。同时，每周至少完成一式两份高考模拟题。并且，我会专门圈划出一些题请他尝试讲给我听。这样做的好处是——教师提前完成学生的作业，就会更加明确在课堂教学中应该把握的重难点。熟悉高考题的过程，就是熟悉整个高中教学体系的过程，他会倒逼着我们以最快的速度熟悉教材、熟悉考纲。第三是答疑，主动找学生聊学习和人生。对大多数新教师来说，与学生闲聊并没有太多压力，但主动把学生叫来,做学业上的辅导或是思想教育是需要勇气的。一般而言,我会建议新教师从作业批改后的反馈做起,每天把作业情况最糟糕的两三位同学找来面批辅导——看看学生错在哪里?问问他们有什么困难?针对情况把知识点再梳理一遍……在这样的过程中,既能加深我们对学情的了解,也能提升我们的沟通能力,可谓一举两得。

是的,如果把握得好,工作的第一年会是新教师快速成长的一年。当我们规划好了第一年的每一天,也就相当于稳定了自己的"基本盘",之后的生涯规划才成为可能。

四、珍惜羽毛,从每一次的亮相开始

每次看新教师第一次上课,我总是特别紧张。有人打趣我,"人家要上课的都不着急,你紧张什么?"我只能苦笑,"可能正因为看着他不着急,我才紧张。也许他还不清楚这一次的亮相有多么重要。"

是啊,首因效应的重要性大家都明白。作为职场新人,我们更要格外珍惜自己的羽毛。对新教师来说,有许多"第一次"都值得郑重对待——第一次走进教室,面对学生自我介绍,是给学生留下第一印象的机会。从这一次"照面"开始,学生开始给我们打分,初步确定了对我们将要开始的第一节课的期待值。第一次踏上讲台,开始自己的第一节课,是我们抓住学生课堂注意力的第一次机会。不要以为这样的机会很多,如果连续两节课,我们的课堂表现平淡,学生便会对我们所任教的学科失去兴趣,渐渐地,我们的课堂就很可能沦为学生的"自修时间"。第一次面对学生的提问,独立答疑,是我们在学生面前展现自己专业素养的机会。问过一次问题之后,学生们便基本上摸到了我们的"底"——这位老师解题能力如何?表达能力怎样?对学生是否耐心?值得注意的,以上问题的答案并不是只要那个前来提问的学生知道,而是几乎全班同学都会知道。第一次开设公开课,接受领导和同行的检阅,是我们在同行面前展示自己态度和潜力的机会。第一次公开课就想表现得很惊艳并不容易,但我们的准备是否充分?

声音是否响亮？课堂上的师生互动是否及时？都预示着我们未来的发展可能。第一次约谈家长，共同解决问题，是我们在家长面前展示自己的机会。在这个过程中，家长不仅在关注问题，更在观察我们。我们对问题的分析，我们对学生的态度，我们的沟通能力，我们的职业自信……所有这些，都是我们之后完成家校合作的基础。第一次参加业务比赛，迎接挑战，是我们在校领导面前交出成绩单的机会。一般而言，新教师不太有机会马上参加业务比赛，但倘若机会交到了我们的手上，就意味着有信任、有期待，就意味着我们不能轻易辜负……

讲到这里，也许有些新教师会紧张起来——"被你一说，难道所有的第一次都只许成功，不许失败吗？"当然不是。事实上，对新教师，绝大多数的领导、同行，甚至学生、家长都是宽容的。但我要强调的是，我们不能因为他人的包容，而放纵自己的懈怠。从态度上，我们要重视自己的每一次"亮相"，争取每一次"亮相"都有"亮点"，争取每一次"亮相"之后都让他人对我们更有期待。

五、不只是模仿，学会和同行相处

应该说，相对于其他职场，学校是个相对单纯的空间。虽然难免也会存在一些同事间的竞争或者是人际关系的摩擦，但在我的观察中，我们的校园和办公室里，大多数时候还是"岁月静好"的。一般说来，现在的新教师入职后学校都会配备一个"师傅"，同一个办公室的老师们也都会比较照顾我们。这时，我们也要把握好机会，做一个"会动脑子、愿意干活"的年轻人。所谓"愿意干活"应该不难理解——勤快一点儿，主动一点儿，不偷懒、不计较。但什么叫作"会动脑子"呢？在我看来，作为新教师，在和同行相处的时候，不只是尊敬和模仿，还要学会观察、学会倾听、学会判断、学会取舍——这就是"会动脑子"的表现。

一个办公室的同事相处久了，彼此之间会熟络起来，大家聊天的话题也会越来越随意。通常，我们新教师都是说得少、听得多的那一个。这时，特别要提醒新教师的是——千万不要把同行之间的"玩笑话"当了真,即便有时他们说的不是"玩笑话",我们也要仔细"品一品"。记得有一次,一位新教师和我聊天,她说办公室里有几位老师特别"负能量",有时会让她产生"入错行"的错觉——"他们会聊起现在的教育环境很恶劣,老师越来越难当,还是少管学生为妙,否则吃力不讨好。偶尔他们也会聊起工作强度太大,身体不如从前,彼此提醒工作中还是要悠着点,保养好身体重要……听他们聊天,我觉得他们说得挺有道理,可好像又有哪里不对劲。"

我微笑着看着她,"你很聪明,觉出了哪里不对劲——你只是听了他们说的,那你观察到他们是如何做的吗?"

"我观察过,其实这两位老师对学生都很负责,有几次午休时间,我看见他们还在给学生面批作业……"说到这儿,这位新教师忽然停顿下来,"你是说,那些话,他们只是说说而已?"

"对呀,老师也是人,也有情绪。同事之间,私下抱怨两句,排遣一下,很正常的。我们常说'听其言、观其行'。在我看来,评价一个人,'行'比'言'真实得多。"

"可是,我们办公室确实也有一位前辈看上去真的很'逍遥'哦。每天很少看见他备课、批作业,学生成绩没考好,他似乎也不介意,还跟我说'学生自有学生福,老师不要太操心。'最要紧的是,好像也没人管他……"

我了然地望着她,"我相信你说的确有其事,也相信每个学校都会有这样的老师。但对你而言,关键的问题只有一个——你愿意成为他那样的老师吗?你看到了他似乎过得很自在,可你知道他究竟是凭借着什么才获得了这样的"自在"吗?你了解他在同事和学生心目中的口碑吗?你了解领导和家长对他的评价吗?最要紧的是,你觉得他有自己的职业归属感和幸福感吗?在我们的职业生涯中,会遇到很多不同风格的同行,他们有的比我们优秀,有的比我们平庸。而我们,首先要学会判断他们属于哪一类?然后决定自己向谁靠拢?这,才是明智的选择。"

六、不只是迎合，学会和学生同行

工作中，常常看到新教师在面对学生时会做出两种选择——有人急于让学生喜欢自己，他们相信"亲其师，信其道"，选择走"平易近人"路线，立志做学生的朋友。他们觉得自己当下的最大优势是"年轻"，和学生有足够的共同语言；于是相信只要和学生搞好关系，开展教学工作自然没有问题。有人急于让学生敬畏自己，他们相信"师道尊严"自有道理，他们选择和学生保持距离，用严肃认真的态度面对学生，立志"由外而内"逐步建立职业自信。

在我看来，能有这样的思考是好事。至少说明你已经开始正视"我理想中的师生关系应该是怎样的"这样的重大命题。是成为学生的朋友，还是成为学生的观众？是成为学生的管理者，还是成为学生的引导者？我想说，其实以上的每一种角色都需要极其专业的素养，并不是想做就能胜任的。对于新教师来说，在没有把握之前，还是先做好自己吧。具体说来，就是我们既不必成天看着学生的脸色，挖空心思试图迎合学生的口味；也不必成日端着架子，故作高深，心里时刻揣着生怕被学生欺负了的惶恐。我们要做的，是闭上眼睛回想一下——那些我们曾经遇见的老师，那些经过了许多年以后还会经常让我们想起并心怀敬重的老师。他们是什么样子的？

是的，如果我们细想就会发现，他们是有一些共同的品质——公平正直、待人真诚、专业出色……但他们也一定有各自不同的样子——有的活泼、有的沉稳，有的温柔，有的严厉……这就是我们努力的方向——先把自己的本职工作做好，认真地上好每一节课，批改每一份作业，回答好每一个问题……成为一个人品踏实、专业过硬、让学生信任的教师，再不断充实自我、扬长避短，成为一个因为自己足够温暖、明亮而能够吸引着学生不由自主追随的人。

七、养成阅读习惯，不断向外看

每次问青年教师，"最近在看什么书吗？"总会看到一脸的尴尬，"专业书吗？小说算不算？在手机上看算吗？好像真的没时间哎……"我理解大家的辛苦——走上工作岗位，属于自己的时间越来越少了，仿佛每日都在忙着工作、忙着生活，忙着应付领导、应付家长、应付老人、应付孩子……好不容易空下来的时候只想好好放松一下。可即便如此，我还是建议大家一定要养成阅读的习惯，读纸质书，哪怕每天只有二十分钟，都会有惊喜出现。

首先，相对于手机阅读，阅读纸质书时更不易被打扰。完整的二十分钟，不被手机界面上随时跳出的提示信息打扰，能让我们真正沉静下来。这之后，无论是休息还是反思，都会有更高的效率。其次，阅读的对象未必是专业书，但应该是有所选择的。选择的依据是既可以拓宽视野，也符合自身喜好。在我看来，阅读是很私人的行为。在所剩不多的私人空间里，读一点儿自己喜欢的文字，让自己高兴一下，理所当然。如果在愉悦身心的同时，还能通过文字，打开自己观望世界的又一扇窗户，那就太值得了！是的，在我看来，身在象牙塔中的老师，实在是最容易自我封闭的一群人——成日对着差不多大的一拨学生，传授着几乎一成不变、渐渐烂熟于胸的知识，处理着貌似差不多的教育、教学问题……如果不经常主动地探出脑袋看看这个世界，我们真的很容易产生一种"岁月静好、自得其乐"的错觉。但事实上，这世界变化得太快了，科学、技术、观念、方法……如果不及时更新、与时俱进，稍不留神，我们就会被新的一届学生嫌弃；再不留神，我们甚至可能被一个时代抛弃。

当然，阅读并不是唯一的与这个世界保持链接的途径。我们可以通过在假期的外出旅行亲自体验这个世界的变化，我们也可以通过和朋友、学生、家长的交流间接了解到这个世界的变化。但是，广泛、系统、深入的阅读永远是与这个世界保持紧密联系的最高效的方式。当我们养成了广泛阅读的习惯，其实就是养成了不断突破自我、主动成长的习惯，我们在学生面前才不会成为一个个僵硬的符号或单薄的人，而是一个个立体鲜活、丰富生动的人。唯有当我们真正"活着"，对学生的影响才成为可能。

八、坚持独立思考，不断向内求

在近几年的教育圈里，"独立思考"这个词语被频繁提及。当越来越多的人开始关注，我们的学生是否具备"独立思考"的能力时，我却在反思，我们的教师是否还具备"独立思考"的愿望和勇气？

对新教师来说，"独立思考"意味着什么？

在我看来，它意味着当别人告诉我们"要做什么？该怎么做"时，我们会在心里再追问几句"为什么？真的吗？可有更好的办法？"

它意味着当我们在阅读中看到了新的观点、理念和方法时，不是立即奉为圭臬，照单全收，而是先问自己"这些观点、理念、方法是从何处而来的？可有适用范围？我该怎样理解？"

它意味着当我们站在学生面前，和他们一起看向这个世界的时候，我们选择用怎样的方式向他们解释这个世界？是说"世界就是你们看到的这样，接受它，遵循它"？还是"也许我们看到的不是全部，也许你们可以做得更好"？

是的，相对于"听命行事"，坚持"独立思考"其实挺累的，不但要动脑子，有时还要担责任，甚至在某些时刻还需要具备"把枪口抬高一厘米"的勇气。更有意思的是，当我们开始尝试着"独立思考"的时候，才会发现，原来"独立思考"是需要具备足够的能力和智慧的，否则无异于"胡思乱想"。可是，"会动脑子、敢担责任、拥有足够的智慧做判断，具备足够的能力去执行"不正是我们对学生的期待吗？一旦教师放弃了对自己的期待和改造，对学生的培养其实就沦为"说说而已"的笑谈。

教育，是一场修行，我和你们，始终都在路上。不同的是，作为新教师的你们尚在这条路的起点，远远望去，一路风光，既怀向往，又有忐忑。而我，深知一路走来不易，只想告诉你们——此处有崇山峻岭，茂林修竹，春山如笑，夏山如滴，秋山如妆，冬山如睡。

曾经有你，因此有我

我，是一位 12 岁女孩的妈妈。

我，是一群高中学生的老师。

当又一个 9 月快要到来的时候，我忽然间意识到——"妈妈"和"老师"，也许会是我一生中所扮演的最重要的两个角色。

母亲，是亲属关系称谓的一种。在人类的各种语言中，MAMA 的发音总是被用来称呼母亲，因为这是人学会的第一个音节。

教师，是一种社会角色。在我国的《教师法》里，教师是指履行教育教学的专业人员，承担着教书育人，培养社会主义事业建设者和接班人，提高民族素质的使命。

今天想来，这两个角色，虽然都是我主动选择的结果。但选择的过程，却并不是一样的艰难。大学毕业后，作为非师范生的我，之所以会主动选择回到校园，成为教师，更多的是因为我喜欢象牙塔里的纯净，以及讲台下的学生们那一双双闪耀着光芒的眼睛。

在步入婚姻的若干年后，我还一直犹豫着是不是该要个孩子？我有太多的担心，总觉得要把一个生命带到这个世界上是一件太冒险的事情——这个世界并不美好，我甚至没有把握它今后一定会变得更好一些。我曾经不断地追问自己，"在选择成为一名教师之后，为什么一定要成为一位母亲？"

是的，成为一位母亲远比成为一名教师需要更多的勇气。学生，会有许多老师,但亲妈,永远只有一个。作为教师的我们,可以重新选择自己的职业;而一旦成为母亲,孩子便是我们永远甜蜜的负担。

有人说过,在所有的老师中,最像妈妈的,是班主任。身边的许多班主任,都被学生称为"班妈"。于是又想,为什么人们总会模糊了"班主任"与"妈妈"之间的界限?只是因为它们之间有那么多的共同点吗?

是的,"班主任"与"妈妈"面对的,都是孩子。只是,这"孩子"的定义可能因人而异,各有不同。在班主任的心里,"孩子"的样子一定与年龄相关。低年段与高年段,儿童期与青春期,本就应该遵循不同的教育规律实施教育。在一位母亲的心里,孩子永远是孩子。无论孩子多大,当妈的,总会不由自主地惦记着孩子的饥饱与冷暖。这是天性,难以理性。

是的,"班主任"和"妈妈",都要花大量的时间和心力,陪伴孩子成长。无论是教育还是养育,用心陪伴,都是班主任与母亲最重要的职责。许多时候,我们能做的其实很少,也许只是心的"在场"——认真地听孩子说话,微笑着陪孩子流泪,投入地给孩子加油。

是的,"班主任"和"母亲",真正能陪孩子的,只是一程。最终,我们都只能在小路的一端,目送着他们渐行渐远,不断在心里告诉自己,"不必追,不必追……"

有一个问题,我想了很久——为什么当我们说一位班主任像妈妈的时候,更多的是褒奖的意味;而当我们说一位妈妈像班主任的时候,似乎就带有些责备的意思了?

也许,当我们说一位班主任像妈妈的时候,更多的,是形容这位老师对学生有足够的接纳、足够的包容、足够的爱。这是不是意味着,我们在面对来自不同家庭背景、脾气秉性的学生时,会经常不自觉地产生一些负面情绪,急躁、否定、挑剔、拒绝……而一旦我们面前的,是自己的孩子,是不是就会因着遗传和基因,合理化了许多孩子的不足?

那么,当我们说一位妈妈像班主任的时候呢?记得一次接手高一新班,我让每一位学生用一句话描写自己与父母的关系,一位男生的留言让我的心咯噔了一下——"有谁知道做一名教师子女的悲哀？"后来我专门请他到校园里散步，"能告诉我为什么吗？我有一个女儿，我不想让她今后觉得悲哀？"那天，那个男孩子说了很多，我印象最深的是这样的一句——"我在学校里有班主任、有老师，可是我回到家，发现其实妈妈还是班主任，她还在监督我、约束我、管教我……""那么，如果她只是一个妈妈，你觉得她应该是什么样子的？"我不死心地追问。男孩子嗫嚅了半天，"我也说不清，也许更温暖一些，也许更柔软一些，反正不是这个样子。"

想起教育专家尹建莉，在那本记载了她16年教子手记的书的扉页上写着这样一段话——"妈妈是朋友，妈妈是老师，妈妈是孩子的引路人。妈妈教育方法的差别，常常影响孩子的一生。"所以，那本书的名字是《好妈妈胜过好老师》。

我相信她说的是真的——相对于老师而言，妈妈的陪伴会更近一些，更久一些。如果做得足够好，那么一位"妈妈"对孩子的影响一定远胜于一位"老师"。但是，值得注意的是，"班主任"并不只是一位"老师"——她还带着一群学生，这一群学生可以组成一个团结向上的集体。教育学和心理学告诉我们，在孩子成长的某一个阶段，如果班主任善用"同伴效应"，善用"集体力量"，那么她对孩子的影响一定不亚于孩子的妈妈。

可是，这年头，妈妈和老师都不好当了——因为我们面对的孩子更聪明、更独立、更自信，而我们面对的世界也更多元、更民主、更复杂。"天地君亲师"，不再是理所当然的价值取向。如果你不是真的值得信赖，孩子们会轻易地转过头去。

是的，没有什么是理所当然。

所以，我们要保持清醒，不忘初心。无论是哪一种爱，都不能只是一厢情愿。无论是哪一种爱，都不能越俎代庖。我们必须不断地问自己——那些初心呢？当孩子还在我们的子宫里时，我们心心念念的，只是他的健康。当孩子远离我们的视线时，我们日夜祈祷的，只是他的平安。那么是从什么时候开始，我们看着孩子的目光越来越挑剔、越来越复杂？

当我们刚刚走上讲台时，我们对自己说，要把自己知道的都教给他们。当我们最初面对老师这个身份时，我们首先想起的是"园丁"，是"红烛"，是"先生之风，山高水长"……那么，是从什么时候开始，我们连自己都不相信了呢？

所以，我们要坚持学习，与时俱进。天性与本能从来不可能满足孩子对我们的全部需求。许多时候，知道孩子想要什么，永远比能给孩子什么更加重要。知道怎么跟孩子说话，永远比说什么更加重要。知道孩子为什么会出现问题，永远比如何解决问题更加重要……是的，孩子每一天都在长大，他们正逐渐走出我们为他们建造的堡垒，他们渐渐会有自己的朋友、自己的圈子，直至建立自己的世界与王国。

作为母亲，作为老师，我们能够教给他们的东西会越来越少，但我们至少可以通过不断地学习让自己始终能够跟上他们，能够理解他们。懂得，是最好的陪伴。懂得，是最大的慈悲。

更重要的，是我们首先要成为更好的自己！在中国，有太多的母亲，把孩子当成自己的事业。在孩子的身上，强加了太多自己无力实现的梦想。在中国，有太多的老师，不但相信"名师出高徒"，更追求"高徒出名师"。他们不自觉地将自己的价值与学生的分数捆绑在一起。于是，难免焦虑，难免失望。

为什么不能先做好自己呢？做妈妈的，追求自己的快乐；做老师的，坚持自己的信仰！当我们通过自己的努力过得足够精彩，活得足够漂亮的时候，身边的孩子和学生会不由自主地亲近你、信任你、追随你——你，就是他们的榜样！

一个清晨，我和女儿一起赖在被窝里聊天。安安忽然说："妈妈，下辈子我还想做女孩子。"我一时没反应过来，"宝贝，咱们还是先把这辈子过好吧。"安安又抱着我说："妈妈，下辈子我还要你做我的妈妈。""哦，好吧。可是妈妈下辈子可能会变成一棵树呢。""这样啊，那我下辈子就做一只小鸟吧。我会在你的树上做窝,这样你就又是我的妈妈啦!"

我,是一位 12 岁女孩的妈妈。

我,是一群高中学生的老师。

常常觉得,我的生活,正是因为有了这些片段,才变得格外温暖。而我,也正是因为和一群又一群的孩子携手同行,才变成了今天的模样。这个 9 月,忽然很想对孩子说一声"谢谢";很想告诉他们"曾经有你,因此有我"。

亲爱的，请先照顾好自己

作为一线班主任，在和其他班主任交流的过程中，当聊到一些"难缠"的家长，"奇葩"的学生，"棘手"的困局时，最常听到的故事好像总有两个版本——

一种班主任秉承着"不抛弃、不放弃"的原则，在开展工作的过程中，一腔热血，冲锋陷阵；苦口婆心，百折不挠；终于苦尽甘来，得到了令自己满意的结果。这结果，最低是将孩子平安顺遂地带到毕业，送出学校；最高是孩子以超乎预计的成绩考入了高一级的学府。更重要的是，班主任的付出得到了孩子和家长由衷的认可和感激——"老师，你是我们一家的恩人！老师，我会一直记得你！"每当此时，班主任也会由衷的欣慰——是的，所有的付出都有了回报，"原来教育可以是这样的，即使这个孩子很特别，只要我们爱他，他就会慢慢改变。原来教育可以是这样的，雨滴石穿，全赖持之以恒。原来教育可以是这样的，当家庭教育缺位，学校教育可以顶上；当家长理念出现问题，班主任可以尝试着改变家长……"

另一种班主任似乎没这么幸运——他们也爱着学生，无论是时间、精力、关爱还是金钱，他们从没有吝啬过。只是，他们的好意没有被学生和家长理解；他们的付出因着种种原因没有得到他们觉得应有的回报；他们由衷的爱，在复杂的人性和教育环境面前，显得如此苍白无力。于是，在困惑与沮丧之中，他们会发出感慨，"做教师难，做好教师更难，做一位能走进学生心灵深处的好教师更是难乎其难。"更有甚者，他们会在一次又一次这样的伤害中，渐渐怀疑自己，"需要这样爱学生吗？需要这样掏心挖肺的付出吗？教师，究竟是一份事业还是一个饭碗？"

每一次听到这样的故事，心里都会五味杂陈。

是的，我心疼。在这些案例的背后，我看到了一个个班主任奔波在学校、家庭之间的身影——在长年累月的、烦琐沉重的教育、教学工作之外，他们承受着巨大的心理压力，不厌其烦地与各方沟通。是的，他们面对的是各式各样的人——生病的孩子、敏感的家长、焦虑的领导、强势的媒体……每一个人，都有自己的成长背景、立场观点；每一个人，都有自己的性格、气质、禁忌、习惯。有时我在想，大多数班主任在面对问题学生时，真正能做到的，好像只有用心的陪伴；大多数班主任在面对复杂局面时，真正能做到的，好像也只是耐心的沟通……

可是，有没有人会关注到另外一点——我们的班主任，也是一个活生生的人啊！他们也有自己的成长背景、立场观点；他们也有自己的脾气、秉性、缺点、局限；他们也有情绪、也会疲倦；他们也有父母需要赡养、子女需要陪伴；他们也有职称要升、也有贷款要还……总之，他们之所以会对别人家的孩子有多一份的爱与责任，只是因为他们是班主任，但他们不是万能的。因为爱，从来就不能解决所有问题。如果只是要求他们一味的付出，他们也会累、会病、会伤。

是的，我担忧。不知为什么，在那些所谓"成功"的案例中，我总是看到一些侥幸的意味——面对一个患有"阿斯伯格综合征"的孩子，面对这个孩子在成长过程中日积月累下来的怨恨情绪，没有人清楚孩子最终会以怎样的方式宣泄自己的负面情绪。这一次，他也许只是用自己的血肉之躯砸坏办公室的大门；下一次，他也许只是在教室内外散布一些污言秽语。但再下一次呢？我们怎么保证他不会在情绪失控的状态下，带给其他学生更加无可挽回的伤害？如果不幸发生了这样的事件，孩子是病人，我们能包容；家长是至亲，可以承担起他应该承担的法律责任；那我们呢？我们一定会内疚很久，因为所有被伤害到的人。

是的，有时我们可以自我安慰，"谁让我是他的老师呢，也许我上辈子欠了他的……"然后，我们会继续在这样的孩子身上花费大量的心力——成立由各方人员组成的专门工作组，对问题学生实施所谓的"无缝管理"，随时关注学生行踪，排除一切可能隐患，一有机会就谈心，晓之以理，诱之以利，动之以情……是的，我们不是为了自己，我们只是不想有一个孩子掉队。可是，当我们觉得几乎可以感动全世界的时候，有没有想过——人的精力是有限的。当我们在个别学生身上倾注大量心力的时候，会不会忽略了另一批学生？他们在班里从不惹事，默默无闻。但在他们的内心深处，也渴望得到关注。如果我们把自己花在个别学生身上的时间，匀出一些给他们，也许会换来更多的温暖与成长。是的，教育不应该是功利的，真正的公平很难做到。但我觉得，在资源和精力有限的前提下，思考一下如何分配是值得尊重的选择。

是的，我们经常会面对一些"难缠"的家长，他们或是无助、或是偏执、或是自私，却善于提出各种要求——"明知孩子有病，却坚持让孩子留在学校，一边上学一边看病。因为孩子在家里情况会更加糟糕，他们没有能力看管。""在要求他人提供帮助时，心安理得。在处理矛盾纠纷时，却看不到自身的问题。""家庭内部闹矛盾，却要求班主任出面解决。孩子在家庭里的情感需求得不到满足，却要求班主任在学校里多给一些。"……凡此种种，我们能拒绝吗？若拒绝了，我们也许会面临社会对自己"师德"的指责；而若不拒绝，我们能负担起这沉重的责任吗？做好了，我们能换来一句由衷的感激；搞砸了，也许我们要面对的，不只是道德的审判。

是的，今天，我想对每一位班主任说的是，"无论怎样，亲爱的，请先照顾好自己！"——首先，我们要争取活得长；然后，我们要力争过得好！教育，是我们愿意终生奋斗的事业。可是，在这之前，我们首先是父母的孩子，孩子的父母，爱人的伴侣，亲人的牵挂。唯有照顾好自己，才有可能陪伴好他人！

是的，对班主任的整体工作而言，我坚信：付出，总有回报！但是，当我们面对一个个具体的案例时，这却不是理所当然。那么，作为常年奔走在风口浪尖的我们，当遇到特殊情况时，怎样照顾好自己呢？我觉得可以从以下几方面着手——

1. 明确问题根源，划清工作边界

任何时候，当我们在工作中遇到难缠的人、棘手的事，不要总是着急去想"我该怎么办？"而是先要确定，"这是什么类型的问题？班主任在这个问题的发生与解决的过程中，工作界限在哪里？"例如，在前面提到的案例中，当学生被确诊患有"阿斯伯格综合征"的时候，当学生已经出现了"幻听、幻视、情绪狂躁"的时候，我们必须明确这已经涉及"心理疾病"的范畴，必须有专业的心理医生或心理咨询师介入治疗。作为学校和班主任，应该在学生在校期间提供方便与照顾，但决不应扮演教育的主导者。对于"另类孩子"多多而言，他只是好动、顽劣，却不是有心理疾病，他的问题很大程度上与家庭教育方式有关，与青春期的逆反心理有关，对他的帮助可以从"家庭教育指导"和"同伴效应"入手。对于"身体有缺陷"或是"家庭有困难"的学生，班主任要给予帮助，却不能只是应"家长的要求"提供帮助。事实上，我们可以根据不同家庭的实际情况和需要，给予不同方式和不同层面的指导。

是的，作为班主任，我们能做很多事——用心的陪伴、温暖的关注、积极的引导、耐心的教育……但是，我们一定要明确我们不能做更多事——比如治疗病人、比如改变家庭、比如道德审判……每个领域，都有自己的专业界限。作为班主任，我们必须明确自己的工作边界，只有不过界，才能不犯规。

2. 及时汇报情况，请求专业支持

在明确了问题根源和自己的工作边界之后，我们应该及时向学校领导汇报情况。这里，我们一定要打消顾虑，不要担心给领导添麻烦，事实上，他们有绝对的知情权。不要担心自己被认为无能，唯有承认自己能力有限，才可能争取到更多的支持。当我们把自己了解到的所有信息告知学校之后，学校的资源优势就会显现。学校可以找到相关的专业人士，提供各类专业的信息（法律层面、政策层面、医学层面、心理层面等）。我们可以一起分析可能遇到的各种问题，共同商讨最佳的应对方案——这既是对学生的负责，更是对老师的保护。

3. 处理个人情绪，把握工作心态

有了专业的应对方案，第一执行人当然是班主任。可是，在行动之前，我们还必须经过一个重要的环节——端正态度、处理情绪、把握心态。班主任工作，实质上是"人"的工作，了解人、影响人、教育人。是人，就会有情绪；尤其是在面对复杂、困难的局面时，人的情绪会更加不稳定。任何时候，我们都要提醒自己，先处理情绪，再处理事情。我们经常看到，当班主任们遇到类似案例中的故事时，常常会感情用事——我们会被孩子的伤痕触动，我们会被家长的无助打动，我们会为同行的付出感动，我们会因为"不忍心"，忍不住想立即做些什么……当感性占了上风，理性就会退居二线；更有甚者，太多情绪化的语言和动作，一不小心就将"一腔热血"变成了"一盆狗血"。想起王晓春的一句话，"有些时候，老师并不一定要做些什么。少做一些事，甚至不做一些事，也许更好。"

是的，在正式开展工作之前，让我们郑重地告诉自己——"爱不是万能的，教育不是万能的，我们更不是万能的。"在接纳不同类型的问题学生之前，让我们先接纳并不完美的自己。我们要经常提醒自己——"班主任工作，是一个专业。我们要拥有专业的心态，我们要坚持专业的立场，我们要运用专业的技能，在专业的领域，做专业的事。"身心疲倦的时候，遇到挫折的时候，我们要学会放下——"面对工作，我已尽力。问心无愧，夫复何求？"

4. 展开多方沟通，制定工作预案

真正开展工作，想要解决问题，一定是从沟通开始的。在这里，面对不同的案例，不同的沟通对象，一定有不同的沟通方式。但有一点是肯定的，我们的沟通一定是多方的，双向的。

这里的"多方"，既包括学校、教师、当事家庭，也包括问题学生所在的学生群体和家长群体。许多时候，我们发现，班主任会因为种种顾虑，有意无意地在学生群体和家长群体面前掩盖一些事实。有时，这样的"遮掩"，出于善意，无伤大雅。但有时，这样的"遮掩"会埋下隐患。例如，如果我们在没有预先告知的情况下，将有心理疾病的学生与普通学生安排在一起同桌，没事还好，如果发生了意外，我们怎么面对对方家长的质问？也许有人会问，"如果我全盘托出，会不会有公开学生隐私的嫌疑？如果我全盘托出，会不会造成问题学生被孤立？毕竟很少有家长愿意将自己的孩子置身于哪怕是潜在的危险中。"是的，这些顾虑很有道理。但我想说的是，医学上的问题，我们可以咨询医生；法律上的问题，我们可以咨询律师；道义上的问题，我们可以通过组织班会、家长会提供平台，让各方充分接触。

这里的"双向"，是指所有的沟通，都不应该是一言堂。让每一方都说说自己的想法、立场，让每一方都谈谈自己的底线、期望。即使不能达成一致，至少可以交换意见。毕竟都是为人父母，对彼此内心的需求至少可以体谅。

在这个过程中，我们要做的，是在法律、医学允许的范围内，在各方充分交换意见的前提下，制定出当事家庭、当事学生和学校都能接受的工作预案。例如，我们可以要求家长每两周保证至少来校一次，与我们沟通孩子在家的状况。例如，我们可以和家长约定，一旦出现什么情况，我们可以要求家长将学生带回，接受专业治疗，直至医生出具证明方可返校。同时，我们还要将学生在校期间可能发生的意外状况提前告知家长，学校不可能做到时刻"人盯人"，如果孩子情况特殊，家长要为可能发生的不良预后负责，必要的情况下，可以请律师介入进行公证。

诚然，面对这些有着各种"特殊情况"的孩子，我们注定要付出更多的心力，更多的关爱，这是教师的天职，我们责无旁贷。其实除了上述那些必要的工作之外，我们个人的善意还可以释放在许多细小的瞬间——相逢时一个温暖的问候，课堂上一个肯定的眼神，作业里一张鼓励的纸条，道别时一个由衷的微笑……

要做到这些，首先我们自己必须是健康的、阳光的。所以啊，亲爱的，请不要在痛彻心扉之后，才发现自己伤痕累累。我们不是菩萨，没有千手千眼，我们只有一颗善心。做人做事最难的，便是把握分寸。而在无法游刃有余地把握之前，专业化，是最好的选择。亲爱的，我们的日子还长，请先照顾好自己！

班主任的情绪管理

2015年6月,某地教育局的一份处罚决定牵动了万千教师的心。决定显示,因当地某位老师在上课时,发现有学生在其背后贴了张"我是乌龟,我怕谁"的字条,还在上面配有乌龟形象,该老师觉得受到侮辱,与这名学生扭打起来。事后,教育部门因该老师体罚学生将其开除。决定公布之后,网络上一片哗然——有人觉得,教师的专业素质有待提高;也有人觉得,教师的生存环境每况愈下。在周围同事的议论中,我听到最多的感慨便是"要是我遇到了同样的情形,又会怎么样呢?"

是啊,若是我们遇到了同样的情形,又会怎么样呢?

同一件事,从不同的角度,可能看到不同的真相;而站在不同的立场,也会得出不同的结论。纵观整个事件的过程,不难发现,事件的转折是从该老师情绪的失控开始的。如果事件中的这位老师能够控制好自己的情绪,悲剧就不会发生了。

也有人会问,面对学生这样的挑衅和侮辱,为什么一定要控制情绪呢?难道老师就应该迟钝麻木、丧失尊严吗?

当然不是。

但我们要记住,"情绪化"从来都不等同于"多情敏感";"睚眦必报"也并不一定能够"葆有尊严"。作为班主任,面对复杂的教育生态环境,我们真正能够完全把控的因素,其实并不多,做好自己的"情绪管理",应该是最重要的一环。

所谓"情绪管理",是指一个人对情绪的理解和敏感程度,以及对情绪的控制能力。具体可以包括以下几个步骤——

一、及时觉察,正确表达

"情绪管理"的第一步,是能够及时觉察到自己的情绪,并学习将其正确地表达出来。这看似简单,却并不容易。尤其在面对突发事件时,许多班主任往往会有许多下意识的情绪反应。曾经和许多老师讨论过下面这个案例——"王老师的班级管理特色是:人人有岗、岗岗有人。一天中午,在教室里午餐后,王老师发现有同学把剩菜剩饭倒在了菜桶外面的地上,于是就请正在旁边的学生清理掉。可在场的学生却说:'这事是小东负责的!'说完就自己去玩耍了。如果你是班主任,会怎样处理这件事?"

原本在这个案例中,最值得我们关注的应该是"把剩菜剩饭倒在菜桶外面的学生"以及"小东是否履行了自己的岗位职责?"但在与许多班主任交流的过程中,我发现许多人不由自主地把关注的焦点放在了那几个"没有听老师话,及时把垃圾清理掉"的孩子身上。并在第一时间认为,对这次事件的教育重点,应该放在那几个缺乏"团队意识"的学生身上。

原来,在我们的潜意识里,学生是必须听话的。一旦被学生拒绝,我们往往觉得是被"冒犯"了。于是,不满的情绪潜滋暗长,一不小心便星火燎原。

如果,我们能及时觉察到自己的情绪,也许就能在愤怒的边缘停下来,再看一看,再想一想,也许就能得到理性的答案。

当然,这种及时的"觉察能力"并非与生俱来,但一定可以通过平日的练习得到提升。这样的练习大致可以分为三个方面:首先,我们可以有意识地在各种工作情境中经常练习,在情绪出现波动时,主动停下,与自己对话——"我现在怎么了?"让自己敏锐地去辨别各种情绪。"是什么影响了我的情绪?"分析自己情绪产生的根源。第二,遇到极端情况,可以先避开"生气现场",运用呼吸法帮助自己平静下来,再进行"和自己对话"

的练习。第三，尝试"说情绪"，而不是"做情绪"。有意识地在自己信任的同事、家长，甚至学生面前，"描述"自己的负面情绪，而不是通过各种行为"表现"自己的负面情绪。例如，你可以平静而真诚地说，"我今天很失望，我原以为你们会按时把值日生工作做好的。"但绝对不要只是黑着脸，怒气冲冲地面对学生。因为"描述"本身既是一种宣泄，也是一种关照，甚至是一种反思。而"表现"，往往只是一种行为，容易夸张、变形，甚至失控。

事实上，负面情绪的产生从来都不可避免，也绝不可能通过忍耐与压抑自我消解。这时，我们要做的第二件事就是——

二、反躬自省，调整认知

美国心理学家艾利斯曾经提出："产生不同的情绪的原因是人对同一事件的看法和评价不同。"换句话说，看待事物的观点，才是影响情绪的真正根本原因。意识到这一点，我们想要调整自己的负面情绪，就可以从了解自己对许多事情的根本想法和评价入手。许多时候，我们伤心、焦虑、愤怒的原因，貌似是由外界造成的，但实际上，是我们本身的观念出了问题，许多时候，这些深植于心的观念，甚至我们自己都没有意识到。

如果，我们能够静下来，检视一下，也许会被自己内心深处的"执念"吓一跳——

"我是为了学生好，学生就应该领情，听我的安排。"

"到了学校，就应该遵守纪律。不听老师话的，就是不安分的学生。"

"成绩不好，（小小年纪）还老想着谈恋爱，简直无药可救。"

"明明答应了我的事，还是没有做到。这家长就是言而无信。"

"高中阶段，学习是首要任务。那些分心的事，就要收敛。"

"教师，就是教书的。为什么领导总要给我们布置那么多教书之外的事情？"

……

如此种种，如果细细推敲，我们会发现许多矛盾的根源并不在学生，而在于我们自己意识或者没有意识到的"观念"。所以，如果我们能够通过系统的学习和经常性的讨论，改变自己对事情的想法和评价，就一定会有不同的情绪体验。这种"反观自省"一旦成为习惯，一定会让我们的心理面貌有所改观。

比如，当学生成绩出现两极分化时，我们可以对自己说"学生存在个别差异，我们不能要求每个学生学得一样好。"这就克服了"绝对化"的不合理信念。再比如，当学生再一次没交作业时，我们可以对自己说"学生不做作业可能是因为不懂或贪玩，不是故意和老师作对。"这就克服了"糟糕至极"的不合理信念。又如，当学生在学习上表现糟糕时，我们不能立即否定他的一切，还应该关注他在其他方面的表现。这就克服了"以偏概全"的不合理信念。

于是，当我们在工作和生活中不断练习调整认知，用"合理信念"取代那些"不合理信念"的时候，许多内心深处的"执念"便能渐渐放下，负面情绪也就会渐行渐远了。

应该注意到，班主任负面情绪的另一个主要原因是"成就感缺失"，我们常常不明白自己终日的忙碌所谓何来——若说为"名"，今天教师的社会地位并不像几千年前那样和"天地君亲"同列。若说为"利"，我们的收入也并不丰厚。更不要说今天的班主任要承担越来越多琐碎繁杂的工作。

这时，我们就要着手做好第三件事——

三、重建自我评价体系，主动建构社会支持系统

很长一段时间以来，教师群体都处在一种尴尬中——既期待得到表扬，又习惯质疑表扬。在物质回报不够丰厚的情况下，教师内心是期待获得更多的肯定与赞赏的。但是，如果这种期待是"指向向外"的，我们注定会失望——即便教育主管部门设置再多的比赛项目，提供再多的展示平台，能够在各项角逐中脱颖而出的，终究只有少数人。大多数的陪跑者，在这

个过程中，会承担更大的心理压力。另一方面，我们在对先进事迹的宣传上也依然存在误区——仿佛必须舍了小家，才能顾得大家；只有亏了身体，才能博得名声……这对教师而言太残忍了。在这种背景下，班主任要寻找自己的职业幸福感，必须主动建构起自己的社会支持系统，重建"指向向内"的自我评价体系。

所谓"社会支持系统"，当然可以包括家人、朋友、同事。我这里特别愿意分享的是我的"班主任群""学生群"和"家长群"——我的"班主任群"，指的是来自不同地区的班主任教师自发组织的QQ群，如"浙江班主任群""尖峰班主任群"等。在这些群里，我们会一起讨论学生案例，分享工作中的经验和教训。我的"学生群"，主要是指毕业的历届学生组成的QQ群。在这些群里，毕业的每一届学生都会分享他们在大学里的成长经历，也会透露给我一些他们在高中时的秘闻趣事。我的"家长群"，主要是指我正在任教的学生家长自发组织的QQ群。在群里，我们会经常讨论孩子成长过程中遇到的一些共性问题，交换观点，互相支持。很多家长，即便在孩子毕业之后，依然会跟我保持密切的联系。毫不夸张地说，这三个群，几乎能解决我在工作中遇到的一切疑难问题。在这三个群中，我能够找到满满的归属感、认同感和幸福感。

所谓"指向向内"的自我评价系统，是相对于常规的教师考评而言的。没有平均分、没有排名、没有职称压力、没有绩效考评……有的，是教师的自我规划与自我认同，是师生相处中的一个个"小确幸"。换句话说，是每位班主任能否成为职业生涯中那个最好的自己。

在实际生活中，我们发现，越是脆弱、单薄、自卑的人，越容易受外界影响。越容易受外界影响，情绪波动越大，越容易在冲动之下做出错误的决定。这就要求我们在平日的生活中，坚持做好第四件事——

四、充实自我，从容坦然

班主任是一个专业岗位，只有与时俱进，不断学习，才能在面对问题时，坚持我们的专业立场，葆有我们的专业自信。作为一个人，一个要陪伴着、引领着学生成长的人，只有自己足够丰富、足够强大、足够温暖，才有可能传递给学生更多的正能量。这一切，唯有通过广泛地阅读、专业地学习、不断地修炼，才可能达到。

世界很大，变化很快。只有当我们自己充实了、立体了、温暖了、强大了，才有可能在面对风雨时沉着冷静，从容坦然。

记得当前文提到的"处罚事件"在网络上喧嚣时，我所在的"班主任群"里讨论过另一件相关的案例——"某班主任正在自己的班级里陪着学生晚自修，一位家长忽然闯入教室，一开口便出言不逊'你们老师都是吃屎的……'"有人问我，若你是那位班主任，接下来会怎么处理呢？

首先，我不会生气。家长会这样说，一定有原因。他的文化背景、脾气秉性决定了他没有更好的表达方式。我和他不是同一类人，为什么要和他计较呢？

其次，我一定要立即做出理性的反应。因为我的身后有一群学生，他们正在看着我，我要为他们做出示范——"面对不理性的人，我们应该怎样与之沟通？"

所以，我会平静地起身，面对着我的学生说："同学们，对不起，我得离开教室一会儿。大家看到了，这位家长情绪很激动，我必须先了解一下情况，看能不能帮助他解决问题。请大家安静自修，好吗？"

是的，"情绪管理"，既是一种能力，也是一种手段——它不但可以让我们的工作更加顺利，也一定能让我们以及周围的人生活得更好。

高中班主任的"工作"与"作为"

一直以来，对高中班主任"角色"的讨论从未停止过。在这样的讨论中，越来越多的人看到了班主任的辛苦，却也在这样辛苦的背后，看到了更多的无奈。越来越多的人开始反思——我们的教育，究竟正在培养什么样的人？对班主任而言，这个问题有更深的内涵——我们每天的忙碌，究竟所为何来？只是为了把一个个学生送进他们心仪的大学吗？事实告诉我们，如果不抬头看看方向，再多的辛苦，也许只是枉然。

在《教育部关于进一步加强中小学班主任工作的意见》中这样论述班主任工作——中小学班主任是中小学教师队伍的重要组成部分，是班级工作的组织者、班集体建设的指导者、中小学生健康成长的引领者，是中小学思想道德教育的骨干，是沟通家长和社区的桥梁，是实施素质教育的重要力量。在这个论述里，班主任的工作与职责看似明确，但不可否认的是，"素质教育"始终是一个太大的命题，如果班主任自身对工作没有一个明确的定位和预期，很容易陷入"瞎忙"的境地。

是的，"完成工作"从来就不等于"有所作为"。这世上有许多人都在工作，这些工作着的人却未必都有所作为。究其原因，众说纷纭。有人说，能否"有所作为"，与个人的职业选择有关——有人工作只是为了"谋生"，但另一些人很幸运，赖以谋生的工作正是自己的兴趣所在，所以，"有所作为"的可能就大了很多。也有人说，能否"有所作为"是由个人的天赋或能力决定的，正如爱迪生的那句名言——"天才，是百分之一的灵感加上百分之九十九的汗水。但那百分之一的灵感是最重要的，甚至比那百分之九十九的汗水都要重要。"还有人说，能否"有所作为"与态度和机遇有关。机会虽然总是留给有准备的人，但许多态度端正、积极进取的人可能终其一生也没有得到一个表现的机会。

不可否认，以上说法都有道理。但在我看来，最根本的原因却在于面对工作时心态上的微妙不同——"工作"，是外界指派给你的任务；而"作为"，却是你内心想完成的事。听说过两个耐人寻味的故事吗——故事1：三个工人正在建房子。有人问："你们都在做什么？"第一个人回答："我在砌砖。"第二个人回答："我在赚钱。"第三个人却回答："我正在建一座最美丽的房子。"据说，第三个人后来成了一名建筑师……

故事2：白龙马随唐僧西天取经归来，名动天下，被誉为"天下第一名马"。白龙马想念家乡，找了驴、羊、牛等一些儿时伙伴叙旧。驴迫不及待地询问白龙马成功的秘诀，白龙马说："努力工作！"这时，驴委屈得号啕大哭："为什么自己这样努力工作却一无所获？"白龙马说："我去取经时大家也没闲着，甚至比我还忙还累。我走一步，你也走一步。只不过，我目标明确，十万八千里走了个来回。而你，却只是在自己的磨房小圈圈里原地踏步。"在这两个故事里，我们能够得到两个结论——只有相信自己可以在工作中有所作为的人，才有可能真的有所作为。只有明确自己在工作中努力方向的人，才有可能真的有所作为。

于是，想要"有所作为"的班主任就需要先明确两件事——1.外界需要我们完成哪些任务？2.我们内心真正想做的，又是什么？

经过用心梳理，我发现，外界眼中班主任需要完成的工作大致可以分为三类——常规性工作、事务性工作和创造性工作。

所谓"常规性工作"，主要包括班主任每日、每周、每月，甚至每学期都要完成的例行工作。以"班主任一日常规工作"为例，主要包括：早自习前到班视察班情；早操时到班看操；午间到班进行教育；每日例行寝室检查等。以"班主任学期常规工作"为例，主要包括：按时制订计划、书写小结；定期举行主题班会和心理辅导活动课；定期进行家访、举行家长会；定期召开班委会；及时完成成绩单的填写和发放；及时完成学期考核和各种评比等。

所谓"事务性工作"，可以分为三类——第一类是配合学校开展一系列主题教育活动，比如运动会、艺术节、劳动值周等大型活动的筹备、发动、组织、管理、保障。从某种意义上来说，这类工作也可以划入"常规性工作"的范畴。第二类主要是指完成学校临时指派的各种任务，比如帮助教务处登记学生信息、及时完善学籍管理系统；比如帮助总务处临时收取、发放学生用品；比如配合医务室完成学生体检等各项工作等。第三类是处理一些突发事件，如校园安全事件；学生间的矛盾纠纷处理；家长与学生关系的疏导等。

所谓"创造性工作"，是指班主任根据班级实际情况，遵循德育规律，精心策划、组织开展的一系列德育活动，它有很强的针对性和目的性，是班主任充分利用自身特点，自觉主动地开展创造性德育活动的艺术工作。

客观地说，以上三类工作并不是完全独立的，彼此之间常常有着千丝万缕的关系，班主任在实际工作中不可能将它们完全割裂开来。但是，多年的班主任工作经历让我意识到，大多数班主任的时间和精力实际上主要是被"常规性工作"和一些"事务性工作"占据了，这不能不说是教育的一种悲哀。因为这两项工作虽然重要，却也烦琐，相比劳心，更多是要劳力。班主任在疲于应对的同时，甚少能有成就感。对于学校领导而言，相比于"创造性工作"，这两项工作却更容易制定标准，更容易逐项检查。为了应付上级的各种检查，许多班主任便抱着"不求有功，但求无过"的心态，每天奔波在上级领导的计划与安排里。就这样，他们在繁重而琐碎的"常规性工作"与"事务性工作"中忘记了自己做班主任的初心，终于成了一个整日瞎忙的班主任。

那么，在这样的背景下，高中班主任最应该努力的两种作为又是什么呢？在我看来，至少应该包括两个方面——1. 提醒学生守住底线。2. 帮助学生提升情商。

　　什么是我们最后应该守住的底线？落实到高中生身上，会有人轻易地给出答案——"中学生行为规范"不正是高中生应该遵守的行为底线吗？在我看来，并不尽然。如果我们认真研读过新版的"中学生守则"和"中学生行为规范"，我们会发现，不要说孩子，哪怕是成年人，都很少有人能完全做到这些"守则和规范"上的要求。当然，我们可以认为，这些要求本身就是标杆，我们希望我们的孩子不断地向这个标准靠拢，却并不奢望每个孩子都做到完美。那么，作为一个还在成长中的人，要坚守的底线究竟是什么呢？《奇葩说》第一季中有一期节目曾经深深打动了我，在那一个关于"我们应不应该为了救一百人的性命而主动牺牲掉一个人的性命"的讨论中，蔡康永提出的一个观点深得我心——"人最基本的底线是守住那些'不作为'"，也就是说，要坚持有所不为。"

　　是的，在我们的工作中，至少有两方面的教育不可或缺，一是规则教育，二是生命教育。因为它们都关乎底线，都在强调"不能做什么？"

　　在我们的教育体制下，好像一直有一个奇怪的现象——"对年龄越小的孩子，我们的要求越是细致、严格。"小学生的课堂上，甚至连孩子的坐姿都有明确的规定。到了高中，我们却发现有一些学生连待人接物时最基本的礼仪都不知道遵守。待进入了大学校园，一些人竟干脆将所谓的"明规则"与"潜规则"放置在同一个平台上权衡取舍，投机钻营。是的，我们必须在高中强化规则教育，而规则教育的内容至少应该包括三个方面：

　　1. 法制教育。康德说过："法律是道德标准的底线。"我们培养的学生最起码应该是一个守法的公民。高中生在年龄上已接近成人，但在心态上往往不够成熟。当今社会，个别领域道德失范；社会丑恶现象频频曝光；一些成年人价值观扭曲；种种落后文化和有害信息通过互联网快速传播。在这样的背景下，高中生"好奇、易冲动、易受环境和他人的影响"的特点让他们很容易因不知轻重而误入歧途。所以，班主任有必要及时、准确地向他们宣传法律常识，进行法制教育，争取防患于未然。例如，我们在讨论"如何使用手机"这个问题时，如果能够适时介绍一些关于"网络信息传播"、个人"肖像权""名誉权"等方面的法律知识，一定能帮助学生在这个自媒体时代更好地规范自己的言行。

2. 公德教育。所谓"公德"，是指生活于社会中的人们为了群体的利益而约定俗成的"应该做什么"和"不应该做什么"的行为规范，它对维系社会公共生活和调整人与人之间的关系具有重要作用。在我看来，对高中生进行公德教育和对小学生进行公德教育时侧重点应该是不同的。对小学生而言，我们的要求应该是具体而明确的。例如，我们可以直接告诉孩子"不能擅动他人物品，借了东西要及时归还"。但对高中生来说，精简的表达远比繁复的规定更容易让人接受。于是，我对学生在公德方面的要求常常被我精简成两句话——"尽量不给别人添麻烦""己所不欲，勿施于人"。事实上，这两条要求更像是两条原则，可以套用在很多具体的情境中。比如，我们之所以要在教室里保持安静，就是为了不影响他人学习。比如，我们不愿意被别人歧视，那么我们也要学着尊重所有人。

3. 诚信教育。不可否认，诚信教育一直被许多学校局限在考前进行。可是，难道我们所说的"诚信"就只是"考试不作弊"吗？在我看来，诚信，不仅关乎个人的成败，更关乎国家的兴衰。当下社会，相比"假冒伪劣"与"坑蒙拐骗"，"形式主义"给社会造成的危害可能有过之而无不及。所以，我在对学生进行诚信教育的时候往往围绕几个层次展开——首先，通过许多真实的故事，让学生理解何为诚信？诚信就是忠于事实，就是信守承诺，就是不欺骗自己，不瞒哄他人。第二，组织学生从个人、集体、社会等不同角度讨论诚信的必要性。第三，通过情景案例的分析，让学生认识到诚信是一种道德选择，是选择就可能付出代价。第四，通过签署"诚信承诺书"等各种仪式，强化学生的诚信意识，促使学生将诚信落实在自己的一言一行上。

值得一提的是，在对高中生进行规则教育时，相对于"内容的选择"

而言,"方式的把握"更加重要。在对小学生进行规则教育时,我们经常是"强制"的,但面对高中生时,我们一定要试着和学生站在同样的立场上,帮助学生真正理解规则。例如,在进行法制教育的时候,一条条的宣读法律条文并不明智,我们只有联系实际,通过一个个生动的案例来解释法律,学生脑海中一些原本模糊的概念和边界才会逐渐清晰起来。再如,在进行公德教育的时候,我们可以恰当把握高中生的心理特点,将"规则意识"与网络上热议的"国民素质"相联系。

底线教育的第二个方面是生命教育。我觉得,高中生的生命教育重点应在两个方面:1. 敬畏生命,学会感恩。2. 青春期教育,学会负责。

一直以来,我们的大多数学生都在家庭的关注和宠爱中长大,在他们的感受中,享受到的一切理所当然。进入青春期之后,"独特自我"意识又会使他们感觉自己处于世界的中心,"我是特别的""我的感受最重要"……当这种感受被现实否定时,他们往往容易走向两个极端——一是无端否定其他的生命,觉得只要妨碍到"我",就应该被清除。二是自暴自弃,甚至放弃自己的生命,将其作为宣泄情绪的途径。所有这些问题的根源,都在于当事人本身缺乏对生命的正确认识,缺乏敬畏,不懂感恩。

随着青春期生理、心理的不断成长,学生在许多方面发生了微妙的变化——比如"自我意识发生冲突。"原来一体的自我意识分化为现实的自我与理想的自我,观察的自我与被观察的自我,同时还有自我意识多方面的矛盾。比如"兴趣广泛,社会性交往扩大。"他们渴望交往,但鉴别能力还缺乏,所以易受社会不良风气的影响而染上不良习惯。比如"情绪活跃,容易动感情,但情绪发展还不成熟,容易冲动。"……所有这些变化,如果不认真引导,很容易让学生陷入"跟着感觉走"的盲目境地,危险而不负责任。

所以,在生命教育的过程中,我主张方式上理性与感性并进,既要有知识,更要有体验。所谓"理性",就是在教育中坚持传达给学生一些正确的知识和理念。比如,我会在经典诵读时间给学生朗读约翰·邓恩的布道辞，"没有人是自成一体、与世隔绝的孤岛，每一个人都是广袤大陆的一部分。如果海浪冲掉了一块岩石，欧洲就减少。如同一个海岬失掉一角，如同你的朋友或者你自己的领地失掉一块。每个人的死亡都是我的哀伤，因为我是人类的一员。所以，不要问丧钟为谁而鸣，丧钟为你而鸣！"比如，我会介绍施韦泽的理论，"人的存在不是孤立的，它有赖于其他生命和整个世界的和谐。人类应该意识到，任何生命都有价值，我们和它不可分割。"再比如，我会组织学生分组绘制"成长小报"，让学生通过绘制报纸主动学习青春期知识。

所谓"感性"，就是在教育中尽可能创造体验的机会，让他们认识到生命的脆弱与珍贵，学会承担责任，表达感激。我会利用母亲节、感恩节等节日组织开展多种形式的主题活动，不再只是为妈妈洗一次脚，送一束花，而是开展一系列有意义的"亲子游戏"，比如，请孩子和父母在纸上写出对方的生日、鞋子尺码、爱好、习惯等，看哪一方的正确率高。寒暑假时，我会布置一系列"亲子作业"，比如，利用父母的休息日和父母交换一天的角色，从买菜做饭开始，并记录下全过程等。我会利用网络上丰富的视频资源，让学生观看各种生命的孕育、诞生、衰老、死亡的过程，在这样的体验中，让学生感受生命的短暂与美好，辛苦与不易。

除了守住底线，班主任的作为中还应包括有意识、有计划地帮助学生提升情商。

情商（EQ）又称情绪智力，是20世纪90年代末心理学家们提出的与智商相对应的概念，是指人在情绪、情感、意志及耐受挫折等方面的品质。它主要包括以下几个方面的内容：一是认识自身的情绪；二是妥善管理自己的情绪；三是自我激励；四是认知他人的情绪；五是人际关系的管理。

以往人们认为，一个人的智商越高，取得成就的可能性就越大，但现在心理学家们普遍认为，情商的高低对一个人能否取得成功也有着重大的影响作用。智商，在很大程度上取决于先天遗传因素，而情商则可以靠后天的训练得到明显的提升。所以，从某种意义上讲，提升情商可以改变命运。

我认为，对高中生的情商训练可以从三方面入手——首先，引导学生学会情绪管理。可以利用心理辅导活动课时间系统介绍有关人类情绪的相关知识，以及著名的"ABC"法则。通过相关游戏让学生练习"识别自己和别人的情绪"，尝试进行"情绪控制"和"情绪调整"，在这个过程中逐渐体验到"情绪对认知的影响和改变"。高中生考试频繁，各种压力巨大，所以情绪管理的一个重要内容是"学会承受压力，处理好焦虑情绪"。从焦虑等级划分，到放松冥想训练；从正确分析问题，到理性设定目标……在这个时候，班主任如果能够掌握一些心理学知识和心理辅导技术，一定会轻松不少。

其次，要引导学生学会换位思考。如前所述，很多学生从小到大都处于家庭的呵护之中，他们一直在接受，很少有机会付出，甚至很少有机会注意到旁人的存在、旁人的情绪和旁人的需求。"目中无人"只是表象，"心中无人"才是根源。这里，班主任可以做两件事，一是设计"校园心理情景剧"，将学生在生活、学习中遇到的各种问题，编进情景剧里，让学生在进行"角色扮演"的过程中体验不同角色的心理需求。二是进行社会话题大讨论，让学生针对某些典型的社会话题，试着站在不同的立场上，发表不同的看法。在这个过程中，我要让学生逐步意识到，世界是多元的，真相并非只有一个，每个人都可能有自己的立场，自己的想法。只有能站在多个立场上思考问题，才能把问题看清楚、想明白，才能在试图解决问题时足够理性客观。

再次，要进行积极、正面的人际交往指导。随着自我意识的觉醒，高中生正处在处理关系的关键期，他会重新审视自己在以往岁月中逐步建立起来的各种与人、与事、与物的关系，并试图重新构建自己的人际关系网。对高中生来说，同性价值感、异性价值感和同伴价值感异常重要。许多时候，他们正是依赖着同性的评价、异性的评价和同伴的评价来进行自我定位和自我设计。从另一个角度来说，作为班集体中的一员，若想让学生真正学会承担责任，必须让他们先有存在感，再有价值感。这种"存在感"和"价值感"必然是在与同伴的交往中才能建立起来。

另一方面，高中生的代际交往状况也会在很大程度上影响到他们自身的成长。比如父母离异的学生在异性交往中往往容易遇到更多的问题，而母亲性格焦躁或偏执的学生，在成长过程中的逆反心理往往表现得更加明显。这个时候，班主任如果能够积极介入，正面引导，向学生提供一些在人际交往方面切实可行的建议，一定会受到学生的欢迎。例如，我会经常跟学生讲述自己与父母相处的故事，把自己如何面对父母的唠叨的经验与学生分享。再如，在进行"青春期教育"时，有选择地播放一些讲述人际交往的电影，如《蓝色大门》《早熟》《蝴蝶》（法国）等，都会给学生带来启发。

事实上，随着积极心理学在国内教育界的推广，已经有越来越多的人意识到了情商教育的重要性。但是，情商教育最大最早的主阵地首推家庭，为人父母者在与孩子接触的每一个环节中，都对孩子情商的培养起着"春风化雨"的作用。然而，近年来随着打工族的衍生和单亲家庭的增多，有相当一部分孩子生活在并不健全的家庭环境中。留守儿童或单亲家庭的孩子由于长期与父（母）分离，不同程度地存在着生活失助、学业失教、心理失衡、道德失范和安全失保等问题。于是，对孩子进行情商教育的主要责任就不可避免地落在了学校肩上。可是，我们真的准备好了吗？在我看来，大多数的一线班主任还正在情商教育的路上摸索，将情商教育系统化，甚至是课程化的路还很长。

无论是哪个阶段的一线教育工作者，都应该经常问自己一个问题——"我们的教育，究竟要培养怎么样的人？"如果一定要我回答这个问题，我想给出这样的答案——首先，他应该至少是一个身心健康、与人无害的人。然后，他也许可以成为一个能为社会带来些许正能量的人。如果，他最后能成为一个于国家、于社会有用的人——若能如此，那将是我最大的骄傲！

高中班主任如何应对职业倦怠

工作多年，发现身边的班主任群体大致可以分为三类人群——第一类，是刚刚踏上班主任岗位的年轻班主任，他们有热情、有想法，愿意和学生打成一片。但是因着经验和阅历的限制，班主任的专业素养有所欠缺，在工作中经常会有力不从心的挫败感。第二类，是已经有了五年以上班主任工作经验的"老"班主任，他们已经有了相当多的工作经验，大多成了学校中的骨干力量。用他们自己的话说，"对于做班主任的套路，已经相当熟悉了。"但是，与此同时，他们在工作中积累的负面情绪也日益增多，"职业倦怠感"和婚姻中的"七年之痒"一样，常常就在不经意间油然而生。第三类，也许在每个学校里都有，但一定为数不多。他们大多上了年纪，是学校里的元老级教师。之所以还在担任班主任工作，是因为他们自己的"喜欢"。他们真心喜欢和学生在一起，面对学生的心态更像是面对自己的孩子，从学生的身上，他们能够感受到青春和希望，"眼见心喜"是对他们最恰当的形容。

事实上，第三类班主任往往是前两类班主任羡慕的对象，"要怎样修炼，才能到达那样的境界呢?"对第一类班主任，他们欠缺的是经验和阅历，只要用心，他们会在实践中慢慢成熟。对于第二类班主任来说，他们首先需要应对的，就是"职业倦怠"。

"职业倦怠"（Burnout）又称工作倦怠，是20世纪70年代由美国临床心理学家费鲁顿伯格首次提出的概念。职业倦怠理论上分为三个指标：情感衰竭、去个性化和成就感降低，以情感衰竭为核心成分。教师和医生一直是最容易产生职业倦怠的高危人群，心理学研究表明，班主任在"成就感"和"情感枯竭"两项指标上均与非班主任存在显著差异，这证明了班主任的职业倦怠程度的确比一般教师要高。

为什么班主任更易产生职业倦怠呢？仔细想来，大致有以下几方面原因——

1. 工作方式重复，缺乏新鲜感。记得有一句褒奖人的话是这么说的——"该同志自工作以来，几十年如一日，勤勤恳恳，任劳任怨……"可是如果仔细推敲，这"几十年如一日"真的好吗？不可否认，一位有着五年以上工作经历的班主任，已经积累了足够的经验，可以顺利地开展工作。但若在之后的工作中，他只是凭着习惯，循着惯例，日复一日，年复一年，当他因为"年年岁岁花相似"而渐生厌倦的时候，其实已经忽略了"岁岁年年人不同"。

2. 工作任务多、压力大、风险高，身体、心理不堪重负。一直以来，我国中小学的班主任都特别辛苦，从"班级常规管理"到"安全防范"；从"心理健康"到"道德教育"；从"组织学生参加各项活动"到"与家长、学校、任课教师的沟通"……可谓从早到晚，一刻不停。与此同时，中小学班主任通常还兼任着科任教师，尤其是高中班主任，教学任务更是繁重。更有甚者，现在的教师除了正常的教育教学工作之外，往往还要参加各种业务培训和教学比武。任务多、压力大，是许多教师的共同感受。

更加值得一提的是，如今班主任工作的"风险性"较之以往而言，明显增强。作为学校进行细化管理的直接"抓手"，班主任面临来自学校领导和家长以及社会的多重压力——家长把孩子送到学校，班主任理所当然就成了孩子在校的"第一负责人"。一旦孩子在学校内外出了任何问题，家长都会在第一时间内找到班主任，随之而来的，学校领导也会对班主任颇有微词。网络时代里，信息在快速传播中常常失真、变形，社会舆论更是动辄以"师德何在"质问教师，仿佛教师是万能的，班主任更要为学生的各种不良行为"买单"。于是,我们的班主任整天提心吊胆,生怕出事。试想,当一个人的身体和心理都处于不堪重负的边缘时,又怎么可能享受到工作的乐趣呢?

3. 工作成就感低,自我认同不足。事实上,大多数职业做得久了都会失去新鲜感;而压力大、风险高的职业更是比比皆是。为什么"班主任"这个职业却最容易产生职业倦怠感呢?心理学上有一个观点,"真正影响人情绪的,往往不是事情本身,而是人对事情的看法。"现实生活中,班主任群体普遍成就感不高,自我认同严重不足。"班主任究竟在扮演什么样的角色呢?"——警察?法官?保姆?朋友?导师?抑或仅仅是学生生命中的重要他人?每个一线班主任对这个问题给出的答案在很大程度上显示了他对自己的工作定位和认同程度。

怎样尽早察觉到自己出现了职业倦怠情绪呢?

这并不困难,相信绝大多数班主任都具备这个能力——当你发现,自己经常处于身心极度疲惫和困乏的状态,对工作缺乏热情,对学生缺乏耐心,对同事缺乏积极正面的评价时,在班级管理中放任自流,对于班级活动的开展不闻不问……这个时候,你就该停下脚步,先处理好情绪,再试图解决问题。

为什么要及时处理职业倦怠情绪?

值得一提的是,这里的关键词是"及时"。许多人意识到了自己的工作状态出了问题,也都知道该做一下调整,但无论是由于"压力"也好,"惯性"也罢,还是有太多的班主任一边抱怨着生活,一边继续按照既定的程序推进着自己的人生。这样貌似在"坚持工作",实际上却是在随波逐流。

不可否认,班主任的工作本来就是"操琐碎的心,做繁杂的事",然而也就是在这些琐碎与繁杂中,班主任以自己的"道德品性""工作态度""言行举止",深刻影响着学生的品格修养、思想情趣、学业表现乃至生活态度和人生作为。于是,我们就可以想象,一位处于倦怠情绪之中的班主任,将会带给学生的是怎样的负面影响——烦躁的情绪、抱怨的心态、应付的态度、低下的效率……所有这些，都是对学生的不负责任。更有甚者，当一个人的心理状态长期处于焦虑或疲惫中，认知和判断往往会随之出现问题。错误的认知又会导致错误的行为，于是，我们就能理解当今校园经常会发生一些恶性事件的缘由了。是的，许多校园恶性事件的根源并不是所谓的"师德"问题，而是"关系"问题。是的，一位长期处于"倦怠"状态的班主任是不可能与学生建立起"健康、和谐、积极"的师生关系的，而缺乏"良好师生关系"为基础的班级管理一定会困难重重。

另一方面，对班主任自身而言，不及时处理自己的"倦怠情绪"会毁了自己的职业生涯。对任何一个职业来说，"谋生"与"谋趣"都是从业者追求的两个重要指标。所谓"谋生"，就是通过工作取得自己以及家人必要的生活资本，指向是"生存"，带来的是"安全感"；而所谓"谋趣"，则是通过自己的努力实现自己想要实现的人生价值，指向是"发展"，带来的是"幸福感"。值得一提的是，生存所需要的物质资本是明确可以量化的，一旦确定了职业，物质上的收获是相对固定的。而职业所带来的"幸福感"却有着很大的弹性，很大程度上由自己的看法决定。

那么，班主任如何应对职业倦怠呢？我认为可以从以下几方面着手——

1. 锻炼身体，培养爱好，调整认知与期待。不可否认，现实中的许多班主任把自己的日子过得太委屈了——在学校围着学生转，在家里围着孩子和老人转，生活中真正属于自己的时间少之又少。在这样日复一日的消耗中，班主任们几乎掏空了自己，成了贴着一个个标签的纸片人。"身体是革命的本钱"，我们必须承认，班主任首先是一个人，只有一个身体和心理都足够健康的人，才有可能扮演好一个又一个角色。是的，每一位班主任都应该养成锻炼的习惯，以此争取自己身体的健康。很难想象，一个身体虚弱、病痛不断的人能够仅仅凭着崇高的信念长久地在讲台上微笑。据说，慢跑能够缓解焦虑，流汗是能够排毒的。让我们运动起来，每天锻炼1小时，健康工作40年。

另一方面，每一位班主任都应该有自己的兴趣爱好，以此保证自己心空的晴朗。阅读、养花、摄影、旅游……无论是发现美、感受美还是创造美，都是对自己最好的滋养。是的，工作只是生命中的一部分。我们要经常提醒自己，不要深陷在成绩、排名、升学压力、各种计划与总结里。每接手一批新的学生，我都会提醒自己，这是一段缘分的开始。是的，我会在意他们三年后在高考中的表现，但我更在意陪伴他们的三年中，他们点点滴滴的变化与成长。每一次跌倒后的泪水，每一次爬起后的微笑，每一次集体活动时的欢声笑语，每一次毕业后返校看望老师时的感激与不舍。这些"小确幸"，对班主任来说，才是最中肯的评价和最珍贵的礼物。

不能否认，即使做到了上面两点，我们还是无法保证自己在工作中不会遇到挫折——考试排名靠后，职称评定不易，家长、领导不满……是的，许多事，我们无能为力。但有一件事，是我们自己可以做到的，那就是调整认知、改变期待。我们一定要成为在各个领域最出色的那个人吗？课要上得好，班要带得好，文章写得好，同事口碑好……这样光鲜的成绩背后，需要付出多少努力？需要具备多少天赋？我们一直在教育学生，"要努力成为更好的自己！"为什么轮到自己，就变成"不达目的、决不罢休"呢？是的，每个教师都有不同的禀赋、不同的际遇，我们可以要求自己"一定要努力"，却不必期待自己"一定会成功"。调整一下对"优秀"的认知，改变一下对自我的期待，也许就不会那么容易失望，离"倦怠"也就会远一些吧。

2. 寻求专业发展，提升专业素养。作为一个对自己负责的班主任，当在工作上遇到瓶颈的时候，应该及时寻求专业发展，提升自己的专业素养。是的，班主任岗位作为一个专业技术岗位，并不是任何一个人仅凭经验和热情都能够胜任的。我们需要整理与反思，在我们每天从事的各项工作中，哪些是常规的？哪些是突发的？哪些可以假手于人？哪些必须亲力亲为？哪些意义重大？哪些可以省略？磨刀不误砍柴工，只有厘清自己的工作思路，对不同类型的工作分类处理，才能真正解放自己，逐步从繁杂琐碎中抽身而出。我们需要学习与实践,当我们掌握了一定的管理学知识之后,在班级管理中会更加得心应手;当我们掌握了一定的心理学知识之后,我们就会逐渐习惯站在学生的观点看待问题,与学生、家长的沟通会更加顺畅;当我们了解了相关的法律法规之后,我们就有了保护自己的意识和能力,在面对突发事件时才会更有底气。

是的,专业知识,会在很大程度上增加我们的职业自信,缓解我们的职业压力;专业立场,会让我们在工作时更有边界意识,明确什么该做,什么不该做;而专业精神,会让我们始终牢记初衷与归宿,保证我们的工作心态更加从容。

3. 敢于尝试,努力突破工作常规。作为一位"老"班主任,若想摆脱"倦怠感",新鲜感不可或缺。新鲜感从何而来?一方面,我们要意识到面对的学生总是新的。虽然他们始终都只是十六七岁的年龄,但是,三年前的十六七岁的孩子与三年后的十六七岁的孩子一定是不一样的。社会飞速发展,信息飞速传播,孩子们的成长环境快速变化,遇到的问题也自然不同。很难想象,我们可以用一套说辞,一种方法来应对一届又一届的学生。意识到我们面前的学生是新的,我们就会在每一位学生的身上发现新的特点,也才有可能真正静下心来寻找新的教育素材,思考新的工作思路。另一方面,我们要敢于尝试,努力突破自己习惯的、顺手的,甚至是熟练的工作常规。比如,我们可以在每个学期推出一项班级管理或班级活动的新举措。上学期,我们进行了"午间展示";这学期,我们就开展"午间演讲";下学期我们就调整为"午间辩论"。上学期,我们的社区服务重点是探访社会福利院的孩子;这学期,我们是否可以在原有服务的基础上为社区里的空巢老人和这些孩子牵线;而下学期,我们是否能够推出一些更贴心、更有效的服务模式?所有这些尝试,往往并非来自外界的要求,而是来自班主任内心的"愿意"。于是,无论是班主任还是学生,都会在这样的尝试中看到"诚意"、看到"创意",从而确定自己用心付出的"意义"。

再比如,我们已经能够在短时间内培养出一支得力的班干部队伍,然后通过对班干部的管理完成对整个班级的把控。那么，我们是不是有勇气在新的学期里尝试另一种全新的方式——比如"小组合作"，放弃传统意义上的班委，用一个个同质或异质的小组代替班委完成班级管理和发展的各项事务。是的，这个过程中的我们会比往常辛苦一些，因为一切都要重新摸索。同时，我们心底始终会有一些不确定，"这样操作对学生真的好吗？""会不会降低管理效率？会不会影响学业成绩？""会不会受到家长和领导的质疑？"当我们竭尽全力坚持下来之后，也许发现尝试的效果未必比原先更好，常规检查中扣分多了，学生的成绩没有原先那么拔尖了……这是否就能证明，我们的尝试是不值得的呢？当然不是。首先，我们的尝试并不是毫无依据的任性而为，它是我们通过学习、经过思考之后的选择。其次，任何一种教育方式都不应该只追求立竿见影的效果。教育，是"慢"的艺术，而不是功利的投资。再者，即便我们的尝试遇到了挫折，我们也不是一无所获。改变，并不是要推翻从前的所有，只是想通过不断地尝试，更加接近教育的本质。在尝试中，我们会更加明确哪些方式会卓有成效，哪些方式只是徒有虚名？

值得一提的是，我建议班主任每个学期，只做一至两项新的尝试。这样一来自己不会承担太大的压力，二来，对学生而言，平稳的过渡更有利于他们的成长。

4. 勇于挑战，不断为自己设立目标。在应对"职业倦怠"的过程中，"自我认同"与"成就感"至关重要。要增强"自我认同"和"成就感"，除了外在环境给予更多的支持和肯定之外，班主任自身可以有更多的作为。现在各地都在进行轰轰烈烈的"教师继续培训"。培训内容也称得上丰富多样，除了相关学科专业的深入和拓展之外，还有许多学科之外的培训内容，烹饪、花艺、摄影、信息技术、职业规划、心理咨询……在这里，我强烈建议我们的一线班主任去涉足一些自己陌生的领域，去学一学那些看似与我们的学科专业关联不大的知识。在这样的挑战中，我们会不断发掘自己身上新的潜能，我们会觉得自己越来越丰富、越来越强大、越来越美好。

两年前，我开始每年为自己设立一个目标——"考到国家二级心理咨询师的证书""在班主任专业杂志上发表文章""考到国家职业指导师证书""完成一次一个人的自助远行"……每每实现一个目标，我有满满的成就感。是的，当我们做成了一件又一件自己从未做过的事，我们会对自己的未来充满了信心和向往。这时，我们的职业生命也一定会焕发出新的青春。

毋庸置疑，在面对"班主任职业倦怠"这个问题上，我们的整个社会、教育主管部门都应担负起自己应该承担的责任——比如，实行班主任轮岗制，每两年或每三年为一个周期，让班主任有休养生息和充电提升的机会。比如，切实提高班主任工作待遇，改善班主任物质生活条件。比如，给予班主任足够的尊重和信任，尤其在一些偶发事件中，给予班主任客观、公正的评价。比如，给予班主任足够的关怀，真正为这个群体的身心健康做些实事……

但是，本文讨论的重点不在这里。本文讨论的重点，是班主任自己，怎样关爱自己的问题。是的，在应对"职业倦怠"的过程中，旁人可以帮助我们做许多事，但是我们自己一定可以先做好更多事。首先可以做的，就是——迎着阳光，让自己先明媚起来！

翻越过去，才能成长
——谈班主任的成长路径

一直以来，我都是《奇葩说》的忠实观众。在第四季的最后一期关于"我们最终都会成为自己最讨厌的人到底是不是一件坏事"的讨论中，罗振宇那段关于"成长"的论述深深打动了我——罗振宇说："成长的本质不是提高，不是向好，而是变得更复杂。成长就是你的主观世界和客观世界之间的那条沟，你掉进去了，叫挫折；你爬出来了，叫成长。"他进一步解释："成长，就是你遇见一件事，你无法接纳，然后你整个心理人格全部碎掉。这时，你看着那个你原来讨厌的东西，有几种选择——第一，觉得自己很可怜。第二，向周围所有的人讨要怜悯。然后你开始重建。这时，你又有两个选择：第一个，啪，把那个你讨厌的东西扔掉，重建；第二个选择，把那个击碎你的东西迅速地放进身体，而后重建。第二种，才叫成长。"

作为一个当了十几年班主任的一线教师，一直觉得在目前的学术讨论中，关于"班主任成长路径"的讨论过于单一和苍白。一位年轻班主任是怎样成长起来的呢？大致会有如下几个阶段吧——先是跟着师傅学；再是壮着胆子做；在这个过程中如果能多读几本书，多参加几个培训，自我感觉会更好些。然后，一两届学生跌跌撞撞地带下来，只要不出大事，你就算是"老"班主任了。再然后呢？如果没有意外的惊喜，如果没有自觉的追求，你也许就会进入班主任生涯中的第一个职业倦怠期……

这是作为班主任唯一的成长路径吗？答案显然是否定的。作为一个职业，作为一个专业，班主任的成长与发展显然与"主观自我"与"客观世界"密不可分。于是，受罗振宇的启发，我觉得在班主任自我发展的道路上，至少要做好三件事，成长才成为可能。

第一件事，是要不断发现自我。我们真的了解自己吗？估计很少有人会问自己这个问题——活了几十年，工作了几十年，难道我还不了解自己吗？

让我们静下来，问自己一些具体的问题——例如：我的优势是什么？特点是什么？局限是什么？有的班主任擅长表达，那么她在开展工作中就可以通过与学生的近距离交流对学生产生影响；有的班主任擅长运动，就可以通过和学生一起长跑、打球以增进感情；有的班主任严谨细致，在班级管理中，就可以引入"标准化管理模式"；有的班主任性格洒脱、不拘小节，在班级管理中，就可以淡化评分、"抓大放小"……是的，班主任兵法千条万条，但没有一条放之四海而皆准——哪怕面对的是同一批学生，应对同一个问题，不同的班主任也应有不同的处理方法。因为你与别人不同，所以没有最佳答案，只有最适合你的做法。

再如，你有禁忌吗？你是否意识到自己的成长背景会在很大程度上影响我们的判断？有的班主任非常传统，绝对不容许学生对自己出言不逊。但是在网络时代，一些学生的语言习惯受网络影响太多，若是班主任因此而动怒，实在太不值得。有的班主任特别讨厌班上的女孩子爱打扮，表层原因似乎是因为学生的行为违反了中学生守则，在仪容仪表方面不守"规矩"。但是深层原因呢？如果我们愿意追溯，也许会发现，在我们自己很小的时候，就不喜欢那些爱打扮的女孩子，觉得她们太"出格"。而这种"不喜欢"，可能源自父母的影响，也可能源自自身的压抑，无论是哪种，唯有当我们意识到，是个人的原因在影响着我们的判断时，也许才有可能更加理性、更加包容地面对我们的学生。

是的，发现自我不容易，这本身就是一个漫长的过程。而要突破自我的局限，又要付出多少努力？许多时候，我们其实是在和学生的点滴相处中发现了自己的软肋,也正是在和学生的互相激励中,挖掘了自己的潜能。那些"原来我也可以……原来我还不能……"的感慨,如果不做老师,也许我们一生都不会有。

第二件事,是要努力认清现实。这件事情最大的难度主要在于要"与时俱进"。也许,我们要经常问问自己——

1. 我们真的了解自己的学生吗?他们肯定不是多年前的我们自己,他们甚至不是三年前我们带过的那一届学生。每次接手一个新班级,我都会请学生填写一个基本的情况调查表。除了常规的家庭地址、联系方式、初中任职情况之外,我都会请学生回答几个问题,诸如"最近在看什么书?你觉得书里最打动你的是什么?""你打游戏吗?如果请你推荐一款网游给我,你会推荐哪一款,为什么?""评价一下你和父母之间的关系,是否有改进的空间?""评价一下你和初中老师之间的关系,有没有难忘的故事"……而在新学期里,我安排的第一次主题活动也是围绕着"分享、推荐"展开的——"请分享你最喜欢的一部电影、一本漫画、一本书或一首歌;请推荐一位你的偶像,并说说理由。"……所有这些安排,都是为了能够尽快熟悉我的学生,了解他们的好恶、熟悉他们的流行、适应他们的表达语境与沟通方式,唯有这样,我们才能在日后的相处中尽快进入良性互动的模式。

2. 我们真的理解学生的家长吗?我们的父母对我们的要求和我们对自己孩子的要求还是一样的吗?我们的父母对老师的期许和我们对自己孩子的老师的期许还是一样的吗?答案显然是否定的。在工作中,我们经常遇到这样一些家长——当孩子身心健康时,他们追求成绩;当孩子出现问题了,他们立即退求健康。在他们的焦虑与纠结中,我们经常会怀疑——家长真的信任我们吗?这个时候,如果我们愿意换位思考一下,也许就能得到答案。父母爱孩子,都希望孩子今后有更好的工作和生活。只是所谓的"好"的标准,不同的家庭必然有不同的认知,而随着时代的更迭,这些认知也一定会发生变化。有人在意孩子的学业表现;有人更在意孩子的习惯态度；有人在意孩子的人际关系；有人只在意孩子的平安与快乐……那么，当我们在实施所谓的"家校合作"之前，是否应该先听一听家长的心声呢？

所以，每一次接手新的班级，我都会尽早召开一次家长见面会，在这次会议上，除了介绍学校和班级的一些常规要求之外，我主要要完成以下几个工作——（1）利用问卷调查的方式，倾听家长对学校和班主任的要求和期望。（2）分享几个自己信奉的观点，例如，"我们面前的孩子，首先是一个成长中的人，其次才是您的孩子，再次才是我的学生。"例如，"我们为什么要教孩子守规矩？我们为什么要让孩子努力上进？"例如，"您的孩子进入高中，除了读书，还要学什么？"（3）介绍初高中的不同，给家长提供建议。（4）要求家长在会后，以他们觉得合适的方式，简单介绍自己的孩子。（5）回答家长提问。在这之后，我也会利用班级微信群等网络平台，经常分享学生在校的生活片段，交流彼此的教育理念。所有这些，都是为了更好的沟通，让我们至少能在同一个频道上展开对话与合作。

3. 我们真的熟悉身处的这个时代吗？从几千年前的"天地君亲师"，到几十年前"白衣飘飘的年代"；从"学好数理化，走遍天下都不怕"到"全民下海经商"；哪怕是在校园，从一支粉笔一块黑板，到多媒体PPT；从"翻转课堂"与"微课"，再到"慕课"与"网课"……哪一项变化是在我们的预计之内呢？十几年前，老师在孩子心目中是无所不知、无所不能的。十几年后的今天，随着网络的普及，教师在学生面前几乎没有信息优势而言。是的，无论是知识还是方法，无论是观念还是技术，我们的时代正在飞速发展，不断变化。许多时候，我们已经不敢再像从前的老师一样，给自己的学生一些人生建议。因为连我们自己都不太确定，未来的世界，会变成什么样？

是的，置身于大时代之前，我们一定要做好第三件事——主动尝试在"主观自我"与"客观世界"之间搭建一座桥梁。教师，与做学问的研究者最大的不同，就在于我们面对的是活生生的人，并且这人是活在流动的现实世界里的。现实世界中，有柴米油盐，有声色诱惑，有真善美，也有假丑恶。在潜心治学的间隙，我们需要经常探出头去张望一下外面的世界，听一听风声雨声。是的，世界那么大，我们真应该去看一看——假期里的远行，除了领略祖国的大好河山，更该体验各地的风土人情。职业生涯中的提升，既包括通过接触新理念、新技术拓宽视野；也包括去偏远地区支教、送教不忘初心。

一次偶然的机会，我参加了一个培训，培训中的一个被称为"真人图书馆"的环节带给我许多启发。主办者邀请了一些在某个领域有所成就的人，每人3个小时，用随意聊天的方式回顾自己的成长历程。这些人里，有儿童心理治疗专家、有参与创办"半书房"的校长、有专业作家、有独立教师……就在这样面对面的聆听中，我忽然发现，别人经历过的一切，就像一面镜子，将自己的可能与局限，那么清晰地映照在面前。

我的微信朋友圈里，有不少毕业出去的学生。他们有的还在大学校园继续深造；也有的早已天南海北，各自成家。在他们每天发的状态里，我经常能看到完全不同的世界和人生——有激情洋溢的迎新晚会，也有彻夜灯火通明的自习教室。有严谨、拼命的工作状态，也有享受生命的洒脱模样……

是的，只要我们有心，现任学生的家长和毕业出去的学生，都可以是我们认识世界的另一双眼睛。近两年的班主任工作中，我总会有意识地在每学期的班会活动上安排一到两次"主题分享"活动，一次请现任学生的家长，一次请毕业出去的学生。我不会对他们的分享内容做具体的限制，只要真实，只要难忘，所见、所闻、所思、所感皆可分享。在别人的故事里，我们有机会看到更多元的世界，体验更丰富的人生。是的，每个人的能力总有边界，认知总有局限，在"主观自我"与"客观世界"之间，我们需要站在更多的角度，伸出更多的触角，搭建更多的桥梁。唯有这样，我们对这个瞬息万变的世界，对这个高速发展的时代才能始终保持敏感。

行文至此，不禁回想起自己的班主任历程。似乎，也经历过不少这样的故事——

初当班主任的时候,总盼着学生都是"一样"的——一样的乖巧听话,一样的热情开朗,一样的努力学习……一眼望去,班级里若有两三个"与众不同"的孩子,心里便总是忐忑。作为一个"负责任"的班主任,总觉得自己一定要做些什么。首先,我会找问题。"这孩子为什么自修课总是讲话呢?""嗯,一定是纪律观念淡薄,自由散漫惯了。""这孩子为什么总是冷着一张脸,不积极参加集体活动呢?""嗯,一定是心理有问题。""这孩子为什么总是浓妆淡抹、奇装异服呢?""嗯,一定是家庭教育有问题。"找到问题(实际上是"贴好标签")之后,我开始忙着纠正。找学生谈话,找家长谈话,明确要求,旁敲侧击,施加压力,督促改正……在整个过程中,其实我只在做一件事,希望所有的学生都能整齐划一,像生产线上的产品一样,符合统一标准。现在想来,会有这种"执念",大约与自己的成长背景有关。一直以来,自己就是个好孩子、好学生,被父母师长严格要求着一路成长,虽然也有过青春期的逆反与困惑,但又觉得所有的约束都是理所当然。于是,怀着"一切都是为了你好"的初衷,用自己认为"对"的标准,以自己曾经习惯了的方式对待学生、要求学生,大约是每一位班主任最常做的事。

班主任做得久了,发现自己渐渐能够容忍班里有"奇葩"的存在。这也许是因为我渐渐发现自己的能力实在有限,许多学生并不会因为我一厢情愿的努力就变成我期望中的样子。另一方面,我也不得不承认,社会对学校教育的要求其实也在慢慢发生着变化。从前要求"孩子要听大人的话",现在提出"老师要听学生的心声";从前追求"成绩",现在强调"素养";从前强调"统一标准",现在追求"多元包容"……是啊,班级里有一两个特别的学生有什么关系呢?只要他们不影响大局,我的确不必太放在心上。现在想来,虽然这种想法并不理性成熟,但相较之前"紧迫盯人、严防死守"的战术,这样的心态至少给那些特殊的学生留下了一些"转圜"的空间,让他们在自己的高中时代至少活得不那么压抑和紧张。

就这样,一批又一批学生,来了又走,走了又来。在他们毕业之后,我时常会得到他们的消息,他们也经常会回来看我。当我们聊起那时的高中生活时,经常会有这样的对白——"老师,你知道吗?其实那时我就知道你是为我好,但是其实……""原来是这样啊,当时你为什么不跟我说呢?""嘿嘿,也许是不敢吧。总觉得那时你也挺不容易,虽然看不惯,但还是挺包容我的。不过现在也不错呀……"

是啊,那些我们看不惯的学生,是不是也有可能在未来的日子里过得很不错呢?而如果,我们在当年,就能给予他们一些由衷的欣赏,会不会让当时的他们拥有更多的温暖,会不会让之后的他们拥有更多的自信呢?是的,学会由衷的欣赏学生不容易,尤其,是要欣赏那些与我们的预期很不相同的学生。但是,随着眼界的拓宽,阅历的增加,随着我们与这个世界越来越多的接触、磨合,我们会改变,我们会成长。眼见心喜,大约就是这个意思。

我们常说"不忘初心",但"不忘"并不等于永不妥协,固执并不等于坚守。事实上,随着社会的发展,班主任的角色定位一直在变——从班级常规工作的管理者到各种突发事件的处理者;从各种实践活动的组织者到班集体建设过程中的引领者;从学生成长过程中的陪伴者到学生生涯规划过程中的服务者……时代对我们的要求一直在变,而我们准备好了吗?

一次偶然的机会,听到一个说法,深以为然——所谓班主任的自我修养,其实是要"向内磨人"。我们的视野具有怎样的宽度?我们最终会站在怎样的高度?我们的班主任生命最终会具有怎样的厚度?最终都与我们自身的修炼有关。唯有当我们在专业的反思中不断地发现自我,当我们在理性的关照下不断地认清现实,当我们不断地主动尝试着在"主观自我"与"客观世界"之间搭建桥梁、建立联系的时候,我们才能翻越职业生涯中的一道又一道坎儿——自我的成长,才是我们最大的收获。

附 录

1.《德育,不只是讲道理》,发表于《班主任之友》2015年3月,有修改。

2.《班主任,亮出你的态度》,发表于《班主任之友》2016年11月,有修改。

3.《让"午间演讲"成为德育的良好载体》,发表于《班主任之友》2015年12月,原文标题《给你一个舞台,我们一起成长——让"午间演讲"成为德育的良好载体》,有修改。

4.《关于"临界生"工作的思考》,发表于《班主任之友》2018年5月,原文标题《教育之重?教育之痛?——关于"临界生"工作的思考》,有修改。

5.《高中阶段的劳动实践教育》,发表于《班主任之友》2019年12月,原文标题《行动坐卧,皆为修行——也谈高中阶段的劳动实践教育》,有修改。

6.《"极端事件"背景下的班主任工作策略》,发表于《班主任之友》2020年12月,原文标题《"管"还是"不管"?——"极端事件"背景下的班主任工作策略》,有修改。

7.《班级管理中的问题应对》,发表于《班主任之友》2016年10月,有修改。

8.《自习课课堂纪律管理》,发表于《班主任之友》2017年1—2月,原文标题《保证纪律，但绝不以剥夺学生自我为代价》，有修改。

9.《关于校园失窃事件处理策略的反思》，发表于《当代教育家》2016年第5期，原文标题《答案，永远不止一个》，有修改。

10.《宿舍生活管理，从学会"好好说话"开始》，发表于《班主任之友》2019年10月，原文标题《阿姨，您好——宿舍生活管理，从学会"好好说话"开始》，有修改。

11.《开学季，上好两堂课》，发表于《班主任之友》2018年9月，原文标题《接手新班两堂"课"》，有修改。

12.《中途接班的破冰之旅》，发表于《班主任之友》2020年7—8月，原文标题《很高兴认识你——中途接班的四个沟通和五点关注》，有修改。

13.《如何激发学生的学习热情》，发表于《班主任之友》2021年10月，原文标题《遇见"佛系"班级——也谈"学习内驱力"的培养》，有修改。

14.《高中班级图书角设计》，发表于《班主任之友》2018年7—8月，原文标题《我有一个梦想》，有修改。

15.《高三年级班级常规管理策略》，发表于《班主任之友》2019年9月，原文标题《保持常态，关注过程——例谈高三阶段班级常规管理策略》，有修改。

16.《高三学生的自我管理训练》，发表于《班主任之友》2019年4月，原文标题《我心有主，忙而不盲》，有修改。

17.《有效缓解高三学生考前焦虑的策略》，发表于《班主任之友》2020年3月，原文标题《功夫常在诗外，过程总在心间——有效缓解毕业班学生考前焦虑策略再谈》，有修改。

18.《高三阶段学生人际关系指导》，发表于《班主任之友》2018年12月，原文标题《关注　理解　支持——也谈高三阶段学生人际关系指导》，有修改。

19.《爱发飙的女孩和她的同学们》，发表于《班主任之友》2019年

1—2月，有修改。

20.《学生"崩溃了"以后》，发表于《班主任之友》2018年11月，有修改。

21.《换个角度看孩子，学会放手》，发表于《江西教育》（管理版A版）2016年1月，原文标题《想犯错误的孩子》，有修改。

22.《那些男孩成长中的事——高中阶段的男生教育》，发表于《班主任之友》2019年6月，原文标题《那些男孩成长中的事——再谈高中阶段的男生教育》，有修改。

23.《那些女孩成长中的事——高中阶段的女生教育》，发表于《班主任之友》2019年5月，原文标题《那些女孩成长中的事——也谈高中阶段的女生教育》，有修改。

24.《"青春期两性交往"辅导》，发表于《班主任之友》2016年12月，原文标题《主动出击，有备而战——再谈"青春期两性交往"辅导》，有修改。

25.《高中生青春期性教育》，发表于《班主任之友》2018年1—2月，原文标题《尊重、理解、责任、成长——也谈高中生青春期性教育》，有修改。

26.《高中生自主发展活动设计》，发表于《班主任之友》2017年7—8月，原文标题《系统规划，有序进行——在系统活动中提升学生自主发展的素养》，有修改。

27.《走上讲台，你准备好了吗？——给新教师的几点建议》，发表于《班主任之友》2020年9月，有修改。

28.《曾经有你，因此有我》，发表于《班主任之友》2017年6月，有修改。

29.《亲爱的，请先照顾好自己》，发表于《班主任之友》2017年9月，有修改。

30.《班主任的情绪管理》，发表于《班主任之友》2017年5月，原文标题《再谈班主任的情绪管理》，有修改。

31.《高中班主任的"工作"与"作为"》，发表于《班主任之友》2017年4月，原文标题《守住底线　提升情商——再谈高中班主任的"工作"与"作为"》，有修改。

32.《高中班主任如何应对职业倦怠》，发表于《班主任之友》2016年6月，原文标题《迎着阳光，让自己先明媚起来》，有修改。

33.《翻越过去，才能成长——谈班主任的成长路径》，发表于《班主任之友》2018年6月，原文标题《翻越过去，才能成长——也谈班主任的成长路径》，有修改。